U0605125

优秀传统文化与高职教育人才培养融合探究

钱龙飞　盛亚东◎著

中国原子能出版社

图书在版编目（CIP）数据

优秀传统文化与高职教育人才培养融合探究 / 钱龙
飞，盛亚东著． —— 北京 ：中国原子能出版社，2022.11
ISBN 978-7-5221-2306-6

Ⅰ．①优… Ⅱ．①钱… ②盛… Ⅲ．①中华文化—关
系—高等职业教育—人才培养—研究—中国 Ⅳ．① K203
② G718.5

中国版本图书馆 CIP 数据核字（2022）第 213546 号

优秀传统文化与高职教育人才培养融合探究

出版发行	中国原子能出版社（北京市海淀区阜成路 43 号　100048）	
责任编辑	张　磊　杨晓宇	
责任印制	赵　明	
印　　刷	北京天恒嘉业印刷有限公司	
经　　销	全国新华书店	
开　　本	787 mm×1092 mm　　　1/16	
印　　张	16.75	
字　　数	281 千字	
版　　次	2022 年 11 月第 1 版　　　2022 年 11 月第 1 次印刷	
书　　号	ISBN 978-7-5221-2306-6　　　定　价 72.00 元	

作者简介

钱龙飞，女，1988 年 3 月出生，河北唐山人，毕业于燕山大学马克思主义学院，硕士，现任唐山工业职业技术学院教师，研究方向为马克思主义理论与思想政治教育。参与河北省教育厅课题 2 项、河北省社科联课题 1 项、省级协会课题 2 项、校级课题 2 项。主编思政专业教材 1 部，在国内期刊上发表学术论文十余篇。

盛亚东，男，1991 年 10 月出生，河南信阳人，毕业于东北大学马克思主义学院，硕士，现任唐山工业职业技术学院教师，研究方向为马克思主义理论与思想政治教育。主持河北省社科联课题 1 项、校级课题 1 项，参与河北省教育厅课题 3 项。主编思政专业教材 1 部，在国内期刊上发表学术论文十余篇。

前　言

　　中国优秀传统文化以华夏文化为基础，在几千年的发展过程中吸纳了各民族的文化，并融合了儒家、道家、法家等各个流派的文化，从而形成如今优秀的、稳定的、多元的思想文化整体。在这几千年的文化发展和传承之路中，中国优秀传统文化抱着批判、改造、吸收和创新的态度与外来文化不断地碰撞而又融合着，最终汇聚成中华民族积极向上、不断前进的精神动力，这种精神动力使中华民族在世界舞台上独树一帜、屹立不倒。在众多传承中国优秀传统文化并将之发扬光大的阵地里，高职院校无疑占据着十分重要的位置。中国优秀传统文化融入高职院校人才培养是保持民族文化特色、树立文化自信的必然要求，也是帮助高职院校大学生成长为高素质技术技能人才的重要途径。然而，在当下高职教育人才培养过程中，存在"重技术，轻文化"的问题，中国优秀传统文化养分明显缺失，中国优秀传统文化的传承和创新都需要进一步加强。高职院校必须充分发挥中国优秀传统文化独特的育人作用，积极推进中国优秀传统文化融入人才培养。

　　本书共五章，第一章为中国传统文化概述，介绍了中国传统文化的相关概念、中国传统文化的产生与发展、中国传统文化的主要内容、中国传统文化的基本特征、中国优秀传统文化对世界的影响；第二章为当代教育与中国传统文化教育，内容包括传统文化对当代教育的影响、高等教育中传统文化教育存在的问题和原因、当代传统文化教育的重要原则、当代传统文化教育的有效举措；第三章为中国优秀传统文化的教育价值，分别介绍了中国优秀传统文化的道德教育价值、中国优秀传统文化的文化自信教育价值、中国优秀传统文化的心理教育价值、中国优秀传统文化的创新教育价值、中国传统文化的思想政治教育价值；第四章为高等职业教育概述，介绍了高等职业教育的概念、高等职业教育的发展历程、高等职业教育发展现状；第五章为中国优秀传统文化与高职教育人才培养的融合，内容包括中国优秀传统文化对高职教育人才培养的影响、新媒体环境下高职院校传统文化育人的有效策略。

　　在撰写本书的过程中，作者得到了许多专家学者的帮助和指导，参考了大量的学术文献，在此表示真诚的感谢。本书由唐山工业职业技术学院钱龙飞、盛亚东共同编写完成。具体撰写分工如下：钱龙飞拟订提纲和统稿工作并且撰写第一章至第三章，共计约 19 万字；盛亚东负责撰写第四章和第五章，共计约 10 万字。本书内容系统全面，论述条理清晰、深入浅出，但由于作者水平有限，书中难免会有疏漏之处，希望广大读者予以指正。

作者

目　录

第一章　中国传统文化概述

本章为中国传统文化概述，内容分为中国传统文化的相关概念、中国传统文化的产生与发展、中国传统文化的主要内容、中国传统文化的基本特征，并分析中国优秀传统文化对世界的影响。

第一节　中国传统文化的相关概念

一、文化的概念

根据中国字源学，"化"字和"花"字相通，而文化的最初用途是形容某些漂亮的线条，如出土于仰韶半坡遗址的彩陶上的动物形象和动物纹饰，都是通过某些技巧"化"，也就是"花"（画）出来的，所以人们称之为音同文化的"纹画"。从表面看，这些"纹画"只是几何线条的纯形式表现，实际上这些"纹画"都是以"写实形象"为基础演变过来的，进行内容形象化、意义抽象化的处理，使之浮现出具备特殊内容、意义、意蕴的形式和线条。由此可知，最初的文化十分浅显、简单，人们仅仅根据自身生活将之粗浅地塑造出来。

在拉丁语和中古英语中，文化（culture）一词代表"耕耘"。在 18 世纪前中期的法语里，除了代表"训练""心智修炼"，文化也衍生出情趣、良好的风度和艺术、文字、科学等不同概念；在 18 世纪末 19 世纪初，文化开始呈现出现代意义，"人的完善""社会风格"、培养、教育、修养等含义都被归纳于文化的范畴。在这一时期，我国的胡适曾指出，文明（civilization）是一个民族应对所处环境的"总成绩"，而文化是由文明发展而来的"生活的方式"；梁漱溟强调："生活中呆实的制作品算是文明，生活中抽象的样法是文化。"

我国的很多学者都认为，"文化"一词最早可以追溯到两千多年前的儒家著作《易传》。在战国末年儒生编辑的《易·贲卦·象传》，记载着这么一段话："刚柔交错，天文也。文明以止，人文也。观乎天文，以察时变；观乎人文，以化成天下。"虽然这句话将"文化"一词拆开来进行叙述，但其中的"天文"是指文理变化的自然规律，其中的"人文"更倾向于"化育"。西汉末年前后，"文"与"化"合并为"文化"一词，"以文教化"的说法一时间比较盛行。但冯天瑜经过相关研究后认为中国古代的文化概念更倾向于代表精神文明，主要包括文治教化的活动，这与无教化的"质朴""野蛮"是完全不同的。19世纪末20世纪初，在日本人对西方相关术语进行翻译后，"文化"的概念才逐渐向现代化概念靠拢。

结合上述内容，我们可以发现关于文化，无论西方还是我国都认为它具备"人为"特性，也都强调文化不具备先天遗传性的特征，美国恩伯学者指出的"文化包含了后天获得的，作为一个特定社会或民族所特有的一切行为、观念和态度"也证实了这一点。此外，由于文化渊源的本质差别，中国的文化指向与西方不是毫无差别的，因为在汉语中，"文化"一词注重考查某种已定的人伦关系，且这个词语自始至终都与人的精神修养紧密联系，并始终秉持着"文治教化""人文化成"的观念；而在西方，culture更侧重于表达某种以内在生命力为基础而形成的价值规范，它起源于初期的耕耘、栽培等意象，经过慢慢发展最终用于形容人的品性的培养。由此看来，中西方文化的来源和关注重点是有区别的，这也就决定了两种文化在价值走向和特征方面的不同，这是我们在研究文化育人时一定要注意的内容。

由于中西方文化不同，中西方理解文化的方式也就不同。就实际而言，学科不同，对文化的理解也就不同，因为不同的学科有着不同的界定文化的方式。所以，文化的定义至今也没有一个标准、公认、统一的答案。例如，从哲学角度看，文化指的是哲学思想借以表现的媒介；从存在主义角度看，文化主要形容一个人或一群人的存在方式；从文化研究角度看，文化被用于结合不同的文化形态和意识形态。以仔细研究不同学科对于文化的定义为前提，我们可以从文化的理解和阐释中总结出如下规律：文化不仅是社会现象，也是历史现象，它涵盖了人们经过长期创造所积淀下来的成果，人是它的来源也是它的服务对象。1871 年，英国文化学家爱德华·泰勒通过《原始文化》一书提出，知识、信仰、艺术、道德、法律、习俗以及任何一名社会成员所具备的能力和习惯都属于文化范畴，这与通常情况下我们所认为的"人类在社会发展中创造的物质财富和精神财富的总和"的文化释义有很多相通之处。在特定情景下，文化指代精神生活，强调追求价值理性，所以可以说一个国家或民族的历史、地理、风土人情、传统习俗、生活方式以及这个国家或民族的文学艺术、行为规范、思维方式、价值观念都是文化，这也从侧面反映出文化具备传承性、互动性、发展性等特征。

由上述内容可知，从整体层面看，广义的文化指的是人类有别于动物的生存方式，它包括全部的人类生活；而从学术研究角度看，文化是指人类在社会历史发展的过程中所创造的全部精神成果，如思想观念、意识形态、风土人情等。

从学校教育使命的层面看，文化能够以育人资源的角色经过相应的整理、筛选、加工而被用于育人活动。想要理解文化资源并加以运用，就要兼顾其具备的当代性和政治性。

二、传统文化的内涵

汉语词典里的"传"指的是传承，汉语词典里的"统"指的是事物发展过程中所保持的连续状态。《现代汉语词典》对"传统"的解释是:"在历史发展进程中所积累下来的文化、风俗、制度、艺术等等,对其进行传承与发扬,使其深入生活中各个领域,并转变为文化、民族、道德传统。"以此为基础,我们可以产生如下理解:文化是在不同历史环境的背景下,因制度、文化、经济等方面的差异所形成的一系列特定的意识形态和风俗习惯,对文化进行传承能够潜移默化地影响民众的生活和学习,这种影响覆盖社会生活的所有层面,也很大程度地推动着社会发展。

根据上述内容,我们可以认为传统文化能够在民族的发展进程中传承一个民族的整体精神,并彰显这个民族的思想和意识形态。传统文化包括世代传承的社会历史以及相关元素。和其他文化相比,传统文化在传承上具备时间层面的延展性和空间层面的凝聚性两大特征。换句话说,从时间角度看,传统文化是数千年历史演变过程不断积累、不断沉淀的成果;从空间角度看,传统文化是一种文化体系,它具备很强的民族性和稳定性。总结来说,传统等同于历史积累的总结,而传统文化具体变现为贯穿古今历史的思想文化、制度规则、风土人情、宗教信仰、思维意识、生存方式等内容。

三、中国传统文化的内涵

对于一个民族来说,传统文化是发展的动力,在精神上为这个民族提供着强大力量。不同的国家、不同的民族都经历了不同的时代,所积淀下来的传统文化自然也就不同。中国传统文化具备旺盛的生命力,它作为一种文化形态诞生于中国古代,随着时间的推移而不断丰富又不断趋于稳定,在凝聚中华民族智慧精华的同时也始终对当代中国社会的主体文化发挥着十分重要的影响。

从整体角度看,中国传统文化是中华民族在长期发展过程中沉淀出的历史精髓。它包括中华儿女伴随时代发展所创造的物质文化和精神文化,且作为特殊的文化体系在中华民族的繁衍生息中屹立不倒，其鲜明的民族特征和稳定特征也时刻反映着中华民族的文化和品格，并将民族历史上各种思想文化、观念形态融汇贯通。中国传统文化的核心是儒家思想，道家文化和佛家文化也是其组成要素，是中华儿女积极向上的精神动力。

在全球化进程日益加快的大背景下，文化软实力成为国家综合国力的重要体现。物质、精神、制度等层面是传统文化的组成要素，即使从文化范畴角度看，不同的传统文化有着不同的层次，但不同的传统文化之间可以互相融合，存在区别也存在特定的联系，互相渗透又相辅相成。所以说可以从不同角度、不同层次、不同维度来分析文化。对于任何国家或民族而言，具备时代性、地域性、民族性、阶级性、统一性等多种特征的、强大的文化发展都是走向富强的前进基础。中华文明的多样性特征最早可以追溯到史前时期，并在不同时代彰显着不同的社会形象，同时也记录着多姿多彩的民族过往。对于中华民族而言，经过5000年岁月洗礼的中华文明，不仅拥有傲人的诸多成果，也在思想层面涵盖着中华儿女所创造的所有盛名远扬的文化，它从思想层面推动着中华民族的精神发展，并振奋着当今广大青年的文化自信心，让立德树人的目标得以实现，也以精神源泉的面貌推动着中华民族伟大复兴事业不断前进。

四、中国优秀传统文化的概念

上述内容界定了"中国传统文化"，我们从中可知"中国传统文化"是中华民族在漫长历史过程中创造的文化。从内容上看，"中国传统文化"包含极为博大，既有精华，也有糟粕。我们把"精华"部分称为"中国优秀传统文化"，这是本书研究的主要对象，也是我们今天主张传承和弘扬的那部分传统文化。

（一）"优秀传统文化"的界定

在内容博大的中国传统文化中，何为"优秀传统文化"？笔者以为必须符合以下三个标准。第一，达到一定高度，这是文化标准。"优秀"代表一定高度，"优秀"文化不是"一般"文化，它表明这种文化达到了一定高度。原始人制造的简陋工具、绘制的简单图形、表演的简单舞蹈，由于水平很低，所以很难称它们为"优秀"文化。相反，随着生产力发展，人类制造的金属工具、创造的语言文字、创作的音乐诗歌已经达到了较高水平，就可以称为"优秀"文化。第二，产生进步作用，这是历史标准。"优秀"代表一定价值，"优秀"文化在历史上必然产生进步作用。文化创造是为了服务人类生产生活，但并非所有的文化都能促进人类社会进步。科举制度有利于国家更公平、更科学地选拔人才，但八股文却束缚人的思想，耗费人的精力，前者产生了历史进步作用，后者则相反。因此，科举制度在一定历史时期可以说是一种"优秀"文化，八股文则不能算"优秀"文化。第三，于今仍有价值，这是时代标准。"优秀"代表一定品质，因具有这种品质，"优秀"文化不仅在古代产生过进步作用，而且对于今天仍有一定价值。例如，科举制度虽然在一百多年前就已被废除，但它体现的选人用人智慧和公平公正精神，对于今天依然具有很大借鉴价值。

（二）"优秀传统文化"的地位

"优秀传统文化"是传统文化中的"优秀"部分，这个部分在中国传统文化中占据什么地位，在中国近代文化中占据什么地位，在中国当代文化中占据什么地位，是值得探讨的问题。笔者认为：

第一，中国优秀传统文化在中国传统文化中占据主体地位。虽然中国传统文化中也有许多糟粕，但精华部分远大于糟粕部分，"优秀传统文化"在整个传统文化中占据主体。以传统道德为例，其中固然有"三纲"（君为臣纲、父为子纲、夫为妻纲）、"三从"（幼从父、嫁从夫、夫死从子）、"四德"（妇德、妇言、妇容、妇工）等"吃人"的道德，但更多的是仁爱、正义、公正、诚信、孝顺、和善等劝人向善的传统美德，而这方面的道德占据主体。评价传统文化不能"以成败论英雄"，特别不能因为中国传统文化在近代受到西方工业文化冲击，就否定中国优秀传统文化的主体地位。

第二，中国优秀传统文化在中国近代文化中占据支柱地位。鸦片战争后，中国传统文化逐渐受到一些人的质疑和批判，但中国优秀传统文化在中国近代文化中仍占据支柱地位。其一，中国优秀传统文化是中华民族救亡图存的精神支柱。近代以来，在中华民族救亡图存过程中，"天行健，君子以自强不息"的自强精神，"周虽旧邦，其命维新"的求新精神，"天下兴亡，匹夫有责"的爱国精神等优秀民族精神，发挥着坚定民族精神核心的作用。其二，中国优秀传统文化是中华民族救亡图存的智慧源泉。中国近代文化以不断吸收西方先进文化为发展基础，并将中国优秀传统文化不断升华，孙中山在论述他的"三民主义"思想时说："余之谋中国革命，其所持主义，有因袭吾国固有之思想者，有规抚欧洲之学说事迹者，有吾所独见而创获者。"[①] 可见，"三民主义"不全是"舶来品"，而是有很大传统文化成分的。毛泽东思想也是马克思主义与中国优秀传统文化的有机融合，"实事求是"、"矛盾"范畴以及他的军事思想，无不体现着"新鲜活泼的、为中国老百姓所喜闻乐见的中国作风和中国气派"[②]。

第三，中国优秀传统文化在中国当代文化中占据源泉地位。中华人民共和国成立后，中国文化进入当代文化阶段。中国当代文化并没有，也无法割断与中国优秀传统文化的联系。中国当代文化将马克思主义作为核心要义，将其他国家优秀文化作为借鉴对象，将中国优秀传统文化作为前进的动力之源。党的十九大报

① 冯天瑜、何晓明、周积明：《中华文化史》，上海人民出版社 2015 版，第 694 页．
② 《毛泽东选集》第 2 卷，人民出版社 1991 年版，第 534 页．

告指出:"中国特色社会主义文化,源自中华民族五千多年文明历史所孕育的中国优秀传统文化。"① 以社会主义核心价值观为例,其十二个价值范畴,既体现了社会主义的价值原则,又借鉴了人类社会的文明成果,同时也是中国传统价值在当代的升华。中国优秀传统文化是培育和弘扬社会主义核心价值观的源头活水。中国当代文化以中国优秀传统文化为发育沃土,离开了这片沃土,当代文化就成了无源之水、无本之木,就失去了生命力和创新力。

第二节 中国传统文化的产生与发展

一、中国优秀传统文化的产生背景

中国的文化发展历史十分悠久,而中国文化作为中华文明辉煌的见证,与西方文化相比,中国文化独立而特殊。

(一)地理背景

中华文明起源于黄河和长江流域。复杂的大水系、适宜耕作的区域,以及满足安全要求的周边天然屏障,非常适合古代社会文化的酝酿和发展。大环境下的中华文化,有着振奋人心和光明前途的未来。社会始终保持着一种勤奋和朴素,促使中华文化始终焕发出新的活力,永不朽坏。

(二)气候背景

就气候而言,埃及、印度和西伯利亚都靠近热带,都在北纬30度左右。只有中国文化更多地在北温带,北纬35度左右。黄河流域的气候比不上埃及和印度,降雨量也远不如埃及和印度。"天行健,君子以自强不息"正是处在这种气

---

① 习近平:《决胜全面建成小康社会夺取新时代中国特色社会主义伟大胜利——在中国共产党第十九次全国代表大会上的报告》,人民出版社2017年版,第41页.

候下的良好文化产物。因为面对着相对恶劣的环境，想要生存下去是很困难的，因此需要勤奋耐劳的品格来支撑其延续和发展。这也是中国文化能够绵延下去的另一个原因。

这两点综合起来我们可以看到，中国文化是特定地域和特定气候下的产物，带有浓厚的地域和气候色彩。不过，只从自然角度对中国文化进行理解和认识是不全面的。我们可以说，地理和气候的因素是中国人所处社会环境的一个决定性的因素，却不能说，地理和气候因素是中国文化形成的决定性的因素。中国文化是处在那样一个大环境下，以华夏族为核心，以社会大环境为背景而慢慢地积淀形成的。

二、中国传统文化的萌芽

在历史学家们看来，可以将文字产生以前的时期称为远古或上古时期，而中国古代文化也正是在这一时期诞生并开始发展的。根据人类学家的研究，在大约1000万～1500万年前，人类先祖之一的腊玛古猿在地球进行着活动。而我国云南开远县、禄丰县出土的腊玛古猿化石也告诉世人中国是人类的发源地之一。

1965年，在距开远、禄丰不过百里之遥的元谋县发现的元谋人化石，是我国境内发现的最早的人类化石。这两则发现，使中华文明与文化的源头得以科学地定位。

人从其诞生之初就开始塑造历史，进而在各种活动中塑造文化。按照从元谋人、蓝田人（陕西蓝田）、北京人（北京周口店）到马坝人（广东曲江）、长阳人（河北长阳）、丁村人（山西汾县）再到柳江人（广西柳江）、资阳人（四川资阳）、河套人（内蒙古河套）、北京山顶洞人的发展顺序，中国古文化持续不断地发展传承。

需要注意的是，中华文化自诞生之际，其发展就带有明显的多元性特征。无论是在黄河流域、长江流域、珠江流域，还是在青藏高原或者东北及北方其他地区，都能找到旧石器时代、新石器时代的文化遗址，在这些地区都可以找到多元文化存在过、发展过的痕迹。所以，我国远古时期的文化已经具备多元发展的特点。我们知道，旧石器时代先祖们的划时代举措是利用火进行生存活动，在北京猿人文化遗址内，相关研究人员就已经发现灰烬、大量因灼烧而变色破裂的石块和骨骼、木炭等和火有关的遗迹，这也直接证明在 50 万年前，北京猿人在生存过程中能够熟练地使用火，也能通过某些手段保留火种。除了火的使用，在仰韶文化（河南）的典型遗址——半坡村遗址中的发现告诉我们原始先民已经掌握了农作、制陶等方面的一些技术，彩绘陶画和简单的音乐舞蹈也是他们的杰作。在大汶口（山东）文化遗址中，我们不仅能发现一些精美陶瓷，也能看到一些与冶铜、酿酒、制玉、象牙雕刻等对于当时的人类来说是新发明的相关工艺。

除了物质文化，原始时期也盛行多元的观念文化，原始宗教、原始艺术的存在证实了这一点。中华先民的原始宗教崇拜覆盖面很广，主要包括自然崇拜、生殖 - 祖先崇拜和图腾崇拜三种，其中以对太阳、大地崇拜为主的自然崇拜在所有的原始宗教崇拜中可谓由来已久，仰韶文化遗址出土的陶器表面的诸多太阳图形纹饰就是最好的证明。此外，中华先民也很关注自身的繁衍历程，生殖崇拜应运而生，辽宁牛河梁和东山嘴红山文化遗址出土的丰乳肥臀的陶塑女神像、新疆呼图壁县境内的大型生殖崇拜岩画以及广泛存在于各个新石器文化遗址中代表男性生殖崇拜意味的石祖和陶祖，都是中华先民因生殖崇拜创造的成果。

如果说自然崇拜和生殖 - 祖先崇拜比较低级，那么图腾崇拜就属于宗教崇拜中的高级内容。在神话传说中，黄帝率领熊、罴、貔、貅、貙、虎六种"猛兽"与炎帝进行对抗，这些"猛兽"不是真实的猛兽，而是以它们为图腾的六个氏族。此外，包括鱼、鸟、蛙、龟、蛇、猪、马在内的现实存在的动物以及如龙、凤等人们想象出来的动物，都是中华先民们以崇拜为前提而进行本族图腾制作的参考对象。

三、中国古代传统文化的勃发

公元前 21 世纪，夏王朝建立，中华文化在中国历史中的首个国家政权出现的背景下开始快速发展，具体表现为夏、商、西周等时期文字的发明、青铜器具的普及，以及宗法、礼乐制度的构建和人本精神的发扬，这些成果为以后的文化发展奠定了基础。

（一）汉字的发明与使用

文字是记录语言的符号系统，是人们表达思想感情、进行人际交往、传承知识和文化的主要工具。它的发明和使用，打破了人们进行交流时存在的时间上和空间上的束缚，并将人类从"野蛮时代"带入"文明时代"，是文明社会建立的显著标志。

汉字的产生在历史上有过多种的说法，有源于结绳说，有起于八卦说，更有仓颉造字说。其实文字的产生是社会生产力发展到一定程度的产物。上古时期，人们采用结绳、木刻、图画等方式来记事，帮助记忆。在漫长的经验积累过程中，一些符号被反复使用，逐渐演变成文字。从汉字的发展历史看，最早期的文字中，象形文字的比例特别大，后来随着汉字的进步和发展，象形文字才逐渐减少。所以在事实上，汉字的最初形态是刻画符号。大约在新石器时代的晚期，汉字开始进入起源阶段，到大约 5000 多年以前，开始出现了一些简单文字，社会进入了有文字的时期。

汉字早期的形态以殷商的甲骨文为代表。它是刻契在龟甲和兽骨上的文字，主要是用以记录占卜，所涉内容关于社会政治、经济和文化等各个方面。甲骨文是一种比较成熟的文字，以象形字为多，还有会意字、形声字、指事字、假借字、转注字，其中许多单字形体接近今天的汉字，读音也基本上是一字一音。甲骨文也已具有方块字这种汉字独特的书写形式，其行文方法与后来汉字的行文方法相同，都是自上而下，竖列书写。由于历史条件与人的思维能力的限制，甲骨文依旧保存较多的原始性，一般卜辞的文篇简短，"佶屈聱牙"，散漫无序，但其间却包含丰富的文化思想，商代也由此成为"有册有典"的时代，标志着古代中国已跨入文明社会的门槛。

金文也是汉字早期的形态之一。金文即青铜铭文，它是铸在青铜礼器上的文字，在商代后期就已产生，到西周时期兴盛发达起来，记载内容多为国家政令、贵族功德和铸造原因等。与甲骨文相比，由于金文的书写工具和材料的不同，其文字笔画一般比较粗壮，起止不露笔锋，大小各异。金文较甲骨文文字字数大量增加；造字方法以形声字为主，使汉字向形声化方向发展；词序章法虽然承继甲骨文，但篇章规模却更为庞大，所载内容也丰富得多，是研究西周历史的重要资料。

甲骨文、金文的产生，奠定了汉字进一步发展的基础，使汉字在形、音、义三个方面具有了独特的韵味，蕴涵着深刻的美。其形美在结构合理，每一字形都能模拟一定的事物，体现着形式与内容的统一；音美在韵多声少，抑扬顿挫，能因不同情况以不同的音律和音调表达适当的思想感情；意美在词汇丰富，近义词、同义词的充分展示，使其含义表达更为清晰准确。汉字在以后又经历了篆书、隶书的发展阶段，至汉末形成楷书，成为现代汉字的标准字体，汉字也成为世界上最古老的文字之一。

（二）从神本向人本过渡

公元前 16 世纪，殷商灭亡了夏朝，建立了空前强大的国家政权，奴隶制社会进入强盛时期。这一时期由于脱离原始社会不久，受生产力和科学水平发展的限制，在原始思维方式的支配下，殷商文化具有浓厚的宗教色彩。商人把现实的世界叫作"下"的世界，把神的世界称为"上"的世界。既然现实的世界有一个统治的王和各类大臣，那么神的世界也有一个最高统治者"上帝"和各种神灵。上帝能呼风唤雨，现实世界的帝王要听从神灵的意旨。他们认为，人死后其灵魂仍然存在，继续关心、影响人间的事情，所以在行事之前先要进行占卜问事，而先王的法令制度则要以上天的意志为原则。因此，商代十分盛行占卜。在殷墟出土的甲骨文，其主要内容都是用来记录占卜的。商王既是政治上的最高统治者，又是位阶最高的祭司。商人祭祀十分普遍，他们祭祀天帝，祭祀先祖，祭祀鬼魂神灵，祭祀高山大川、江河湖泊，甚至风雨雷电。这是一种以鬼神崇拜为价值取向的粗浅的王权神授理论和宗教信仰，体现出强烈的神本文化特色。

公元前 11 世纪，周人取殷商而代之。从周朝建立到周平王迁都洛邑，史称西周时期。西周是奴隶制社会发展的鼎盛时期，在继承殷商典章制度、文字、工艺技术等成果的基础上，思想文化上有了进一步的发展。西周统治者一方面因袭商代种族血缘统治方法，并同政治关系紧密结合起来，形成了完备的宗法制度；另一方面承袭商人的天神观念，提出天命神权的思想，将上帝与周王的关系比作天与天子的关系，用"德"的概念进行限制，强调上帝也要"唯德是辅"。在周人看来，殷人宣称自己的统治是上天的意志，可是最终被灭亡，要想维持自己的统治，不能一味地依靠上帝，必须实行"德政"，才能得到"民心"，因而提出了"敬德保民"的思想，也就是要用"德"来维护统治阶级内部团结，调整统治策略，巩固其统治。周人对于天人关系的思考，是在神权思想笼罩下，意识到必须尽人事以待天命，这已经反映出周代人的人本思想和主体意识的初步觉醒，中国传统文化中的人文精神正是肇端于此。

西周文化的另一特征为"尊礼文化"。周代有"经礼三百、曲礼三千"，礼乐制成为周代文化的集中体现，它既是典章制度的汇总，又是人们各种行为规范的准则。此后，周人的冠、婚、丧、祭以及视、听、言、动，都用礼乐加以规范，体现的是人与人之间的上下尊卑等级关系。西周时期还出现了最初的阴阳五行思想，西周初年的《易经》，已经蕴涵着"阴"和"阳"的意思，并试图以代表两种不同性质原理的符号，以及排列组合的变化来解释自然界和人类社会的现象。

总之，西周时期的天命神权思想、敬德保民思想以及阴阳五行思想，尽管体系不完整，但对中国文化的发展产生了深刻的影响。特别是周人的人本思想、礼乐文化冲淡了殷商时期的神本文化，为春秋时期思想界的"百家争鸣"奠定了基础，具有决定中国文化模式转换的重要意义。

（三）发达的青铜文化

青铜是红铜加锡或铅的合金，因其锈呈青绿色而得名，它具有熔点低、硬度大、易铸造等优点，是最早为人类利用的金属，人们在这一时期创造的文化也被称为青铜文化。夏代，中国社会就进入了青铜时代；在商周时期，青铜文化的发展已经趋于成熟，科技文化也有了明显的进步，青铜时代逐渐步入顶峰。

青铜文化的发达首先在于青铜冶炼技艺进入高度发展时期，标志着生产力水平的提高。根据考古发现，商周时期不仅出现了大规模的冶炼铸造作坊，而且采用了与后世铸铜合金成分相近的配置标准。青铜在这一时期作为制造生产工具、生活用具和武器的重要原料，一出现就在各个领域取代了石器和陶器，被铸造成各式各样的复杂器物，大如司母戊鼎，小至数克重的箭镞、贝等，而且类型复杂，数量众多。在各种青铜器中，最重要的是礼器，又称为"彝器"，即容器，它们既是贵族的日常生活用具，又是祭祀、朝聘、宴飨等重要社会活动的礼仪用品，具有明贵贱、辨等列和通神灵的特殊作用，是贵族统治权力大小和社会地位高低的标志。其中鼎为最重要，一度成为国家政权的象征物。

青铜器也具有很高的艺术价值。青铜器上的花纹凝重繁复，样式不同。饕餮纹庄重而富于图案化，凤鸟纹被视为吉祥而盛行，还有云雷纹、三角纹、瓦纹和蕉叶纹等。在周代后期，青铜器还采用了错金银、嵌红铜、鎏金、硫化处理等新工艺，在这些新工艺的加持下，青铜器变得十分华丽，其十分丰富的色彩能够彰显出一定的神奇感，为后世留下了很多凝聚智慧、饱含审美意味的艺术品。

四、百家争鸣——中国传统文化的全面产生

中国的春秋战国时期可谓动荡不安。在这一时期，各路有学之士创造了不同的思想成果，他们也以此为基础不断提升自身"救世"的社会责任感，百家争鸣的局面也正是在这一背景下开始出现。根据西汉学者刘歆的研究成果，在先秦时期的诸子百家中较为活跃的有儒、墨、道、名、法、阴阳、农、纵横、杂、小说十个流派。

儒家学派的代表是孔子。在一系列和周礼有关的研究整理后，孔子以"仁"为核心，用伦理道德之礼取代带有天道神学色彩的礼，而"爱人"是"仁"的概念基础。此后，孟子以孔子的思想为基础，进一步丰富了仁学思想，并提出了仁、义、礼、智的四端说。在他的领导下，儒家思想开始讲究"达则兼济天下，穷则独善其身"，而这一理论早在先秦时期就以"显学"的身份存在。而后，汉武帝"罢黜百家，独尊儒术"，以孔孟之道为主的儒家思想占据了中国传统文化中的主导地位。

墨子从中下层劳动者的切实利益出发，创立了墨家学派。春秋末年到战国初期盛行的是儒家学说，而战国中期墨家学说可以说与儒家学说分庭抗礼。根据史书记载，墨子出身于"贱人""鄙人"，《墨子》一书证明他有着思想家和社会活动家的双重身份。我国最早的学术社团由墨子组织而成，其社团成员大多是"耕耘树艺"、"纺绩织纴"、以劳作为生的下层人士，其中占大多数的是手工业者。因此，墨家学说主张物质生产劳动在社会生活中占有一席之地（"尚力"），同时强调要节省生存基本需求之外的开支用度（"节用"），并推崇通过普遍的爱让战乱停止以求太平（"兼爱"）。墨家学派的人讲究尊崇天神（"天志"），强调专制统治的重要性（"尚同"）。从上述内容可以看出，墨家学说主要反映小生产者们和

小私有者们的文化倾向，不过在秦汉之后，墨家学说开始慢慢落寞。

道家学派的始祖是老子。相传老子曾做过周王室史官，他还曾和孔子讨论过"周礼"。但在社会礼崩乐坏的情势前，老子表现出与孔子的积极有为截然相反的态度——无为而治，这一点从老子强调的"人法地，地法天，天法道，道法自然"（《老子》二十五章）中可以看出。与孟子大约同时代的庄子则进一步发挥了老子的这一无为思想，并在自己的人生活动中处处遵循这种无为逍遥的生存方式。《史记》中就记载有庄子拒聘为相的故事。

除了儒、墨、道三家之外，名家、法家、阴阳家、农家在当时也较有影响。名家的代表人物是惠施与公孙龙。名家好辩，当时被称为辩者。惠施与庄子不仅交往甚多，而且有过许多的辩论。《庄子》一书中保存了惠施"合同异"等一些著名的命题。公孙龙的著名命题则有"离坚白""白马非马"等。名家的好辩往往因为混淆名与实、一般与个别的区别而流于诡辩，但其思想对于启迪人的智慧无疑是有积极意义的。

李悝、商鞅、申不害、慎到、韩非子等人都是颇具名声的法家学派代表人物。他们之中有人编著《法经》，有人推行"法治"，有人强调重"术"、重"势"，有人通过将法（政令）、术（策略）、势（权势）结合的方式创立较为成熟的法家理论。作为战国时期的"显学"之一，法家被秦王朝当作政治基础，用以统一天下。汉代之后，虽然"独尊儒术"的做法让儒家思想成为主流思想，但法家思想仍然发挥着一定的作用。

阴阳家的主要代表是邹衍，这个学派主张"深观阴阳消息"，其中的"阴阳消息"指的是阴盛则阳衰、阳盛则阴衰。阴阳家们主张阴阳双方既有矛盾又互为消长，阳生阴灭、阴生阳灭是自然界和社会万物运转的核心规律和基本法则。此外，阴阳家们还创造性地通过阴阳消长的理论来评价社会人事，在他们的思维意识里，把握世界可以从时间、空间的流转变化角度去实施。

与孟子同时期的楚国人许行则是农家的代表，其学说只见于《孟子·滕文公上》。他主张统治者应与民同耕、同食，这种平均主义的农民意识对中国古代历史的影响也极为深远。除了上述诸子学说之外，以张仪、苏秦为代表的纵横家，主张合纵连横，由于直接为君主权术服务，故其思想影响不大。而"兼儒道，合名法"的杂家则主要是折中糅合了诸家学说，故也无太大的影响力。主要记录"街谈巷议"的小说家也未被重视。

综上所述，儒家、道家、法家、墨家是百家争鸣的主角，这些流派的思想从文化传统角度直接影响了中国历史的发展。

五、古代历史演进推动传统文化繁荣兴盛

秦王朝是中国历史上第一个君主集权的统一帝国，其于公元前 221 年的建立将中国历史推向"书同文、车同轨"的新时期。在汉代，政治体制主要表现为集权统一，在这种背景下，中华文化更进一步地多元化发展。第一，从思想角度看，两汉经学的盛行让儒家思想得到巨大发展，在董仲舒向汉武帝提出独尊儒术的建议后，儒家学说被有目的地改造，进而被后世历代统治者尊为官方学说。通过汉代《史记》《汉书》《七略》等著作，我们可以在追溯历史的同时探索书中记载的不同时期的儒家思想。文学是一种具备深刻内涵和代表性的文化表现形式，而在汉代，文学获得了飞速发展，以辞藻华丽、大气恢宏为特点的汉赋著作《吊屈原赋》《七发》《子虚赋》，以语言朴实、广为流传为特点的乐府民歌《东门行》《十五从军》，以文采飞扬、立意深远为特点的汉代散文《过秦论》《治安策》《说苑》等作品，都散发着内涵丰富、思想深远的文学意味。另外，在汉代，艺术、科技、建筑等方面取得的显著成就极大地提高了中华民族的文化自信心。

汉代之后，三国两晋南北朝共历经近 400 年的时间。这一时期，在动荡不安的社会中出现了批判思潮，人们开始对人生理想、社会发展重新考量，儒家思想

也不再占据唯我独尊的位置，将《老子》《庄子》《周易》等著作的思想和儒家、道家思想归纳吸收的玄学思想开始盛行。玄学思想不局限于伦理道德、政治主张的约束，而围绕探索理想人格、认识宇宙本质强调清新理性的抽象思辨，这在很大程度上影响了中国传统文化思想的发展。此外，在这个与春秋战国类似的动荡时期里，思想和文化在交融中不断发展，直到文晋南北朝时期，出现了三教鼎立的文化局面，道教和佛教发生了重大变化。佛教因本身对本土思想的不兼容性与本土思想之间始终存在矛盾，而三教一边曲折地发展，一边探寻着和谐共存的出路。往往会出现在同一空间里，各种思想都发生作用的情况，这就要求佛教必须在儒教和道教面前找好定位。而这种情况在史书中也有记载：东晋在庚冰与桓玄的先后掌权下，曾尝试让沙门通过遵守儒家礼法的方式来向统治者致敬，同时也削减了僧人的数量；丹阳郡的道教信徒沈文季不接纳僧人，"欲建义符僧局责僧署籍"；衡山的道士因对慧思大师不满，而向陈宣帝进谏，建议陈宣帝以间谍之罪逮捕慧思大师。

隋唐时期，在国力上和社会思想开放程度上，中国传统文化的继承和演变都步入鼎盛阶段。在这一时期，已经经过很长时间洗礼的佛教具备明显的本土色彩，天台宗、法相宗、华严宗、禅宗等诸多流派也纷纷诞生，并在很大程度上影响着中国传统思想文化的发展前进，也代表着古代中外文化之间逐渐紧密的联系，在唐诗、散文、绘画、书法、史学等诸多艺术领域都取得了显赫成果。从思想文化角度看，这一时期的中国传统文化已经步入高峰期；从民族融合的角度看，以唐朝大一统为背景，南北之间的文化以及各民族之间的文化在交流上越发频繁、在关系上越发紧密。而文学、绘画、音乐、社会生活等诸多方面的变化也反映着各民族之间多姿多彩的文化融合，整体的文化局面呈现出互相兼容、互相渗透、百花争艳的繁荣态势。

在分裂割据的五代十国后，宋朝在统一局部的前提下，与以游牧特色为主的辽国和西夏族建立起对峙局面。从哲学思想层面看，理学的诞生与发展是那个时期的一大特色，理学思想通过吸收佛教部分观念的方式不断丰富自身内涵，最终打破了自隋唐开始儒学的整体影响小于佛教的局面。此外，从某种意义上说，可以将理学思想所具备的思辨特点视为一种成熟的哲学体系，其中也掺杂部分宗教观念和道德观念，而其核心思想是伦理道德。理学思想主张"天理"至上，要求人们要"存天理、灭人欲"，并以"正心""诚意""修身"为道德原则来控制个人欲望，从而构建高价值的理想人格。这种强调禁欲主义的思想，帮助中华民族建立重视德行情操、人格气节、历史使命的精神境界，也极大地提高了人们的社会责任感。而后，程朱理学在明代受到很大程度的抨击和抵制，取而代之的是以王阳明"心学"为主的唯心主义思想。这种思想认为人们要"致良知""心学即理学"，在对不符合历史发展规律的理学思想大肆抨击的同时，极大地提高了人们的主观能动性。需要注意的是，从宋代开始，少数民族的游牧文化和中原地区的农耕文化在激烈地碰撞中不断融合，少数民族也在积极吸收汉文化的基础上不断壮大着本族文化。其中，最具代表性的就是以彪悍风格为特色的蒙古族在统治中华大地时，通过儒学思想加强专制统治，这一举措也使包括元曲在内的文学艺术得到了很大的发展，最终丰富了中国文学史珍贵遗产的总体内容。

六、封建社会的没落致使传统文化走向衰落

在明清两代，中国社会步入封建君主专制时期，各个方面经历残存的鼎盛开始走下坡路，开始出现资本主义。在社会生产力不断发展的背景下，生产关系逐渐改变，这一点在思想文化的变化中可以印证。首先，在这一时期，《元史》《明实录》《明史》等著作相继出现，无论是明成祖朱棣的《永乐大典》、清圣祖康熙的《康熙字典》、乾隆帝的《四库全书》等官修典籍，还是李时珍的《本草纲目》、潘季驯的《河防一览》、徐光启的《农政全书》、宋应星的《天工开物》、徐霞客

的《徐霞客游记》、方以智的《物理小识》等民间人物编纂的科学技术书籍，都告诉世人中国传统文化历经数千年的沉淀后，以成熟的姿态开始进行总结，处于这种特殊时期的人们有着很高的文化自觉水平和很强的文化自信心。其次，伴随历史的发展，以空谈心性为主的空疏之学被淘汰，社会开始盛行强调百姓要提高反思批判意识的早期启蒙思想。黄宗羲、顾炎武、王夫之等思想家对当时还被作为官方文化的程朱理学提出质疑，他们主张反对包括文字狱在内的思想文化专制统治，并且对君主专制加以批判，在当时的社会掀起经世致用的思想浪潮。从文学艺术创作角度看，这个时期涌现了很多阐述民间生活情趣的市民文学、书画作品，在这些作品里，我们可以看出当时的城市经济发展状况和资本主义生产方式的萌芽。但是，在落后的物质生产方式和社会制度的影响下，具备上千年发展史的中国传统文化伴随封建社会集权统治一齐走向衰落，这是因为当时的统治阶级和很多知识分子都盲目地认为中国传统文化比任何文化都好，无须与外来文化交流。也正是在这个时期，西方正在开展改变世界本质面貌的工业革命。时间推移至公元1840年，西方列强用坚船利炮打开了中国的国门，中国由此进入半殖民地半封建社会。而中国传统文化由此步入谷底，并在衰落中不断地挣扎，试图开辟新的发展之路。直到1921年，中国共产党成立，中华文化的复兴任务才正式被重视起来。在百年的历史中，党解放了中华民族，也帮助众多国民树立起独立自主、创新重生的精神理念。如今，中国优秀传统文化为中国特色社会主义文化发展持续输送着强大的动力，相信在不久的将来，中国优秀传统文化会重回世界之巅。

根据上述中国历史的发展过程，我们可以发现中华民族的精神血脉世代传承、生生不息。每一个中华儿女已然将中国优秀的思想价值理念当作自身的精神内核，并在中国传统文化的繁荣发展中不断提高着自身的民族文化自觉意识和自信心，从而让中国传统文化不断为世界文明宝库输送新鲜的、具有活力的血液。在研析中国优秀传统文化贯穿上千年的发展历程后，我们更要在心中时刻提醒自己，加强民族认识，并在珍惜当下绚烂文化成果的基础上坚定不移地按照中国特色社会主义的指引积极发展。

七、中国传统文化发展的基本走向

中国优秀传统文化不是将发展过程中形形色色的民族文化简单叠加而产生的，它本身是一个不断发展、不断演变的整体，拥有贯穿过去、现在和未来的连续性和流动性，其本身具备的历史性、民族性、时代性等特点使它呈现出辩证统一的态势，并为它奠定了不断延续、不断丰富的基础。

（一）在交流融合中发展繁荣

中国优秀传统文化在远古时期孕育而生，传承至今，并以海纳百川的博大胸怀不断融合着中华大地诸多少数民族的文化精华，从而呈现出很高的向心力水平和包容力水平。夏商周时期的人口分布、国家版图都不及其他朝代，同时周围分布着很多战力强盛而文化水平不高的民族部落。此后，在中华民族的发展过程中先后出现了辽国、金国、元代、清代等少数民族统治中华大地的历史时期，而这些少数民族也不约而同地被富有内涵和魅力的中华文化所吸引，并在融入中国优秀传统文化的基础上对它进行相应的改造和拓展。不同文化之间互相借鉴、互相融合的典型代表是战国时期赵武灵王实施的胡服骑射，而汉代出现的佛教文化也能证明这一点。在汉代，带有显著外来特色的佛教传入中华大地后，在翻译经文的类似活动中被中国传统文化潜移默化地感染着、变化着，进而在隋唐时期大放异彩，直到宋明理学的出现和盛行，佛教本身仅存的外来特色逐渐消失，取而代之的是被中国优秀传统文化加工过的佛教文化。这也从侧面反映出，对于异质文化而言，中国优秀传统文化具备高融通性，这也是中国传统文化得以不断丰富、不断多元化发展的本质原因。

除了上述内容，西面包围着天然屏障的中国所发展的独立、稳定、兴盛的中国传统文化，是周边邻国文化的中心，其影响甚至辐射到朝鲜半岛、日本列岛、中南半岛以及东南亚以东亚文化为主的地区。在与这些地区的文化进行交流、融合时，中国优秀传统文化不断丰富自身内涵，对亚洲的整体文化发展发挥着举足轻重的影响。元朝时期，蒙古族创造了在版图上横跨欧亚大陆的帝国，也实现了自汉代以来中国与西方、国家进行文化交流的美好期望。在这种背景下，中国的指南针、造纸术、印刷术、火药、历法、数学、瓷器、茶叶、丝绸、绘画、园林艺术、经史典籍、文学诗歌等颇具中华文化特色的各种成果迅速传播至全世界，从某种意义上推动了西方包括哲学、文化、技术等方面在内的整体发展。此外，如阿拉伯天文学、数学等在当时处于世界一流水平的思想文化和科学技术也传播到中国，并被中国传统文化吸收，这也从侧面反映出中国传统文化所具备的博采众长的特点，《授时历》《几何原本》就是那时中国传统文化丰富成果的典型代表。

综上所述，可以说中国优秀传统文化在发展过程中始终秉持着海纳百川、兼收并蓄的原则，并以此为基础不断地前进。

（二）在创新中从低谷走向复兴

儒家文化一直是近代以前中国传统文化的核心，而这个时期的中国传统文化还包含道家、佛家的文化，可谓历史悠久、源远流长。然而，正是长期扮演世界文化领头羊角色的中国传统文化，让封建专制制度晚期的统治阶层变得盲目自信，除了将开放的文化环境封闭，他们还通过禁锢的方式让正在蓬勃发展的文化体系土崩瓦解，而"闭关锁国"的政策更是很大程度地阻碍了中国在经济、思想文化、科学技术等方面的发展和吸纳，自此中国传统文化彻底步入下坡路。鸦片战争的惨败让中国逐渐沦为半殖民地半封建社会。而在这一时期，无数爱国者除了思考如何救亡图存，他们还深刻地反思、总结了中国如此落后的原因。由此，在近代历史时期的中华大地上，先出现"三千年未有之大变局"，各种农民反抗运动此起彼伏，又出现了以"富国强兵"为目标的洋务运动、力求改革制度的维新变法运动以及结束清王朝封建统治的辛亥革命。需要注意的是，这些运动无一例外，并没有将西方帝国主义侵略下的中国拉回独立自主、发展现代化的轨道。"政治上的剧变，酿成思想的剧变，又因思想的剧变，至酿成政治上的剧变。前波后波辗转推荡"这句话完美地描述了当时风雨飘摇的中国。直到1915年，以陈独秀、李大钊为代表的新一代知识分子，从创办《新青年》杂志报刊出发，拉开了反对封建专制、打破封建思想束缚的新文化运动的革命序幕。革命先烈们于1919年5月掀起的"五四运动"可谓更进一步地唤醒了国民，这场轰轰烈烈的革命"为新的革命力量、革命文化、革命斗争登上历史舞台创造了条件"。1921年，中国共产党成立，开始肩负解放全国人民、争取民族独立的革命使命以及复兴中国优秀传统文化的使命。在马克思主义理论的指引下，中国共产党一边带领国民提高了对学习的重视程度，一边又对历史经验加以反思和总结，并通过对中国优秀传统文化的核心精髓加以借鉴、运用的方式，让中国优秀传统文化更加现代化地发展。在新时代，党中央以传承和发展中国优秀传统文化为重要战略，加大了继承和发扬的力度，并不断加以创新和改造。以经济全球化的大趋势为背景，中国提出构建"人类命运共同体"的观念，并切实与其他国家展开"一带一路"的合作建设，也为中国优秀传统文化中和衷共济、众志成城、团结协作的观念提供了传播平台。此外，在全球性的疫情面前，中国也积极与其他国家共同协作。这些不胜枚举的例子告诉我们，中国优秀传统文化是实现中华民族伟大复兴目标的文化源泉，也是当今世界智慧宝库和力量宝库的重要组成部分。

八、中国优秀传统文化与现代文化的有机融合

（一）中国优秀传统文化与马克思主义理论的深入融合

中华人民共和国成立以来，在马克思主义文化的指导下，中华儿女在传承和弘扬中国传统文化的过程中，得到了很多教训也总结了很多经验，这也推动了中国传统文化的发展。以马克思主义中国化的不同时期为标准，中华人民共和国成立以来传承、弘扬中国传统文化的语义场包括自 1949 年中华人民共和国成立到 1978 年改革开放之前的曲折化探索阶段，自 1978 年改革开放以来到 2012 年党的十八大召开的返本开新阶段，2012 年党的十八大召开至今的创造性转化和创新性发展阶段三个阶段。在不同历史阶段，中国传统文化的传承和弘扬的特点不同。这种分段继承发扬的方式对于当下中国优秀传统文化的发展具有很深远的影响。

1. 中华人民共和国成立初期的曲折化探索

伴随着中华人民共和国的成立，消解旧文化自信、塑造新文化自信成为思想文化领域的第一要务。这一时期，马克思主义中国化的主要任务是确立马克思主义及其中国化的最新理论成果。中国共产党人对中国传统文化秉持"取其精华、去其糟粕""批判继承"的基本态度，并经过可谓曲折化的历程探索了中国传统文化的继承和发扬的出路。

中华人民共和国成立后，各个时期文化建设的任务和目标都与当时党和人民的思想认同相互联系到一起，党和人民也开始思考完成"富国强民"历史使命的具体对策。由于"富国强民"目标的实现需要特定的意识形态，这一时期的中国传统文化在传承和发展时也就带有明显的政治意味，批判式继承中国传统文化的原则应运而生。中国共产党从思想文化角度出发，开展了各种批判活动，以此来分辨中国传统文化中的"精华"与"糟粕"，而"批判式继承"一时之间也成为文化主流。在这种背景下，更加贴合社会的文化评价新标准和文化发展新方向逐

渐形成，马克思主义也成功化身中华民族的文化自信来源。由此可知，可被视为历史现象的文化本身具备历史延续性、继承性等特征。

然而，不能绝对地说中国传统文化都是正面的，因为中国传统文化中有一部分不利于社会主义社会发展，在继承和发扬上，对待中国传统文化的态度要"取其精华、去其糟粕"。

历经"三大改造"和各类文化批判，马克思主义文化自信来源的地位已经确立，为社会主义建设新实践提供了思想前导和智力支持，但各种批判运动的出现也导致当时的文化气氛和学术气氛极其沉闷。以推进社会主义建设为目标，1956年召开的中共八大政治决议确立了关于科学和文化工作的"百花齐放、百家争鸣"的"双百"指导方针，这个方针倡导各个观点、各个流派的文化全面发展，并根据繁荣社会主义经济的程度比较基础地定义了先进文化。除此之外，毛泽东思想也强调要以确立马克思主义的文化自信地位出发，将干部群众的思想文化动态牢牢把控好，让他们主观地接受中国化马克思主义，并提高践行中国化马克思主义的自觉意识；要以积极改造中华传统封建残余思想、消灭封建思想残余为任务，针对不同群体开展各种层次的教育实践活动。

综上所述，马克思主义的文化自信地位是中国共产党在1949—1978年这一时期在我国确立的，我国的文化自信也因此成形。对于继承与发扬中国传统文化，中国共产党人强调要"取其精华、去其糟粕"，为传承和弘扬中国传统文化指明了方向。虽然我国在这种思想的实践过程中，出现了以"阶级斗争"为主、以"政治—文化"为主要连接关系、"传统文化"与"现代化"文化对立的特殊阶段，并且在传承和弘扬中国传统文化的过程中遭遇了一定的挫折，但从本质上看，这一时期的特色是通过马克思主义改善旧文化，并以外用文化批判、内用政治批判的意识形态向全社会灌输思想，这种做法进一步推动了以马克思主义为指导思想引导中国传统文化批判式继承的进程。

2. 改革开放之后的返本开新

十一届三中全会以后，马克思主义中国化以社会主义市场经济为背景进入了崭新的语义场。在这一阶段，中国特色社会主义理论体系引导下的文化建设飞速发展，"传统文化热"一时风靡整个社会。

"中国特色社会主义"凝聚了所有中国哲学辩证法的智慧。针对我国与世界发达国家之间实际存在的总体差距，由邓小平提出的"中国特色社会主义"理论让我国的经济发展和社会建设找到了正确方向，而中国传统文化中朴素的辩证哲学思想就彰显于这条理论中的"一个中心，两个基本点""坚持四项基本原则""坚持改革开放"等观念中。从马克思主义辩证法的角度看，任何事物都是双面的，不同事物之间有区别也有联系，当外界条件允许时，不同事物之间可以进行渗透、转化。此外，"中国特色社会主义"和老子著作《道德经》里强调的对立统一思想也不谋而合。而后，在我国的发展不断面对各种各样考验的大背景下，以江泽民同志为核心的党的第三代中央领导集体带领广大人民"在实践中找到一条建设有中国特色的社会主义的道路，开辟了社会主义建设的新阶段"。在我国的发展进程出现资源短缺、环境恶化、人口膨胀等瓶颈问题时，以胡锦涛同志为总书记的党中央将中国传统文化中的"和谐观""天人观""道德观"等观念的价值发挥出来，并以此为基础提出科学发展观，让我国以可持续发展的理念为核心原则向构建社会主义和谐社会的方向不断前进。科学发展观以中国传统文化为根基，在顺应时代潮流的前提下对中国和世界现代化建设的发展经验进行了总结，同时也将马克思主义的全面发展理论和中华传统"民本"思想的辩证统一体现了出来。

除了上述内容，同一时期里我们党也吸取了宝贵的历史教训，并从实际情况出发，让党的实事求是的思想路线得以恢复和发展，也将发展经济、解放生产力、提升国家文化软实力作为社会的发展目标。在这种背景下，社会各界慢慢恢复健康发展的状态。针对中国传统文化的继承与创新，我党带领人民将中国传统文化的精华发扬光大，并重点提升国家文化软实力，将"实用理性""德性实践"的观念纳入我国社会主义建设事业的考量范畴，使社会主义现代化事业得到有效发展。此外，"稳定才能搞建设""四个现代化""德治＋法治""提升国家文化软实力"等思想让中华传统德治思想得以彰显，也让马克思主义道德和法治学说的内涵变得更加丰富、道德建设与法治建设的辩证关系变得更加清晰，我国社会主义国家学说也开启了崭新的篇章。

在这一时期里，党中央将发展整体经济、提高综合国力作为主要任务，不断提高文化自信在协调、凝聚、整合和导向等功能上的水平，因为这些功能对于推进改革开放是很重要的。在这种背景下，传承和弘扬传统文化的基础是为社会主义现代化服务，并通过凝聚科学的理想和信念来促进我国社会的经济建设向前发展。"精神文明重在建设"的观念彰显了党中央重视"文以化人"的决心，也在基本层面约束着广大社会主义现代化建设者；"社会主义核心价值体系"为我国铸就"兴国之魂"，它也是我国社会主义意识形态的本质体现；"八荣八耻"以中华传统美德为基底，从时代特点和实际情况出发，将马克思主义的道德观和中华民族的传统荣辱观巧妙结合，为当代中国社会构建了基本道德标准和行为准则。

综上所述，1978—2012年这三十多年里，我国文化自信不断创新、不断完善，不仅恢复了实事求是的思想路线，进而很大程度地推动了我国社会主义现代化建设，为我国文化自信打上时代性标签，也从"取其精华、去其糟粕、古为今用""为我所用、辩证取舍、择善而从"等理念出发，将中国传统文化和治国方略、文化自信巧妙地结合起来，让中国优秀传统文化的传承和弘扬迎来新的发展篇章。

3. 十八大以来的创造性转化和创新性发展

想要让中国优秀传统文化得以弘扬，就要厘清继承和创造性发展之间的联系。在进行社会主义现代化建设时，要创造性、创新性地发挥传统文化的功能和现代化价值，并以当前的社会需求为创造基础。比起古代，现代社会的人们拥有更加发达的科学技术，而要实现传统文化向社会生活的融入，通过现代化手段改造富有内涵的文化内容及其表达方式是比较重要的举措。党的十八大以后，社会改革的脚步进一步加快，我国社会也在"黄金发展期""矛盾凸显期"共存的局面下尝试着转型。针对信仰缺失、思想分化、社会整合、全球化加快等诸多挑战，以习近平同志为核心的党中央一方面提高对意识形态的重视程度，另一方面也以创新性传承传统文化的举措为基础，确立了"四个全面""四个自信""美好生活"等彰显中国优秀传统文化精华的发展理念，并将推动国家发展、促进社会和谐、构建人民美好生活作为目标，不遗余力地对中国优秀传统文化加以创新性转化和创造性发展。

在当下的新时代，以习近平同志为核心的党中央从中华传统治国理念出发所提出的"四个全面""三个倡导""一带一路"等新理念，将彰显意识形态的政治纲领、政治思想与以中国优秀传统文化为核心的当代文化巧妙地结合了起来，提升了广大人民在心理层面和生活层面的社会主义意识形态水平，也在提高国家凝聚力的前提下让中国的发展前途变得一片光明，进而极大地推动了改革攻坚阶段的发展。"四个全面"的布局，丰富了中国优秀传统文化的本质内涵；"三个倡导"的提出，使国家更加富强、人民生活更加多彩；"一带一路"的倡导，从全球治理的角度出发发挥了中华文化的独特功效，并以创新人类文明为任务，让中国优秀传统文化中以"和"为主的治国理念得到很大程度的创新和应用，不仅为世界发展过程中出现的诸多难题提供了多种解决方案，也从中国智慧的角度为世界的和平和发展提出了合理化建议。自党的十八大以来，以习近平同志为核心的党中央不仅很大程度地提高了对中国传统文化在国家治理、经济社会发展中积极形象的重视程度，还以之为前提将中华优秀治国理念融入"四个自信""五位一体""新发展理念"等发展思想中，从而提高了中国传统文化的凝聚力、影响力。中国共产党人坚持从实际问题出发，围绕广大人民的切身利益提出包括"创新驱动发展""对外开放"等符合国情、颇具中国特色的诸多发展方略，并以此为基础针对各种新形势、新挑战构建了新发展机制。

在这一阶段，人们的日常生活也无时无刻不体现着文化自信，"中国梦""美好生活"等理念使国家和个人、社会和大众紧密结合，"德智体美劳"的发展目标不断激励着广大新时代个体在现代性语境中的全面发展。其中，"中国梦"将中国力量凝聚，也结合了时代主题和中国优秀传统文化的精华；"美好生活"从辩证统一的角度出发，通过日常化叙事的方式维护了个体价值和集体利益；"德智体美劳"是新时代的发展要求，是国家发展需要和个人成长需要的集中体现。党的十八大以来，习近平同志从新时代的战略层面出发，不断完善新时代全面育人的发展内容，并进一步扩大了"劳动"的涵盖范围，为"劳动"注入了极为鲜活的时代性血液。

综上所述，在 2012 年至今的发展阶段里，我国文化自信不断更新着自身面貌，并以融合马克思主义发展观和中国特色社会主义为前提，让"五位一体""四个全面"等现代化发展战略得以问世；"三个倡导""新发展理念""中国梦""美好生活"等理念让个体价值和集体利益得以辩证统一，意识形态工作也进入了新的阶段。此外，以习近平同志为核心的党中央尤为重视中国传统文化的继承与发扬，并通过将之融入马克思主义中国化进程的方式不断推动其整体发展。

（二）21 世纪传统文化与新媒体技术的融合发展

自古以来，对于一个国家来说，文化的传承是至关重要的。在一代又一代人的继承与发扬下，中华民族传统文化发展至今可谓博大精深、源远流长。就实际情况而言，各类媒体是信息传播渠道的重要组成部分，其时效性强、便捷性强、流传度广等特征让人们可以随时随地地获得各种信息，这也从侧面提高了信息的传播水平。有了新媒体技术的带动，我国传统文化的继承与发扬的发展速度进一步加快，文化传承效果也显著提升。

1. 新媒体时代我国优秀传统文化的创造性转化

新媒体具有数据化储存、多维度可视化呈现、便捷式传送等特征，这些特征为中国优秀传统文化的创造性转化提供了更多可能。基于新媒体技术和平台，中国传统文化的内容、表达方式和传播方式都实现了创造性转化，形成了创造性转化路径。创造性转化不仅对内促进了文旅产业发展、增强了文化认同、提升了文化自信，而且也加大了对外文化输出的力度，进而改善了中国的整体形象。对于科学合理地对待中国传统文化、建设社会主义文化强国的战略而言，促进中国传统优秀文化的创造性转化十分关键，其具体做法是"按照时代特点和要求，对那些至今仍有借鉴价值的内涵和陈旧的表现形式加以改造，赋予其新的时代内涵和现代表达形式并激活其生命力"。

创造性转化中国优秀传统文化，不仅需要其自身的继承性、开放性、包容性等特征的加持，还需要政府为之提供政策支持，也需要迅猛发展的新媒体技术和新媒体平台的帮助，这些都可以让中国传统文化的创造性转化得以有效发展。

（1）数据化存储为中国优秀传统文化的创造性转化提供了可能

对中国优秀传统文化进行创造性转化的首要步骤是整理收集与之相关的大量的信息资源。新媒体时代，中国优秀传统文化存储数据库的容量更大，对于不同类别传统文化的检索也更为便利，为中国优秀传统文化的创造性转化提供了有效收集资源的可行性。

（2）多维度可视化呈现为中国优秀传统文化的创造性转化提供了可能

中国优秀传统文化的创造性转化，需要对其表达方式进行创新，在新媒体时代，新媒体技术手段使传统文化的表达方式突破了二维和静止的局限，使中国优秀传统文化"活"起来，使人们拥有全方位多维度沉浸式欣赏中国优秀传统文化的体验，为中国优秀传统文化的创造性转化提供了创新表达方式。

（3）便捷化传送的特点为中国优秀传统文化的创造性转化提供了可能

对中国优秀传统文化进行创造性转化，还需要对其传播方式进行创新。在新媒体时代，新媒体技术手段使传统文化的传播方式克服了传统媒体传播速度慢、传播范围小的缺陷，突破了时空的界限。互动性传播与大众传播的方式极大地提高了传播效率，使中国优秀传统文化的传播方式更新颖、更喜闻乐见。

2."新媒体＋传统文化"融合的意义

（1）传统文化传播更加简便易行

在互联网时代背景下，新媒体形式多种多样，如电视媒体、数字化媒体等除了可以展现不断发展的现代科技，还为文化传承开辟了新道路。许多网络视频分享原生态生活风貌，传扬中国传统文化和工艺，以中华民族引以为傲的美食文化为主线，分享酿制酱油、美食制作、养蚕制衣等衣食住行各方面的内容。这些视频题材来源于中国真实、质朴、自然的传统生活，激发了人们对中国传统文化的兴趣，那些被遗忘的美食、劳作方式被重新带回到大众视野中。近几年，短视频直播平台已逐渐走入人们的生活，越来越多的人接受了这一新时代产物，并且难以割舍。这就使我们在文化传承的道路上不再局限于纸媒、电视等传统渠道，因操作工具、流程、场地等因素产生的局限性大大减弱，人人都可做一名"传统文化传播者"，传播方式变得快捷简便，且传播效果变得更加明显。

（2）了解、认同中国传统文化的人数更多

在过去，信息宣传的途径少、范围窄、收效微，但在互联网、新媒体技术流行的今天，信息传播速度与范围都是非常惊人的。以央视的《中国诗词大会》为例，2017年春节，《中国诗词大会第二季》的话题引爆全网，有关"诗词大会才女武亦姝"的话题视频更是登上热搜，其他《中国诗词大会》相关微信公众号文章的阅读量也都数量庞大。《中国诗词大会》的播放促进了各个年龄段人群对于古诗词的学习，使人们更加有兴趣去领略古诗词之美。同种类型的节目还有很多，如《汉字英雄》《见字如面》等电视节目也都得到很不错的反馈。广大高校也会经常性地举办类似的"诗词大赛""成语大赛"等，甚至有很多国际友人也相继开始学习汉语文化，中国文化的博大精深被越来越多的人认同和了解。

（3）传统文化在当代提炼出新的社会价值

当今的社会是被互联网连接的社会，新媒体作为网络的衍生品，各行各业都希望能够与之相融以促进自身成长，但由于产业结构和现实技术的影响，使得二者融合并不是非常顺利。倡导"新媒体＋传统文化"相融合的理念广泛应用于各行各业，且各行业必须增强这种融合意识并在本行业的运营中加以推广，就能使该行业的发展得到创新，找到更多机遇。传统文化在当今社会发展中提炼出的新的文化价值，无论对于社会产业的进步还是传统文化的传承都具有积极作用。

3. 新媒体技术与传统文化融合的有效策略

（1）利用名人效应，打造优质传统文化节目

对于传播主体而言，利用"明星效应"，使传播主体适应传播内容的需要。在传播学中，"意见领袖"是指在大众传播中率先接触信息，并将信息传播给他人，并对他人施加个人影响，可以左右部分人态度倾向的那些人。在新媒体时代，他们可以极大地提高大众传播的效率。名人或拥有强大的粉丝基础，或拥有让人尊敬与信服的特质，他们可以很好地在新媒体传播平台中充当"意见领袖"的角色。2018 年，在一档探寻故宫历史的文化节目——《上新了·故宫》中，节目组邀请了部分影视名人作为故宫文创新品的开发员，带领观众一起探索故宫里的历史文化遗迹，并且每期节目都会与跨界设计师和高校设计专业的学生联手创新出一个文创产品。这档节目一经开播便引发网友关注，起初很多观众是奔着看明星去的，到最后被故宫历史文化所吸引，并且很多观众表示每期节目所涉及的文创产品都能让人领略到历史与现代的相融之美。名人的加入会让节目在开播之初得到一定的关注度，这样就能保障制作方和媒体的收益，更重要的是会增加主动了解传统

文化的观众人数、拓宽文化传播范围，最终促进优秀传统文化的传承。

同时，传播主体与传播内容是一种相互成就的关系，只有使传播主体与传播内容相符合，才能使受众由衷地与传播内容产生共鸣。因此，在选择名人作为传统文化的主要传播者时，仅仅关注名人的知名度、粉丝数量是远远不够的，文化气息应深入到传播的过程之中，传播主体应该与传播内容的文化气韵相吻合。因此，在为传播内容选择匹配的传播者时，可以通过微博等新媒体平台通过投票等方式征集受众的意见，在受众意见的基础上进一步考量与深思。《国家宝藏》选择明星国宝守护者，看重的不仅是明星的人气与流量，还有明星与国宝之间的契合度。在《大秦帝国之纵横》饰演秦惠文王的富大龙，是网友呼声最高的饰演秦始皇嬴政的最佳人选，节目组"三顾茅庐"请来富大龙，呈现了一场精彩绝伦的表演，网友直呼"演活了"。

（2）借助计算机技术，创建传统文化电子数据库

以往，传统文化大多是通过纸质媒介来传播的，在用纸质媒介进行传播时，信息资源的整合会受到资金、纸张、人力等因素的限制，所以传播的信息有限。在当下新媒体技术发达的时代，传统文化传播的媒介自然不会一成不变，建立一定规模的海量信息电子数据库就非常必要了，以便于将文化资源数字化。"中国古籍库"项目是我们国家图书馆启动的一项数字化数据库工程，其中包括数十亿字的文字资料和千万张的图像资料，电子数据库的存储容量是《四库全书》的好几倍。建立传统文化的电子数据库，实现海量资源的便捷存储，便于随时查看，可以加快传统文化的普及和交流。

（3）引进政府支持，加大文化传播力度

国家一直高度重视中华民族优秀传统文化的弘扬，一直鼓励我国每位公民要主动学习传统文化，但促进传统文化传承和传播仅靠个人或者小部分人的力量难以收到显著成效。近年来，一些传统文化的传播面临困境，存在着消失的危险。

国家投入的社会科学基金和艺术基金使这些处于危险边缘的传统文化得以存活。为了防止优秀传统文化消失，除了资金支持外，还需要新媒体的协助。在政府引导下，媒体通过更客观、科学的方式传播传统文化、倡导文化传承，将能引起更多公众的关注，有利于传统文化传承。

（4）融入"中国风"元素，促进传统文化与时代相结合

实际上，最近几年"中国风"元素已经逐渐成为时代新潮，一些导演和音乐人会在自己的作品中加入"中国风"元素。这种现象在逐步提升国人文化自信的同时，也提升了国人对中国传统文化的兴趣。曾经，毕业于清华大学的李旻、宋晨、马雪晶三位中国设计师设计的《中国日报》海外版封面惊艳了国内外大众，他们在设计中巧妙地将中国元素和西方艺术融合，让不少国外朋友赞叹中国元素的美，并且成功在海外刮起一阵"中国风"。其实"中国风"早在18世纪就已经在西方掀起狂潮，当时的西方设计师认为"没有中国元素，就没有贵气"，所以在西方的一些建筑、服装等设计中都能看到中国元素的存在。"中国风"的流行体现出世界人民对中国文化的认同，合理利用"中国风"元素，对中国传统文化加以包装，使文化符合当代大众的欣赏水平和文化需求，挖掘出传统文化对当下社会的时代价值，才能更好地促进传统文化的发展。

（三）中国优秀传统文化与文旅项目的创新融合

1. 丰富文创产品

《国家宝藏》联手天猫开创博物馆文创类旗舰店，时至今日，粉丝40万。所售产品有居家日用的千里江山图马克杯、美妆饰品花团锦簇发簪头饰、办公用品洛神礼盒手账套装、萌趣手办大唐仕女瑜伽系列手办盲盒，琳琅满目的产品满足了顾客的多样化需求。文创产品和传播文化形成了一种良性互动。深度挖掘博物馆IP，开发多种形式的产品可以让博物馆的特色文化在创新中发光发亮，并且

文创产品经济收入会被用来更好地支持文物事业；文化广为传播可以让更多人为文化内涵所吸引，从而促使文化产业的蓬勃发展。

北京冬奥会吉祥物冰墩墩受到大众喜爱，持续冲上各大平台热搜，很多人都盼着能拥有一个冰墩墩。市场上与冰墩墩相关的产品也随之热销，更有人在社交媒体上秀出手绘版、彩泥版等不同材质的冰墩墩。一时间，这只憨萌可爱的"熊猫"成为文创产品中的"出圈"典范。一个吉祥物能够集万千宠爱于一身，除了国际体育盛典的热度加持，更离不开其蕴含的独特文化内涵。冰墩墩的爆红可以看作国货崛起的又一生动写照。近年，冰墩墩、片仔癀珍珠膏、方回春堂芝麻丸、传统汉服等越来越受国民喜欢，这些由"中国智造"引领的"中国潮流"悄然崛起。国潮商品热销的背后不仅是其精巧的设计、优良的品质，更是国人日益增强的文化自信，是对中国文化的价值认同。这与中国经济快速发展、综合国力不断增强以及当代青年民族自豪感和文化认同感与日俱增息息相关。

2. 发展博物馆旅游业

各类介绍中国传统文化的节目一经播出，就在全国范围内掀起了一股博物馆旅游热，人们愿意亲眼目睹文博综艺上介绍的"明星"文物。每逢节假日，父母更愿意把博物馆作为亲子旅游的首要之地，家长和孩子一起在博物馆参加博物馆内举行的小游戏，参观馆藏文物，聆听对于文物的细致讲解。除此之外，很多人因为一座博物馆参观一座城市，极大地促进了旅游业的发展。

同时，发展博物馆旅游业，还要注重地区资源的有效开发，在文化资源保护的基础上深挖文化内涵，打造超强文化IP，延续历史文化名城的"根"。安阳殷墟景区推出考古研学、商王巡游、殷商歌舞等实景互动节目，安阳古城开展民俗非遗、古建画卷、数字展馆、魁星祈福活动等，都是增强文化自信的底气。面对"大邑商"这张底蕴丰厚的文化名片，我们要在做好文化遗产保护和传承的基础上，充分发掘其文化内核，通过殷商主题文化旅游带动全域旅游，将独特旅游资源、品牌效应融入其中，展现独一无二的古都魅力。通过城市之间文化旅游的特色互补、区域联动，不断加强文化资源的内容培育，创新营销手段，在文旅融合中做大做强文旅产业。

3. 塑造美丽中国国际形象

文化不仅要"引进来"，还要"走出去"。文化的国际传播遇到了如下问题：一是西方国家把主流媒体作为政治操控的工具，对中国进行歪曲报道，加深了外国民众对中国的误解；二是基于不同的文化背景，外国民众很难深刻地理解中华文化。打造一系列文化旅游项目，吸引更多国外游客亲身感受中华文化的丰富多样，对我国文化事业具有重要意义。同时借助新媒体平台，生动地展现中华文化，既可以让外国民众了解到一个真实的中国——一个海纳百川、拥有上下五千年文明的泱泱大国，又可以让外国民众突破跨文化背景的局限，更易于理解中华文化的丰富内涵。以《国家宝藏》《中国的宝藏》为代表的中国文化纪录片，向国际观众讲述了中国文物的历史故事。这些文娱产品的海外传播，既增强了海外华人的民族自尊心和自信心，有利于凝聚海外华人的力量，也使更多海外观众感叹震撼于中华文化的积厚流光、博大精深，对泱泱中华充满崇敬之意，还推动了海内外文化的交流互鉴以及文化的大发展大繁荣。

第三节　中国传统文化的主要内容

一、精神层面

精神层面的文化代表着人类认识世界的精神成果。中华民族在漫长的社会历史实践中，经过不懈的探索和长期的积累，取得了博大精深的精神成果，为中华民族的发展壮大提供了丰厚的精神滋养。

（一）舍生取义的爱国情怀

爱国主义是中国梦的基石。要想实现我们中华儿女的中国梦，就必须培养学生形成强烈的爱国精神。众所周知，我国历史上众多的仁人志士，为了祖国的统一与安危，甚至牺牲了自己的生命。儒家思想是我国传统文化的代表性思想，强调只有不断完善自己的行为规范、提高自身修养，才能经营好自己的家庭、治理好国家，使天下太平。不论是在古代封建社会还是战争年代，甚至是在今天这样的和平年代，都不乏一批又一批为了祖国统一和国家安危默默奉献付出甚至在关键时刻英勇献身的中华儿女。文天祥被俘后，面对元军威逼利诱，他不为所动，只留下一首《正气歌》从容殉国，他的诗震撼着我们的心灵。谭嗣同被捕后，他没有选择继续苟活，而是写了一首绝命诗后慷慨赴义。他用自己的生命向封建势力宣战，他视死如归、愿为祖国前途而英勇献身的爱国精神值得我们钦佩！邱少云宁愿在火堆中独自承受痛苦，也绝不出卖战友，最终光荣牺牲。正是这种视死如归、无私奉献的爱国精神激励着我们一代又一代中华儿女不畏艰险、在敌人面前誓死捍卫民族尊严。"爱国"不应该仅仅是一句口号，更应该是一份责任与担当。因此，培养大学生的爱国精神是高校思政教育的主要内容，从传统文化中汲取其积极思想内涵，塑造经典形象为他们树立良好榜样，从而培养他们的爱国精神和勇挑重担的精神。

（二）自强不息的民族精神

"天行健，君子以自强不息。地势坤，君子以厚德载物。"[①] 这是对自古以来从不向困难低头的中华儿女最高度的概括。纵观中国古代传奇历史，英雄豪杰不胜枚举。

"盖西伯拘而演《周易》；仲尼厄而作《春秋》；屈原放逐，乃赋《离骚》；

---

① （商）姬昌著；宋祚胤注译 . 周易 [M]. 长沙：岳麓书社 .2000.

左丘失明，厥有《国语》；孙子膑脚，《兵法》修列；不韦迁蜀，世传《吕览》；韩非囚秦，《说难》《孤愤》；《诗》三百篇，大氐贤圣发愤之所为作也。"① 这种发奋图强的精神经过代代相传，早已内化为中华儿女不竭的精神动力，激励我们奋勇前行。因此，作为祖国未来栋梁的社会主义新青年，在任何时候都必须传承这种精神。在平时的教育中潜移默化地将这种精神灌输到学生的思想中，培养他们独立自主、自强不息的健全人格，激励广大学生投身于祖国的现代化建设，这样我们伟大的中华民族才能长久地屹立于世界的东方。

（三）天人合一的生活智慧

现阶段，我国的主要任务之一是构建文明和谐的社会，倡导人与自然要和谐相处，这些都与古代"天人合一"的精神有一定的相似之处。但由于古代人对自然认识的局限性，因此古人对自然充满了敬畏，认为包括人在内的万事万物均来自"天"，人类必须完全听从、服从于"天"，不得违背"天意"。孟子与梁惠王辩论时就曾说到我们种植农作物应"不违农时"，应根据"天时"进行耕作②。

老子曾提出"道法自然"的观点，孟子提出的"天时地利人和"，这些都表明了古代哲学家强调人与自然应和谐相处的观点。这些都为当今保护环境、维护生态平衡、可持续发展以及建设美丽新中国提供了良好的思想基础。这些思想内涵不仅要求人类与大自然之间要和谐相处，也侧面体现出人与自身、与其他人之间也应该做到"和谐"。在古代社会，古人奉行仁爱诚信等处事原则，时刻自省慎独，严格规范自己的言谈举止，使自己成为德才兼备的"圣人"。老子倡导要"不争"，即告诫我们不要与别人争夺一些蝇头小利，而应时刻设身处地为别人着想。时至今日我们仍提倡"和为贵""己所不欲勿施于人"……这些内容为当今时代的我们如何与别人保持良好的关系以及建设生态文明提供了重要的理论依据，同

① （西汉）司马迁著 . 史记 [M]. 哈尔滨：北方文艺出版社 .2019.
② （战国）孟轲著；李郁编译；支旭仲主编 . 孟子 [M]. 西安：三秦出版社 .2018.

时也成为高校思政教育的重要内容。

（四）崇德尚仁的人格精神

中国自古以来就很重视个人的道德修养，学者以德才兼备的"圣人"作为人生目标，并将"道德"视为区分人与禽兽的重要标志，认为"道德"是"人"成为人的基础，体现了古人对"至善""至美"的人格追求。儒家将发扬光明正大的品德作为教育目标。同时，历代君王重视道德教化，提倡以德治国。"以德服人者，中心悦而诚服""善政不如善教之得民"[①]……这些都为我们当今社会提倡"德治"与"法治"相结合提供了重要的启示。孔子提倡人们应克制自己，对待别人要礼让，此为"仁"，在此基础上提出以"仁爱"为核心的学说，他倡导人们应该互助互爱，对他人和长辈应尊重友爱。后来，孟子在此基础上发展出"仁政说"，将仁的学说与政治治理相结合，实行王道，改善民生，提倡以德服人。

与孟子的仁政学说相联系，儒家从人们生活实际需要出发，提出要重视民生、坚持以人为本的思想观点，不断满足人们的物质生活需要，进而对他们进行礼乐教化，使民从善，进而使国家政权得以稳固。"民可载舟，亦可覆舟"[②]，这些思想同我们当今时代所提倡的以人为本虽然有所差别，但与当今时代中国共产党的宗旨是一脉相承的。"实现人的自由而全面的发展"[③]是马克思主义关于人的重要学说，我国在借鉴其科学理论基础上，进一步完善和发展了"以人为本"的思想。习近平总书记也多次提到，作为我国的执政党，就要坚持以人民为中心、坚持人民当家做主。这些思想对于建构当代大学生主体性、发挥其自觉性以及促进其全面健康成长都具有很强的借鉴意义。

[①] （战国）孟轲著；李郁编译；支旭仲主编 . 孟子 [M]. 西安：三秦出版社 .2018

[②] （战国）荀况著；（唐）杨倞注 . 荀子 [M]. 上海：上海古籍出版社 .1989.

[③] 马克思，恩格斯著；中共中央马克思恩格斯列宁斯大林著作编译局编译 . 共产党宣言 [M]. 北京：人民出版社 .2018.

二、制度层面

制度层面的文化代表着人类营造社会关系、规范社会行为的制度成果。中华文明历史悠久，传统文化经历了原始社会、奴隶社会和封建社会三种社会形态，在不同的历史时期产生了不同的制度文化，为形成有序的社会关系、良好的社会风尚提供了制度保障。下面列举三个方面的制度层面文化成果。

（一）政治制度

政治制度是特定社会统治阶级通过组织政权以实现其政治统治的原则和方式。中国古代在国家管理体制、政府机构设置、政策实行措施等方面都探索形成了一些具有民族特色的政治制度，涉及行政、司法、监察、选官、教育、财政等国家治理的各个方面。比如中国古代的选官制度，秦朝以前主要采用"世卿世禄"制度，后来逐步引入军功爵制。汉代采用察举制与征辟制，在选拔官吏的科学性、合理性上有所进步。魏晋南北朝实行九品中正制，一度造成"上品无寒门，下品无势族"（《晋书·刘毅传》）的现象，严重阻碍了人才的科学选拔。隋唐开始实行科举制度，通过考试选拔官吏。科举制度在明清时期走入歧途，产生很多弊端而备受诟病，但它相较以前的选官制度更加公平公正，打破了阶级壁垒，为国家选拔了大量品学兼优的人才，促进了社会进步。再比如监察制度，据《周礼》记载，中国早在周代便设有治贪促廉的监察官，秦汉以来历朝历代都设有相应的监察机构，形成了较为完备的监察制度，一定程度上减少了贪腐行为，促进了政治清明。科举制度和监察制度等传统政治制度，虽然是阶级社会实行政治统治的工具，但它们的产生和实行一定程度上促进了社会发展，即使对于今天的制度建设依然具有积极的借鉴意义。

（二）社会礼仪

中国素有"文明古国""礼仪之邦"的美誉。孔子说："不学礼，无以立。"（《论语·尧曰》）《左传》中说："夫礼，天之经也，地之义也，民之行也。"（《左传·昭公二十五年》）《资治通鉴》中说："夫礼，辨贵贱，序亲疏，裁群物，制庶事。非名不著，非器不形。名以命之，器以别之，然后上下粲然有伦，此礼之大经也。"（《资治通鉴·周纪一》）可见中国古人对"礼仪"的重视程度。中国上古时期有"礼仪三百，威仪三千"（《礼记·中庸》），周代"礼仪"更加受到重视，形成了内容丰富的礼仪文化，成为人们家庭生活、社会交往乃至政治活动中言行举止的准则规范，发挥着极为重要的作用。儒家经典《仪礼》《礼记》《周礼》，称为"三礼"，三者记录保存了许多周代的礼仪，是中国古代礼仪制度的蓝本和百科全书，对后世影响极大。在具体礼仪方面，中国古代有"五礼"之说，以祭祀之事为吉礼、丧葬之事为凶礼、军旅之事为军礼、宾客之事为宾礼、冠婚之事为嘉礼，基本规范了社会活动的方方面面，成为中国古代礼仪的基本架构。在中国古代，礼仪是从西周封建宗法制度中演化出来的，是维护尊卑等级制度的一种工具。到了近代，它的社会危害性日益明显，成为新文化运动猛烈批判的对象，传统礼仪也逐渐被现代礼仪所取代。但传统礼仪表现了中国古代社会礼贤下士、尊老爱幼、谦逊文雅的社会风尚，体现出的人际和睦、社会和谐的价值追求，依然具有当代价值。

（三）民俗节日

民俗节日是民族文化的重要组成部分，是民族的一种生存生活方式，也是一个民族的重要文化标识。中国历史悠久、民族众多、疆域辽阔，既形成了中华民族共有的民俗节日，也形成了具有少数民族特色的民俗节日；既形成了全国性的民俗节日，也形成地方性的民俗节日。它们共同构成了我国千姿百态、丰富多彩的民俗节日文化。我国在长期的历史发展中，形成了以春节、元宵、清明、端午、七夕、中秋、重阳等为代表的传统节日，每个节日都代表了各具特色的传统风俗。描写春节的诗歌《元日》写道："爆竹声中一岁除，春风送暖入屠苏。千门万户瞳瞳日，总把新桃换旧符。"描写重阳节的诗歌《九月九日忆山东兄弟》写道："独在异乡为异客，每逢佳节倍思亲。遥知兄弟登高处，遍插茱萸少一人。"这些著名诗歌生动形象地反映了中国传统节日的独特风俗和独特魅力。除了上述影响范围较大的民俗节日外，我国一些少数民族也有着自己民族独特的节日，如彝族的火把节、藏族的燃灯节、高山族的丰收节、苗族的开秧节、壮族的牛魂节、傣族的泼水节、蒙古族的白节等等。随着全球化的推进和各国文化交流的深入，传统民俗节日文化受到一定冲击，但依然有着顽强的生命力和强大的影响力。

三、文化艺术层面

中华民族在不断前进的历史长河中，创造了辉煌的文化艺术，其种类之多、水平之高，为丰富全人类的文化艺术宝库作出了不朽的贡献。

（一）文学艺术

中华民族的祖先在很早就已经发明和使用了象形文字。殷墟出土的甲骨文说明当时文字使用已经达到很发达水平，文学艺术自然也随之分化产生。现存最早的诗歌总集《诗经》、散文集《尚书》，都以优美的文笔，抒发了当时人们的思想感情，记述了当时历史文化、生活习俗、礼仪制度等，为我们留下了宝贵的文学遗产。春秋战国时期，诸子兴起，百家争鸣，把我国的文学艺术推向一个新的高度。《老子》文笔简洁，志趣高远，声韵流畅，意蕴玄邃;《庄子》行文恣肆，思接千古，仪态万方;《孟子》气势盎然，质高德远，跌宕起伏，生动感人;《荀子》气魄恢宏，为文雄浑，包容百家，渊博精深;《墨子》质朴无华，行为流畅，逻辑严谨，简练精要;《战国策》叙事严密，描述生动，明畅通达，语言圆熟;《韩非子》

文性俊俏，鞭辟入里，语锋犀利。总之，这一时期中国文学风采各异，古朴雄浑，具有撼人心魄的艺术魅力。

（二）书法、绘画艺术

中国的书法绘画艺术源于古代劳动人民的生产劳动实践，在漫长的发展岁月中不断锤炼，成为自成一家、独具风格的宝贵民族文化遗产。

被誉为"纸上的音乐与舞蹈"的书法艺术，以纯净的线条为载体，通过汉字独特的笔画运动和结构布局，穷尽线条千变万化之神韵，创造出意境、创造出风格、创造出美的艺术。

中国书法上承殷商甲骨文、周朝金文之遗绪，几经变化发展，神态端庄，整齐雄伟，线条流畅，婉转圆通。由于书写使用工具的不同，得到的效果也就变化万千，意味无穷。中国书法艺术并非仅仅把"字"当作一种符号来处理，只想到达意，而且把书者的"情""气"贯入其中。如元代书法家陈绎所说，情之喜怒哀乐，各有分数：喜则气和而字舒，怒则气粗而字险，哀则气郁而字敛，乐则气平而字丽。

中国绘画艺术风格独特，历史悠久。在距今六七千年前的陶器上，已有反映当时人类生产活动的绘画。以线条为主要造型手段的绘画传统形成于战国时期，至汉代已达到极高水平。长沙战国楚墓出土的《人物龙凤帛画》和《人物御龙帛画》已显示出当时绘画艺术简括生动、圆转流畅的特征。内蒙古汉墓壁画《车马出行图》《乐舞百戏图》等皆造型生动、色彩鲜明，说明当时绘画艺术的成熟。魏晋南北朝时期的绘画，如顾恺之的《女史箴图卷》《洛神赋图卷》等，色调明丽、笔法细腻、生动传神，说明当时绘画艺术水平的提高。唐朝吴道子的神佛、人物壁画栩栩如生，被誉为"画圣"。此外，阎立本的人物，展子虔的山水、边鸾、刁光胤的花鸟，曹霸、韩干的马，戴嵩、韩洸的牛等，都具有极其精湛的艺术水平。

宋代绘画以张择端的《清明上河图》最为著名。这是一幅横长 529 厘米、纵长 25 厘米的长卷，描绘了当时首都东京汴梁物阜民丰、繁荣昌盛的景象，笔法细腻精工，布局错落有致，人物神态逼真，场面宏伟寥廓，艺术水平极高。宋代花鸟画也极为昌盛，黄荃、赵昌、崔白、赵佶等均负盛名。山水画名家则有李成、范宽、郭忠恕、许道宁、王诜等。苏轼、米芾等书画皆精，其以水墨为主的写意山水花鸟，俱为佳作。入元以后，许多汉族士大夫为寄托亡国忧思，同时也为了远身避祸而绘画以遣兴寄情。郑思肖、赵孟𫖯、黄公望、倪瓒、王冕、柯九思等就是其中的代表。元灭明兴，绘画艺术更加成熟。边文进《双鹤图》《春禽花木图》等双勾重彩，笔法细腻，一时无两。戴进等人的山水花鸟则飘逸自然，不拘一格，亦称佳卷。此后，沈周、文徵明、唐寅、仇英并称"江南四大家"。又有以徐渭、陈复道为代表的"水墨写意派"，以周之冕为代表的"花鸟画派"等，各领风骚。清代名家亦众，有摹古的王时敏、王鉴、王原祁、王翚，号称"四王"，又有力主鼎新，借古开今，推陈出新的朱耷、石涛、髡残、弘仁，号称"四僧"。清中期以后有王昱、王愫、王玖、王宸，号称"小四王"，画风与"四王"相近。同时期郑燮等"扬州八怪"也久负盛名。晚清名家有吴昌硕、虚谷、赵之谦等。

总之，中国绘画艺术是中国优秀传统文化的重要组成部分，是民族文化的重要象征之一。

（三）建筑、雕塑艺术

远古时代，人们构木为巢或穴居以存。房屋建筑的发明无疑是人类文明的重大进步。从我国考古发掘来看，商代已经出现了大型土木建筑。春秋战国时期，由于铁制工具的普遍使用，对木、石等材料的加工更为细致，我国开始出现豪华宫殿建筑。秦始皇的阿房宫，无疑是这种建筑的杰出代表。杜牧《阿房宫赋》中对阿房宫进行了详细的描述，虽然在某种程度上这些描述难免有些夸张，但也足见当时建筑之宏伟壮观、无与伦比。《史记》就称其宫前殿："东西五百步，南北五十丈，上可坐万人，下可建五丈旗。"(《史记·始皇本纪》)这与前文相印证，说明我国当时的建筑水平已十分高超。

四、物质层面

物质层面文化代表着人类改造世界的物质成果。这方面的文化带有较强的生活目的性，主要是为满足人们的生产生活需要而创造的物质文化。中国古代物质层面文化内容十分丰富，可以分为十一类：农业与膳食，酒、茶、糖、烟，纺织与服装，建筑与家具，交通工具，冶金，玉器、漆器、瓷器，文具、印刷，乐器，武备，科学技术。下面列举三个方面的物质层面文化成果。

(一) 历史文物

中华民族历史悠久，遗留下来的历史文物众多，它们是我们祖先辛勤劳动和聪明才智的结晶，是历史的见证、文化的范本，具有重要的历史、艺术和科学价值。我国古代流传下来的文物数量巨大、种类繁多，通常被分为两类：一类是不可移动文物，如古遗址、古建筑、古墓葬、石窟寺等，其中的一些重要古迹，已经被联合国教科文组织确定为世界文化遗产。截至 2017 年，中国世界遗产数达52 处，其中文化遗产 36 处，文化与自然双重遗产 4 处，数量位居世界前列，包括长城、故宫、颐和园、敦煌莫高窟、秦始皇陵及兵马俑坑、布达拉宫、龙门石窟、云冈石窟、丽江古城、丝绸之路、中国大运河，等等。另一类是可移动文物，如历代的石器、玉器、陶器、瓷器、金属器、石刻、玺印、书画、文献、拓片、笔墨纸砚等，这一类文物的数量更为巨大，诸如司母戊铜鼎、曾侯乙编钟、四羊方尊、马踏飞燕、越王勾践剑、富春山居图、清明上河图等，堪称"国宝"。近代以来，中国历史文物多灾多难，被掠夺、毁坏乃至遗失的不可胜数，造成我们民族文化的巨大损失。

（二）传统饮食

民以食为天，中华民族从用火烹制食物开始，就逐渐形成了丰富多彩的饮食文化。据学术界研究，中国古代的饮食文化产生于夏商，形成于周代。《礼记·内则》就记载了周代食物制作的多种方法，包括煎、熬、炸、炖、炙、熏烤等多种形式，显示了当时的饮食文化已经达到了较高水平。随着生产力发展和民族的融合，秦汉、魏晋南北朝、唐、宋等时代饮食文化逐渐发展繁荣，到了明清达到鼎盛。据明清时期《宋氏养生部》《易牙遗意》《饮食辨录》《调鼎集》《随园食单》等饮食文化专著记载，明清时期的饮食种类繁多、做法精致、技术高超，达到了令人叹为观止的地步。明清以来，传统饮食有八大菜系之说，其色、香、味、形各有特色，是中华传统饮食文化的优秀代表。在传统饮食文化中，茶文化和酒文化历史悠久、地位独特。茶和酒既是饮品，同时又远远超出了饮品的范畴，与人的精神生活、社会生活和政治生活发生重要联系。特别是经文人雅士吟咏歌颂、提炼升华，茶和酒与传统文学艺术一样，具有了艺术的气质，成为中国优秀传统文化中别具特色的文化种类。近年来，《舌尖上的中国》系列纪录片产生巨大反响，使人们充分认识到了传统饮食的博大精深和巨大魅力。

（三）传统服饰

服饰是最直观反映民族特征的文化形式。孔子说："微管仲，吾其被发左衽矣。"（《论语·宪问》）孔子把民族服饰的不同视为民族文化的不同，进而视为民族的不同。中国古代服饰文化有两大特点：一是历史悠久，变动不居。中国早在旧石器时代就产生了服饰文化，随着社会的进步而不断发展。在二十五史中，有十部正史编有《舆服志》一章，详细记载了历代车旗服饰制度，充分呈现了古代服饰的多姿多彩，是研究中国古代服饰的重要资料。另外在《西京杂记》《拾遗记》《酉阳杂俎》《炙毂子》《事物纪原》《清异录》等书中，也有许多关于中国古代服饰的记录。20世纪，著名作家沈从文著有《中国古代服饰研究》一书，研究了从旧石器时代到清末的古代服饰，并配有图像700幅，从中可以看到中国古代服饰的总体风貌。二是多姿多彩，富有特色。中国是一个统一多民族大国，因地域、气候和习俗的不同，服饰文化多姿多彩。但与世界其他民族的服饰相比，中华民族的服饰总体风格与民族气质、审美品格一致，表现出含蓄雅致、美观大方、内涵丰富的特点。虽然今天中国人的服饰文化已经发生了翻天覆地的变化，但以汉服、唐装、旗袍等代表的传统服饰文化是一个巨大的文化宝藏，仍有着永恒的魅力。

中国优秀传统文化的内容是极为丰富的，上面仅列举一些主要方面。除此之外，中国古代在语言文字、科学技术、中医中药、教育教学等方面都取得了巨大成就，都是中国优秀传统文化的重要组成部分。由于篇幅所限，不能一一列举。

五、科学技术层面

科学技术水平反映一个民族的智慧水平。中国是四大文明古国之一，很早就已经进入文明社会，在很长一段时间里，科学技术处于世界领先的地位，许多发明创造对世界文明的进步起到了重要的推动作用。

（一）农业技术

我国很早就已进入农业社会，因此古代农业科技非常发达。我国历史上的古农书总数多达三四百种。我国现存最早的农书《齐民要术》，为北魏科学家贾思勰所著，距今已有1400余年。我国商周时期就已出现青铜农具，春秋战国时铁制农具已经被使用。汉代已有全部铁制的犁铧，而且给犁装置了犁镜，增强了犁的破土能力。这种装置，欧洲直到1000多年后才出现。东汉时，毕岚发明了翻车，三国时的马钧加以改进，使之成为高效的廓水机械。隋唐时期我国劳动人民又发明了水转筒车，这是一种水力发动的大型灌溉工具，在当时是了不起的发明创造。

我国很早就能培育品种丰富的农作物。《诗经》中提到了 132 种植物，其中仅蔬菜就有 20 余种。我国考古工作者在距今七八千年的浙江余姚河姆渡遗址中就发现了大量的稻谷、稻壳、稻秆和其他禾本科作物。经鉴定，这种水稻属于栽培稻中的晚粳稻，是目前世界上已知年代最早的栽培稻。

对种子进行药物处理以抑制病虫害的发生是农业科学的重要内容。我国汉代就有了使用药剂浸种的记载，这也是世界上最早采用此法的记载。我国元代王祯的《农书》中，已有使用硫磺防治植物病虫害的记录，而美国直到 1908 年才有人用同样的方法防治果树病害。我国在晋代就有利用天敌防治虫害的农业方法，而美国到 1850 年才有同类记录，比我国晚 1500 多年。

（二）冶铸技术

我国古代在冶铸业上也取得了突出的成就。我国商代就已有十分发达的青铜器，而且用铁矿石冶炼铁器的时间不晚于春秋时期。我国湖南长沙春秋墓中出土的碳钢宝剑证明，当时的冶炼铁水平已经很高，这是世界冶金史上的奇迹。

（三）酿酒技术

我国古代的酿酒业也十分发达，在新石器时代仰韶文化的遗址中就发现有盛酒的容器。在龙山文化遗址中，已经有品种丰富的酒器，说明在距今 5000 多年时，我们的祖先已熟练掌握了酿酒技术。远在春秋战国以前，我们的先人已经发明了"酒曲"酿酒法。利用曲来造酒，是酿酒技术上的一项重大发明。直至两三千年后的 19 世纪中叶，欧洲人才从我国酒曲中提炼出一种毛霉，使淀粉发酵法得以工业应用。《礼记·月令》中记录了酿酒的注意事项："秫稻必齐，曲蘖必时，湛炽必洁，水泉必香，陶器必良，火齐必得。"即要求酿酒用的谷物要成熟，酒曲投放时间要恰到好处，浸煮过程中要保持清洁，酿酒用的水质要优良，盛酒用的陶器要讲究，酿酒的火候要适宜。这是对酿酒技术的高度概括，是我国酿酒技术高度发达的标志。

（四）天文历法

我国在天文学上也取得了巨大成就。我国很早就已有了比较精确的历法。殷商时期就已经有了阴历加闰月的历法。春秋时期正式确定了 19 年 7 闰的方法。古希腊科学家梅冬发明此法要比我国晚 100 多年。我国在战国时期，历法测定已相当精确，但西方直到罗马儒略、恺撒教皇颁布《儒略历》，才结束历法混乱的局面。《儒略历》以 365.25 日为一年，这与我国秦朝的《颛顼历》相近，但时间上却晚了约 200 年。1281 年，我国元代天文学家郭守敬又创造了《授时历》，确定一年为 365.2425 天，与地球绕日一周的精确时间仅差 26 秒，与现在通行的《格里历》相同，但要比《格里历》早约 300 年。我国古代对天体的观测已达到相当高水平。《汉书·张衡传》记载，张衡制造的"浑天仪"，模拟日月星辰运行，十分精确。他还制作了历史上第一份星图，相当精确地标出了 2500 多颗恒星的位置。

（五）纺织技术

在江苏草鞋山新石器时代遗址中出土的葛布残片、在浙江吴兴出土的商代苎麻布残片、在河北藁城出土的商代大麻布残片，以及殷商甲骨文中关于丝、帛、桑的记载，说明中国的纺织技术至少已有四五千年的历史了。春秋战国时期，葛麻纺织已经普及中国各地，在先秦典籍中已提到名目繁多的纺织物品。秦汉时又出现了棉织品，特别是丝织技术，包括绸、纱、绫、罗、绢、帛等的制造，已经发展到很高的水平。湖南长沙马王堆汉墓出土的大批精巧织物充分显示，中国当时的纺织技术已达到举世无双的程度。后来，由于中外交流的加速，在欧亚大陆上形成了著名的"丝绸之路"，把中国的纺织品输入西方，对世界产生深远影响。

（六）制陶技术

早在新石器时代，中国就发明了制陶技术。到商周时期已出现了釉陶和青釉器皿。在河南出土的公元 99 年的青瓷表明，我国已掌握了比较成熟的瓷器制造技术。隋唐以后，中国瓷器制造技术不断发展。宋代瓷器在其配料、制胎、釉料、施釉和焙烧工艺上都达到十分精湛的水平，形成了各具特色的定窑、汝窑、官窑、哥窑、钧窑五大名瓷。由于有些技术失传，有的瓷器精品在我们今天的科学技术下依然无法仿造。中国的瓷器自唐代起远销国外，风靡世界。西方人对中国的印象与中国瓷器紧密相关，在英文中 China 就有瓷器和中国两种含义。

（七）火药技术

火药是中国"四大发明"之一，为人类的现代化进程作出了不朽的贡献。许多史料表明，中国自春秋战国时期就逐渐了解了硝石、硫磺和木炭的性质及其配制方法，最迟在唐代就发明了以这三种物质为原料的黑色火药。北宋曾公亮所著《武经总要》中已描述多种火药武器，还记载了数种火药配方。在宋代火药已被应用于战争，到元代中国已经出现铜铸筒式火炮。元朝至顺三年造的"铜将军"火炮现存中国历史博物馆，是已经发现的世界上最早的火炮。

（八）造纸技术

纸的发明是人类文化史上的一次伟大革命。纸张易于书写、携带，不像金、石、甲、骨那样笨重，不像竹简、木牍那样庸赘，不像丝帛、皮革那样昂贵，对于人类保存知识、传播知识具有不可估量的重大意义。我国很早就已掌握了造纸技术。1933 年在新疆罗布淖尔，1957 年在西安浦桥，1978 年在陕西扶风，先后出土了西汉时期的古纸，这是世界上最古老的植物纤维纸。东汉和帝年间，蔡伦又改进了造纸技术，制造出原料易得、品质优良的纸张。《后汉书》载："蔡伦字敬仲，桂阳人也……自古书契多编以竹简，其用廉帛者谓之纸。谦贵而简众，并不便于人。蔡伦乃造意，用树肤、麻头、敝布、渔网以为纸。元兴元年奏上。帝善其能，自是莫不从用焉。故天下咸称蔡侯纸。"（《后汉书·蔡伦传》）以后我国造纸技术不断改进，并传入日本、阿拉伯地区和欧洲。欧洲人在蔡伦之后 1000 多年才学会造纸技术。纸张的发明大大地推动了文化传播和信息交流，使书籍的发行和知识的普及成为可能。但最早的书籍只能由人来抄写，限制了信息传播的效率，为了冲破这种局限，中国古代劳动人民又发明了印刷术。

（九）印刷技术

我国晋代已出现了墨拓。在隋代已经出现了雕版印刷技术，即把文字刻到木板上制成阳文反字字板，再在字板上涂墨印刷的方法，这样就极大地提高了文化传播的效率。唐初长安已有商家印刷经文、医书等出售。现存的雕版印刷品《金刚经》最早版本印制于唐懿宗咸通九年，是世界上最早的记有印刷日期的印刷物。至宋代，印刷业已十分发达。宋太祖开宝四年（公元 971 年），张徒信在成都雕印全部的《大藏经》，雕版达 13 万多块，规模宏伟壮观。为了改进雕版印刷需反复雕版、印刷周期长、工作效率低的弊端，南宋人毕昇在 1041—1048 年发明了活字印刷术：用胶泥刻成单字烧硬成活字，再用活字拼版印刷。这一发明大大节省了雕版人力，提高了劳动生产率，是印刷史上最重要的一次革命，对人类文化的传播与发展具有深远的影响。

（十）指南针

指南针也是中国古代的重要发明。虽有典籍记载黄帝、蚩尤之战中黄帝已使用了指南车，但有人认为尚难确信。但东汉王充的《论衡·是应篇》中关于"司南"的记载是不可否认的，说明中国最迟在 3 世纪以前已经掌握了根据地球磁场辨别方向的技术。此后人们又进一步改进指南针的制作方法，使之更加精确易用。北宋曾公亮的《武经总要》和沈括的《梦溪笔谈》都有详细记载。到元代，人们已经习惯于使用指南针指引航海方向。马克思曾说过，火药、指南针、印刷术这是预告资产阶级社会到来的三大发明。火药把骑士阶层炸得粉碎，指南针打开了世界市场并建立了殖民地，而印刷术则变成新教的工具，总的来说变成科学复兴的手段，变成为精神发展创造必要前提的最强大的杠杆。中国的四大发明传到欧洲，被进一步应用和发展，成为人类向现代化进军的锐利武器。

第四节 中国传统文化的基本特征

中国传统文化道德彰显人文精神，主要表现在如何处理人的精神家园的问题上，中国传统文化奉行道德至上，弘扬精神人格。中国传统文化包含着极其丰富的内容，就其最基本的特征来说，可以概括为如下方面。

一、历史性特征

优秀传统文化是历史的产物，是形成在过去时代的文化奇珍。马克思说，实践是人的本质性特征。人在过去历史时代的个人实践或集体实践活动，则是优秀传统文化产生的基础。没有人的历史实践活动，优秀传统文化将会化为虚无，在历史的长流中不留痕迹。优秀传统文化产生于人在过去历史时期的创造，所以优秀传统文化自身必然带有历史的印记。历史性的特征并非意味着优秀传统文化的落后与陈旧，历史性反而是优秀传统文化在当代展露风采、实现价值的深厚底气。

二、连续性特征

优秀传统文化从诞生到发展、成熟，是具有内在连续性的。从人类诞生开始，中国优秀传统文化所对应的发展时间最长，并且具有连续性。与之相反，对于其他国家的文化而言，它们在发展中常常会出现断层或消亡。迄今为止，中国优秀传统文化已经历了数千年发展，所对应的内涵极为丰富，在人类历史上经历千年坎坷起伏始终未曾断绝而延续至今，经历了时间的锤炼与考验，展现了中华文化强劲的生命力和自我革新的能力。

中国优秀传统文化在社会变化和发展中，通过主动吸收时代优秀元素，丰富提升自身内容，不断实现自我更新、自我完善，以适应时代和社会发展的需要。从古代文明的探究阶段，到当代文化的实践过程，中国优秀传统文化随着历史更替逐步革新和发展，是其更新、进步、焕发新生的过程。从历史角度看，早在春秋战国时期，社会急剧变化，不同学派和家族流派不断涌现，出现百家争鸣的景象。其中，道家是从辩证的角度来进行问题分析；儒家注重道德伦理修养；兵家崇尚武力，讲究以武力治国；墨家注重平等，讲究"兼相爱"。汉代，"罢黜百家、独尊儒术"的统治政策得以推行，至此，儒家思想开始逐渐成为统治中华民族两千年的主流思想。中华儒学最早形成于至圣先师孔子，后随着历史发展在原始儒学的基础上延伸出了许多变体。汉时董仲舒将"天人感应"的学说融入儒学，发展出了具有汉朝特点的大汉儒学；宋时二程（程颢、程颐）、朱熹，借鉴佛、道之学，将传统儒学进行创造性的发展，形成了以"天理"为核心的宋明理学；明时王阳明则在前人有关儒学的广泛论述中开展了进一步的研习，开创了名扬后世的阳明心学；近代以来，梁漱溟、熊十力、冯友兰、方东美等资深学者，结合时局变化、借鉴外来之学，开创了"新儒家"的儒学流派。深析儒学的发展脉络，不难发现他们的许多论述依然是建立在孔孟原始儒学之上的。他们应时代所需所做的一系列阐发，始终对原始儒学有一定遵循。儒学如此，其他中华优秀文化亦是如此，会在历史的发展进程中形成许多变体。但是，从事物本质的角度着手，一脉相传的优秀传统文化必然有着内在连续性的特征。

"连续性"包括继承与变革两个方面。贯穿中国发展始终，在朝代更迭、社会变革中仍然保持活力的中国优秀传统文化，总体上从未中断，在此期间它经历了战争、干旱洪涝、焚书坑儒等各种天灾人祸却经久不衰，在历史的长河中持续发展。同时，中国优秀传统文化的继承不是一成不变的，而是一代代人在前人的基础上汲取其营养，遵循其自身内在的逻辑体系和发展规律，创造出符合时代发展的先进文化，在具体生活实践中得到不断的创新、发展。在数千年的发展过程中，中国传统文化经过了历史的洗礼，同时对不同地区、民族所对应的文化进行了相应整合，进而发展成以汉族为主体的文化，并对其他民族文化进行融合，呈现出较强的统一性与多样性，进而获得综合性发展的同时，也逐步向民众心中渗透，对其思想、行为意识等方面产生了显著性影响，覆盖了政治、文化、经济等各个方面，尤其是体现在精神生活层面，对社会发展、民众行为影响方面均起到决定性作用，是影响社会发展的关键性因素。

中国是唯一一个传承至今的文明古国，中华文化也成为现今历史最悠久的古文化之一。这都表明了中国优秀传统文化的顽强的生命力，在各代优秀能人志士的传承、发展和创新下，优秀传统文化与时俱进，始终渗透滋养着我国当世价值观。十八大后，我国社会主义核心价值观得以确立和推广，习近平总书记强调：中国优秀传统文化是中华民族的基因，已深深根植在人民内心，潜移默化地影响着国人的思维和行动方式，构成了社会主义核心价值观的根本，因此弘扬社会主义核心价值观必须立足中国优秀传统文化，通过发掘整理，以及创造性转换来实现中国优秀传统文化的时代价值。比如，从古代"民为邦本"的民本思想到习近平新时代中国特色社会主义思想中的以人民为中心发展理念，从"选贤任能"到建设高素质专业化干部队伍的发展，从"清正廉洁"到持之以恒正风肃纪，等等。我们从当今的众多思想理念中，能清晰地找出对中国优秀传统文化的继承和创新内容，这也是中国优秀传统文化得以永续永存的原因所在。

中国优秀传统文化在漫长的历史过程中不断自我反思、革故鼎新，在汲取前人智慧的基础上又不断创新，结合时代需求进而形成新的理论体系，如此循环往复，逐渐形成并发展成熟。21 世纪的今天，中国优秀传统文化内涵与精神实质仍然流淌在我们中华儿女的血脉中，生生不息。

三、整体性特征

中国传统文化的核心特征是其整体性。中国几千年的传统封建社会属于传统农业文明和自然经济社会，传统农业文明和自然经济社会要求通过群体的力量来实现民族的生存与发展。中国传统文化的优秀成果就是站在国家整体的角度进行研究的，因为中华民族始终把群体利益置于个体利益之上。这种群体性精神不是强调确立个体独立人格，也不是强调个体心理特征和性格特点的充分发挥，而是强调一种人们应该具有的对别人、对社会的人伦义务。

中国传统文化博大精深，源远流长，只有在比较全面地了解中华文化各个门类的基础上，才有可能获得对其总体特征与实质较深入的理解。事实上，整体性把握文化，本身就是中国传统文化的基本精神之一。中国传统文化的整体性体现为注重以血缘、亲情为纽带的家庭关系，个体的生存和发展依赖于家庭、国家的生存和发展。中国传统文化的整体性对中华民族凝聚力的提升和统一国家的形成和发展起到了重要作用，并促成了中国整体主义和集体主义的形成与发展。

四、地域性特征

传统文化的另一个重要特征就是其地域性。事实上，中国传统文化的内容是一个民族、一个区域的人们在千百年来的生产、生活中的积累和沉淀，是当地劳动人民集体智慧的结晶，是特定地域风格、文化观念乃至行为方式的体现，不仅具有很强的地点上的地域性，而且具有时间上的延续性，还具有表现形式上的独特性。

中国国土辽阔、地大物博、人口众多，传统文化的内容也丰富多彩，在中国传统文化这一体系之中，既有源自黄河流域的华夏文明作为主体，也有多样的少数民族文化作为补充，相得益彰。

中国传统文化早在数千年前就与异国文化开始了交流。汉唐时期，中华文化是相当开放的。在许多方面，中华民族的祖先曾非常勇敢地、毫不犹豫地吸收外来文化因素并加以改造，不断丰富中华文化的内涵。从意识形态方面看，中国接受了从印度传来的佛教，这是世界主要文明体系之间最大规模的交流之一；从艺术方面看，中国大量吸收了沿丝绸之路传来的异国音乐、舞蹈，并使之中国化。

从饮食、服饰、民俗等方面看，中国所吸收的异国文化内容也十分惊人。与此同时，中国也将自己的文化向外输出，如四大发明、丝绸与瓷器等工艺制作等，都对世界文化产生了积极的影响，对人类文明作出了巨大贡献。

当今世界已经是一个全球化的世界，跨国资本及其消费文化的历史性扩张，逐渐解构了人类社会的地域传统和生活秩序，地域性传统文化陷入前所未有的衰落与困境之中，置身于这样一个全球化的语境中，如何传承地域性传统文化，并保持世界文化的多元化，是一个值得探究的课题。

五、发展性特征

传统文化产生于特定时代，因时代的局限性，具有两面性，其中精华与糟粕并存，养料与毒素同在。优秀传统文化对教育有正面的积极的影响，反之，传统文化中不好的部分也有负面的消极的作用。继承是发展的前提，发展是继承的必然要求，继承和发展是统一过程的两个方面。文化在继承的基础上发展，在发展的过程中继承，在这个过程中，不断革除陈旧的、过时的旧文化，推出体现时代精神的新文化，即取其精华，去其糟粕，推陈出新，革故鼎新。

"不忘本来才能开辟未来，善于继承才能更好创新。"习近平总书记在参观历史文化名城山东曲阜孔府、孔子研究院时强调，中国传统文化是我们民族的"根"和"魂"，如果抛弃传统、丢掉根本，就等于割断了自己的精神命脉。要坚持马克思主义的方法，采取马克思主义的态度，坚持古为今用、推陈出新，有鉴别地加以对待，有扬弃地予以继承，既不能片面地讲厚古薄今，也不能片面地讲厚今薄古。

继承和发展传统文化，首先要区分"精华"与"糟粕"，传承其中优秀的部分，舍弃其中陈旧腐朽的部分。比如，近些年女德学习热潮提倡阅读《女诫》《内训》等古籍，书中教女子"言"要温和、"工"要勤俭、"容"要得体等，这些依然值得现代女性学习。但其中陈旧的思想要抛弃，"未嫁从父、出嫁从夫、夫死从子"等观念，"女子无才便是德"等言论，严重损害了女性的自由与平等权。苏绣是中国四大名绣之一，在苏绣的传承中，苏绣艺人们就把苏绣细腻的针法和素描的特征进行结合，创造出了全新的针法，虽与原本的苏绣作品截然不同，但这难道不是对苏绣的传承吗？因此我们在对传统文化"传统"传承的同时也要大胆地进行创新，将新时代的元素添加进去，用新时代的科技、艺术、文化等内容共同为传统文化的传承打开新局面。

在继承和发扬优秀传统文化时应该认清，我们学习并传承的是文化内涵，是精神、思想和灵魂，而不是形式。以古人之规矩，开自己之生面，相信随着社会的发展和不断进步，老祖宗留下来的优秀传统文化必然会薪火相传，并能实现中华文化的创造性转化和创新性发展。

六、伦理性特征

优秀传统文化有着显著的伦理性特征，伦理道德观念在传统文化中始终处于核心地位，是进行价值判断的依据。历代统治者大力倡扬以人为本的伦理道德观，民众对此也极为推崇。传统文化崇德尚贤的伦理性特征强调重视人的德行修养，主张人们通过加强自我道德修养，成为具有高尚品质、崇高理想的人。

重伦理、倡道德始终在传统文化中处于核心地位，传统文化将"德"作为整个社会的基础，保障了社会的长久稳定，形成了牢固的家庭关系、融洽的人际关系，在中国大一统思想的形成中产生了不可比拟的积极影响。但我们也要看到，这种道德观念强调家主、君王的权威，要求家庭成员和臣民无条件服从，一定程度上阻碍了民主思想的发生与发展。同时，一味倡导人们遵循道德伦理，导致个人身心需求被漠视、个人权利被忽略，这阻碍了人们创造性、自主性的培养。因此，传统文化的伦理性特征具有二重性。

七、多样性特征

中国优秀传统文化的多样性主要体现在两方面。其一是地域方面，中华文化是在农耕文化与游牧文化相互交融的基础上形成的。中国有 56 个民族，各民族在居住、穿衣、饮食、风俗上等千差万别，他们和周边地域文化互相影响、互相融合，造就了我国文化的多样性。其二是内容方面，从学术派别分析，包含着儒家、道家、法家等思想。从范围上看，涵盖政治、经济、教育、生态等各个方面。从价值追求上看，既有关于满足生活需求的，也有关于哲学、人文艺术以及终极关怀的价值追求。

在多样性特征的基础上，优秀的传统文化将个人与他人、个人与社会、个人与自然有机地联系起来，形成了文化体系，这就将各民族凝聚在一起，发展成了内部凝聚力。各民族的团结是我国发展的基础，而中国优秀传统文化是各民族文化的总和，是各民族共同的精神家园，能够在最大范围内引起各民族的文化认同，因此具有加强民族文化认同的功能，能够有效促进民族团结，培养中华民族共同体意识。

八、包容性特征

优秀传统文化本身是超大型的有机系统，内在包含器具、技术、礼俗、制度、观念、思想等社会的方方面面。在社会的方方面面中既有着供市井民众丰富自身生活的俗文化，也有着有深度、有广度、有格调的雅文化。

中国优秀传统文化起源于远古神农氏时期，在先秦、汉魏、六朝、唐宋、明清时期都保持自身的特性，这些特性相互融通、互济发展、共同促进，造就了中华文化的辉煌。中国优秀传统文化之所以具有绵延不绝的强劲生命力，并在历史发展过程中从未间断、生生不息，与其自身具有的包容性、开放性的特征密切相关。秦朝大一统之前，各民族还处于十分分散和自主自理的局面。大一统之后，秦朝广纳贤士，包容且吸收了各民族的文化精髓，使中国优秀传统文化更加丰富、更具先进性，各民族文化交流也促进了文化的大力发展。在中国传统社会中，影响最大的学术流派不外乎儒、释、道家。百家争鸣盛景的出现，极大地推动了传统文化的发展，同时也使传统文化内涵得以显著提升，并实现了对各类优秀思想的充分融合。中国优秀传统文化的包容性主要表现在以儒家为代表的开放多元的文化理念，"君子和而不同""天时不如地利，地利不如人和"等思想，都集中体现了儒家主张开放多元的文化理念。基于包容的文化思想理念，使儒学思想集大成，不断发展壮大绵延至今，仍对当今社会产生深刻影响。正是因为它所具有开放包容的特征，促使中华文化发展中涌现出百家争鸣的蓬勃景象以及儒家、道家、法家等各种思想文化并行发展的繁荣局面，并包容了中原文化、荆楚文化、巴蜀文化等不同的地域文化。中国优秀传统文化既有关于政治的、经济的、文化的历史考量，又有关于人与自然界、人与社会、人与人之间以及人与自身关系的思考，正是中国传统文化与时俱进，在发展的过程中推陈出新，根据时代特性求同存异、兼容并包的品格使得传统文化顺应历史的变革而不断延续，并且不断丰富自身的思想内涵。在历史进程中，中国传统文化一直以来都是世界上最为优秀的文化之一，对中华民族发展起到了有力的推进作用。

此外，优秀传统文化的包容性没有本土文化的局限性，对外来文化也是一视同仁。中国优秀传统文化在发展过程中，始终对外来文化敞开大门，秉承开放包容的态度，坚持以我为主、为我所用的原则，取长补短、兼收并蓄，在保持自身优势和主导地位基础上，主动吸纳外来文化的优秀成果与自身文化融会贯通，不断丰富和发展自身文化内涵及体系。

第五节　中国优秀传统文化对世界的影响

一、中西方文化的碰撞与融合

中西方文化交流是中西方文化进步和发展的动力。16 世纪之前，中国文化曾借助阿拉伯人西传，引发了中世纪西方的觉醒，成为西方启蒙运动的思想触媒。近代西方以先进的资本主义文化强劲地挑战中国古老封闭的农业文化，"西学东渐"成为中西方文化碰撞与交融进程中的主流。20 世纪 80 年代初开始，中国实施对外开放，主动学习、吸收和借鉴西方优秀文化因素，使之成为中国文化进步、创新的因子。在中西方文化的交流的历史过程中，有碰撞和冲突，也有吸纳和交融。本节以中西方文化的交融与碰撞为研究对象，回顾历史、梳清流脉，认清现实和趋势，理清思路，寻求对策，力求就如何在中西方文化交流的过程中提升中国文化竞争力做一些理论和实践探索。

（一）中西方文化的交流历史

文化是在交流中产生和成长的，碰撞与交融是文化发展的必然要求。每个民族、社会的文化都有互相交流、互相吸收的现象。近代西方文化是一种外向型的海洋文化，具有很强的扩张性和渗透性。中国传统文化是一种守成性的大陆文化，以安土重迁为特点。这两种截然不同的文化的交流成为当代历史学和文化学的一个大课题。

中西方文化交流的历史可以追溯到中国的秦汉和西方的中世纪以前，但是在近代以前的漫长历史时期里，二者的文化交流具有很大的偶然性和自发性，两种文化形态基本上各自独立生长。从中国的明朝开始，随着新航道的开辟和西方殖民活动的盛行，中西方文化交流日益频繁、规模也越来越大。纵观中西方文化交流史，按照时间顺序及各时期文化交流的特点，我们可以将之分为三个阶段，下面将分别进行论述。

1. 明中叶之前

中国是世界上历史最悠久、文明开化最早的国家之一。明中叶之前的古代中西方文化交流是不自觉的、偶发的，或因战争或因宗教传播等等，并没有固定的形式、途径。

在从秦汉到15世纪末期的一千多年时间里，中西方文化交流主要有西汉张骞出使西域、宋元时期四大发明的西传、马可·波罗游记的诞生以及郑和下西洋等几个标志性事件。

西汉时期张骞出使西域，对于中原地区了解西域政治、风俗、地理环境等具有重要意义，是对打通中西方文化、政治、经济交往的尝试。宋元时期，我国四大发明进入西方世界，对西方产生了深远的影响，被称为"东学西渐"。马可·波罗及其游记的诞生，激起西方人探索神奇东方的欲望，这对于十五六世纪欧洲航海事业的发展具有巨大鼓舞和启示作用。明代郑和下西洋，把有史以来以中国文化输出为主流的中西方文化交流推向了顶峰。

2. 明中叶至清末

明中叶至清末，中西方文化交流的主要特点可以用两个十分形象的词语概括："西学东渐"和"中学西传"。西学东渐，始于明朝万历年间，是西方文化与中国文化实质性的接触，并对中国文化产生较大影响。此时，开始近代化的西方文化推开了中国的大门，以利玛窦为代表的传教士和以徐光启为代表的中国知识分子，对中西方文化的交流、融汇做了有益的尝试，并取得了一定的成果。

至清朝康熙末年，由于罗马教廷对中国礼仪问题的粗暴干涉，康熙颁布了禁教命令；雍正即位后，大规模驱逐传教士、查封教堂，严禁中国人信教。上百年的禁教使中西方文化交流中断，中国历史上的第一次大规模的西学东渐运动黯然收场。

3. 近代时期

1840 年鸦片战争，欧美列强发动对中国的侵略，中西方文化交流也进入高潮阶段。但这一时期的中西文化交流与之前相比有很多不同：中国的先进知识分子"睁眼看世界"，积极学习、吸收西方先进的科技和文化，以洋务运动、辛亥革命、五四新文化运动为代表，在吸收西方文化的过程中，不断探索、深化，掀起了中西方文化交流的高潮。

洋务运动中的"中体西用"观念，在一定程度上为西方文化在中国的植根提供了条件。从戊戌变法到辛亥革命，中国对西方文化的引进逐渐深入。这一时期，先进的中国人还吸收西方文化建构了民主革命的理论。最终孙中山领导的辛亥革命结束了清王朝的统治，以"三民主义"为指导的"中华民国"成立。至此，中国开始真正接受了西方的政治思想和制度。总之，从洋务运动、戊戌变法、辛亥革命，直至五四运动以后，中国对于西方文化的认识不断深化，这也是百年来中西方文化交流的一个高潮。

虽然"西学东渐"在近代中西方文化交流中占据绝对优势，但同时期的"中学西渐"仍然不可小觑，中国文化通过不同的途径开始逐渐向西方社会传播。对中国文化西传作出重要贡献的西方人有理雅各、卫礼贤以及赛珍珠等。他们有的是传教士，有的是文学家。他们的努力为西方社会对中国文化的系统认识奠定了基础。

（二）当代中西方文化交流的现状

第二次世界大战后，人类全面进入全球化时代，几乎所有的文明都被整合进全球化的体系当中。虽然以苏联和美国为首的两大阵营的对峙在一定程度上阻碍了中国与西方的直接交流，但应该认识到，对峙在根本上也是交流，甚至比直接的交流更加有力，其影响也更加深远。随后的十年，中国陷入了封闭状态，但中西方文化交流并没有被真正阻断，这只是一个自我调整期和酝酿期。20 世纪 70 年代末，"改革开放"成为我国的基本国策之一，中国真正主动地走向了世界。而此时，原有的两大阵营的对立也逐步瓦解，再加上电子计算机技术和网络通信技术的革命性发展，全球化进入了新的高潮期。在这种情况下，中西方的文化交流面临着新的机遇和新的压力。如何在交流中保持并提高中国的文化竞争力成了我们不得不面对的课题。

当代中西方文化交流的发展是一个由封闭到开放的过程，不仅是国家门户开放的过程，更重要的是民族思想的开放、心理的开放。当代中西方文化交流不断深入，由浅入深、由表及里，包括物质文化、制度文化到价值观等方面。越是表层的文化，越容易被人接受，越是深层的文化，越不容易被改变和接受。因此，当中西方文化交流进入到较深层次时，如何面对深层的冲突和碰撞，抓住时机促进不同文化之间的吸收与融合，就成为需要思考的主要问题。

1. 当代中国对西方文化的吸收与交融

（1）中国对西方表层物质文化的大力吸收

在表层物质文化方面，中国始终以开放的姿态欢迎西方文化的进入，并大力吸收，主要表现在三方面。

第一，中国对西方资本的引进。冷战结束之后，全球化浪潮席卷全球，世界性大市场的格局建立起来。随着我国开放程度的不断提高，进入我国的西方跨国公司无论在数量上还是在规模上都有大幅增长。跨国公司进入中国加快了中西方文化交流，相应地产生了物质生活和价值观的影响和渗透。

第二，文化艺术交流。随着传播媒介的迅猛发展，文化艺术活动交流也呈现出新的景观。一方面，中国积极主动地与西方进行文化艺术交流；另一方面，受西方文化的强劲影响，中国大众文化蓬勃发展，但缺少创造性。国人享受西方文艺是无可厚非的，值得警惕的是文艺背后隐藏的或者是潜在的西方某些腐朽、没落的价值观。

第三，西方生活观念和方式对中国民众的影响。首先，在语言方面，中西日常生活文化交流主要表现为一个互动的过程：外来词汇——西方文化的引进和汉语——中国文化的输出。随着我国对外开放程度的不断加深，外来词汇的引进越来越多，英文缩写随处可见。当然，汉语——中国文化的输出也表现强势，各国都出现不同程度的"汉语热"。其次，在互联网发展方面，信息网络冲破了国家文化疆域，加快了文化交流，加深了相互影响。文化传播手段是文化交流的重要工具，随着科学技术的发展，文化传播手段越来越先进、越来越现代化。最后，在跨国婚姻方面，中西跨国婚姻在经济较发达城市居多，且近年来呈增长趋势。中西跨国婚姻的成熟发展从一个角度见证了中西表层物质文化交流的快速发展。

（2）中国对西方制度文化的谨慎借鉴

在转型阶段的关键时期，我国不但需要在经济与科学技术方面积极向西方发达国家学习，更需要在政治制度以及管理机制方面与之进行交流学习，并在此基础上依据本国国情不断创新发展。由于长期以来意识形态的差异和传统观念的束缚，中国与国外制度文化的交流相对贫乏，直到近年，随着经济发展与思想研究的活跃，文化交流的内容才逐步向政治、管理机制等领域渗透，开始艰难探索。

我国对西方制度文化的借鉴主要表现在以下几个方面。第一，实际行动上，与西方国家务实、负责任地进行制度、机制合作。例如，2002 年由我国与联合国开发计划署共同签署的"中国廉政监察建设"合作项目表明，我国的反腐倡廉工作已开始探索借鉴国外先进经验了。第二，理论上，学界对中西制度文化交流进行了更多深层次的探讨。在经济全球化的时代大背景下，我国深入推进改革开放，接受市场经济理念，并付诸中国现代化建设的实践中去，正确认识市场经济这一有效的资源配置方式，并以此为契机引发一系列思想观念变革，带动制度文化的探讨。

2. 影响中西方文化交流的客观因素

在马克思主义哲学体系中，文化属于上层建筑，文化发展始终离不开物质基础——经济发展的制约。从近年来中西方文化交流的实际情况来看，主要影响因素包括经济和政治两个方面。

第一，经济方面。当代中西方文化交流的发展离不开中国经济融入全球化的进程。从 1978 年十一届三中全会到 1992 年邓小平南方谈话，是中国对西方科学技术、管理制度的大力引进阶段。这一时期的中西方交流主要集中在物质层面上，以把资金、设备、技术"请进来"为主。从邓小平南方谈话到 2001 年中国入世，是中国和世界经济体系"接轨"的阶段，这一时期文化交流已从物质层面上升到了制度层面，通过框架解构、部分借鉴、渐进吸收的步骤，逐步在政治文明、法制建设方面将西方制度中适合我国国情的部分进行本土化的尝试。从 2001 年中国入世到今天，是中国经济走出去的阶段。在继续"请进来"和"接轨"的同时，中国经济开始发挥自己的影响力，这一时期的文化交流也集中在更深层次的心理和价值观层面上。

第二，政治方面。当代国际社会中，国家之间的政治关系同样对文化交流产生推动作用。中西文化交流的发展同样离不开中西国际关系进展的制约。当代中国和西方国家之间的关系，大体经历了从接触到交融到负责任的利益攸关方这三个阶段：1979—1992年中国和美国、欧盟国家、加拿大、澳大利亚、新西兰等多国建交；1992—2001年，中国加入《不扩散核武器条约》，同意就人权问题进行正常的国际讨论，北京申奥成功，中国逐步赢得了世界的认可；中国参加了多项双边或多边国际条约，正以一个负责任的大国形象与西方国家进行外交努力，在国际舞台上发挥着自己应有的作用。而随着中西国际关系的密切，文化交流也逐步深入。

二、中国传统文化近代以来的式微

总的来说，中国传统文化在近代中国的发展历程可以用一个词语来总结——命运多舛。每一个历史时期都有一批文人学者坚守、弘扬传统文化，他们呼吁传统文化的回归，他们力图为传统文化正名，他们身体力行地坚守着自己的文化信仰，用手中的笔杆与反传统文化的思想作斗争，他们为中国传统文化的发展作出了举足轻重的贡献。但可惜的是，这并未成功逆转中国传统文化式微的进程，传统文化还是在不同程度上遭到了破坏。分析中国传统文化在近代中国的式微大致可以划分为以下几个阶段：

第一阶段："1840年"时期。近代西方文化是伴随着坚船利炮涌入中国大门的，是一种带有强烈的侵略性质的文化。从积极主动的文化传播与交流，到消极被动的文化侵蚀与接受。这些都严重破坏了中国传统文化的发扬和传播，损害了中华民族的尊严，也打击了中华民族的自信。

第二阶段：新文化运动时期。"反传统、反孔教、反文言"的新文化运动将斗争矛头直指儒家思想，反对封建旧文化，将反封建思想推向高潮；后期提倡"德先生"和"赛先生"，传播社会主义思想，极力宣传马克思主义，使中国先进知识分子逐渐选择和接受马克思主义。接受马克思主义、吸收国外先进文化是非常必要的，也是中国文化自我更新、自我发展的必需，但由此否定中国传统文化则是有失偏颇的。这使得中国的核心文化遭到破坏，再一次使得中国传统文化的发扬和传播受阻，也使得国人的自信受到打击。

第三阶段：1966—1976年时期。由文化领域为发端而引发的问题，对中国的教育、文化等造成了一定的影响，给中国传统文化带来了一定程度的打击，一些具有重要意义的节日、庆典和流传千年的生活方式遭受了质疑和破坏。至此，中国传统文化的发扬和传播第三次受阻。

第四阶段：1976之后的时期。中国经济建设、人民生活和综合国力迈上大舞台，实现了三大转型，为中国未来发展创造了无限可能，但是我们忽略了思想文化方面的准备。由于这方面的准备不足，我们的思想政治文化受到了不同程度的影响。西方文化和价值观席卷了电影、音乐、商品等，慢慢地，崇洋媚外的意识形态开始盛行。留学、出国、西餐厅、快餐店等热潮开始出现在人们的生活中，再加上市场经济的冲击，我们的传统文化又一次被我们抛在了脑后。

第五阶段：经济全球化时期。全球化使得世界各国越来越密切地联系在一起，在经济的交流过程中必然会掺杂着文化的交融，全球化带来文化繁荣的同时，也不可避免会带来价值观的混乱、多元文化的并存等，特别是意识形态领域的斗争，越加使得传统文化遭受冲击。加之西方发达国家在全球化的进程中凭借其经济、科技实力占据着主导地位，向别国传输西方的文化思想及价值观，这些都影响了传统文化的传承。

这些都或多或少地与中国传统文化的式微有着或大或小的关联。当然，这里将这些可能性的原因列举出来并不是要否定这些阶段或是事件，这仅仅只是根据传统文化发展历程结合我国历史的一个客观的分析，并不掺杂任何的个人情感，其中的某些事件对中国社会的发展起到的无比巨大的促进作用，都是有目共睹的。

三、中西方文化交流的当代反思

不同文化的碰撞与交融是文化发展的必然。碰撞与交融是不同文化交流、学习的过程，这个过程既有对外来文化、异质文化系统的吸收和借鉴，又有对本土文化的重新评价和建构。不同文化间的交流对文化兴衰有重大影响。如果国家文化开放，积极与外部进行交流，主动吸收外来文化中先进与合理的东西，那么不但文化会蓬勃兴起，国家发展也会出现大好局面；反之则不仅文化逐渐衰弱，这个国家也会逐渐衰败。当代中西方文化的交融与碰撞给中国带来了深远影响，它使国人看到了外面的世界，也让西方有机会看到中国的风貌和发展，更重要的是给中国文化建设带来了重要的影响。所以我们在全球文化碰撞与交融的进程中，除了要继承本民族优秀文化，正确对待当代中西方文化交流，以此推进中国文化建设，同时也要警惕西方文化的侵蚀。

首先，我们要抓住机遇，迎接挑战。当代中西方文化交流使中国文化置身于世界舞台之上，与世界先进文化相互碰撞、共同进步。这种文化间的碰撞与融合，不仅能够进一步丰富中华文化的内涵，而且可以有效激发中国文化的创新意识。

其次，我们应坚持正确的文化交流方向。在中西文化交流过程中，正确认识中西方文化在时代性、民族性和世界性方面的差异，取长补短，推进中国文化建设；正确处理当代中国特色社会主义文化与西方文化、中国传统文化之间的关系，反对"全盘西华论"和文化保守主义；坚持实事求是，与时俱进，不断对中西方文化进行严肃的理论反思，发现它们的互相关联之处，促进双方共同发展。

再次，深入挖掘中国传统文化的现代价值。面对中西文化交流时，在内容上从西方文化中汲取营养，补充理念；在传播手段方面要与现代传播媒介接轨，利用新兴媒体传播中国传统文化，广泛而有效地进行跨疆界、跨文化的传播和交流。

最后，处理好文化开放与保护、引进与输出的关系。我国正处于由大规模、深入地学习和借鉴西方文化向推广中国文化、贡献中国力量转型的关键阶段。中西方文化交流，既要高扬主体性，又要吸收西方先进文化，同时还要保障中国文化安全。这就需要我们：第一，辩证地对待文化开放与文化保护之间的关系，客观公正地认识西方文化，提高对西方糟粕文化的辨析、批判能力，吸收其中先进优秀的现代文化，并结合中国传统文化进行融合、创新、发展。同时健全建立各项安全规章制度，从体制、机制上加强对中国国家文化安全的保护力度。第二，在不断引进西方优秀文化成果的同时，要主动推动中国文化走出去，提高中国文化在世界上的影响力。

四、中国传统文化在当代的世界价值

中国传统文化凭借蕴含的极大智慧、重要价值使古代中国处于世界领先地位，对周边国家和地区产生了深远影响，尤其是对韩国、日本、越南和东南亚、南亚的一些国家和地区。但中国传统文化对世界的贡献绝不局限于这些地区和国家，其文化价值也是具有现代精神和全球意义的。主要体现在以下两方面：

一方面，中国传统文化所推崇"仁、义、礼、智、信"，可以作为我们目前所倡导的建立和平、稳定、公正、合理的国际新秩序的文化基础，有利于国际关系的处理。孔子言"仁"以"爱人"为核心，包括"恭、宽、信、敏、惠、智、勇"和"己欲立而立人，己欲达而达人"的换位思考，设身处地为他人着想。如此，人民便可安居乐业，社会便可平静祥和，不仅可以实现各个国家的繁荣富强，更能促进整个世界的和平发展，这对于建设良好的国际秩序也有着积极作用。"义"乃立身处世之本，指人的思想、行为所要符合的准则。在国际关系中，按照"义"的准则，无论是国家与国家之间，还是国家与国际组织之间，或是各个国际组织之间，都应该做到恭敬和睦、宽容慈善、中正信义。在当今世界，霸权与侵略尚未完全消逝，贫困与饥饿尚且存在，世界需要符合国际道德规范的扶贫济困的

"义"举，从而保证国际秩序的良性运作。"礼"是古代社会的道德行为规范和典章制度。在国际关系中对"礼"的借鉴主要在于道德行为规范方面，在于合乎公平正义，通过"礼"调节国际社会关系，促使国际组织制定并实施符合国际道德规范与制度的规章制度与行为准则，以约束国际组织自身的行为与活动，从而使国际社会达到一种和谐的状态。"智"是一种道德规范、一种道德品质、一种道德情操，表现在处理外界环境或是紧急情况时临危不乱、沉着冷静，从而扭转局势化险为夷的智慧。在国际关系中对"智"的借鉴主要在于国际行为主体对突发事件、突发危机以及预设危机的处理方面。"信"是一种诚实守信、不欺瞒的良好品德。在国际关系中对"信"的借鉴也主要是要求处于国际关系中的国家、国际组织相互之间要做到讲诚信、守诚信、不欺瞒。这对于良好风气的树立有一定的积极意义。

另一方面，中国传统文化所蕴含的人文精神和中和精神以及对理想价值的追求要求我们重视事物的和谐、均衡和稳定发展，这刚好同国家间的关系追求永久和谐、均衡发展、长期稳定的目标相匹配。在中国传统文化几千年的发展过程中，先辈们随着时间的推移不断探索着、丰富着"和"的思想，给予世人极大的启迪。如《礼记·中庸》中记载："中也者，天下之大本也。和也者，天下之达道也。致中和，天地位焉，万物育焉。"这便是强调和谐的思想，寓意只有达到中和，即和谐，天地才能各在其位，万物才能更好地繁育生长。《墨子·兼爱》有"兼相爱，交相利"，"兼相爱"不是否定自爱，而是把爱己与爱人结合起来；"交相利"不是鄙视自利，而是把自利与互利结合起来，这也就是我们通常所说的互爱互利。用这一思想处理国际事务和国家间的关系，才能达到"夫爱人者，人必从而爱之；利人者，人必从而利之"的状态，在这种充满爱意的相互义务关系中，天下才能实现太平、和谐与富足。《论语·颜渊》言："四海之内皆兄弟也。"寓意普天之下到处都是兄弟，倡导一种和谐思想，延伸到我们现在的国际关系中就是说要倡导全世界乃至全人类的和谐，这样才可以为我们的国际关系新秩序的建立打下坚实的基础，使全世界共享和谐成果。《周易》有："君子以厚德载物。"这里的以"厚德载物"寓意容载万物、兼容并蓄。引申到现今时代就是人与人之间、社会与社会之间、国与国之间、各个国际组织之间以及人与自然环境之间要实现和谐共处，这也是我们国际社会要实现全面和谐共赢发展所不可或缺的方面。《墨子·兼相爱下》中反对"大国之攻小国""大家之乱小家"，寓意不要仗势欺人。延伸到当今国际社会就是强国不应该仗着国力强大而去挑衅弱国，也就是我们现在所反对的霸权主义和强权政治。它从侧面所倡导的也是一种和谐相处的良好局面。此外中国传统文化所倡导的"己所不欲，勿施于人"的恕道、"和为贵""睦仁善邻"的礼道，这些都是国际文明对话所不可缺少的基本原则。现如今，在强调工具理性而忽视慈悲同情、重视所谓人权而忽视责任、重视自由而漠视正义的西方社会，显然更需要中国传统文化这些优秀的哲学思想。

中国优秀传统文化无论是在解决关乎人类生存的现实问题时，还是解决关乎人们生活的现实问题时，所彰显出的大智慧，都是具有独特价值的。之于中国、之于世界的魅力越来越显著，也让我们越来越坚信一个事实，那就是中国优秀传统文化的回归势在必行，中国优秀传统文化的复兴势在必行。

第二章　当代教育与中国传统文化教育

本章主要分析介绍了当代教育和中国传统文化教育。从以下几方面来阐述，分别是：传统文化对当代教育的影响、高等教育中传统文化教育存在的问题和原因，当代传统文化教育的重要原则以及当代传统文化教育的有效举措。

第一节　传统文化对当代教育的影响

一、中国传统文化的当代价值

（一）辩证看待中国优秀传统文化

1. 中国优秀传统文化与现当代文化

对传统文化和现当代文化的划分，按照时间先后，以历史的发展为基准。文化并非永恒不变的，它是随着时间变化的，因此不能简单地将文化按照时间顺序划分为"传统文化"和"现代文化"，否则就会陷入"文化虚无主义"与"文化复古主义"的怪圈。对于中国传统文化的认识，文化虚无主义所持的是"文化自卑"的态度，而文化复古主义所持的是"文化自大"的态度。而这样的态度，其实都是对中国传统文化和现当代文化的割裂。现在，我们所提倡的"文化自信"，是经过变革、创新和发展的传统文化和现代文化的综合体，是与时代紧密结合的。

2. 中国优秀传统文化与马克思主义

中国近代史的开端是鸦片战争，从历史角度对中华文化进行划分的话，要追溯到 1915 年，陈独秀在《新青年》上刊载文章，中国大地上掀起了新文化运动的热潮。这一时期，西方文化、科技的冲击，使得中国传统文化已经不能适应新时期发展的潮流。中国传统文化与现代文化出现共存发展的状态。1919 年五四运动之后，马克思主义思想开始在中国传播，与古老的中国文化在历史的长河中相遇并逐渐开始融合。也就是在这一时期，中国传统文化为适应时代要求，开始了创造性的转化。一些有识之士，以马克思主义为指导，对传统文化取其精华去其糟粕，最终使之成为我们所要继承和弘扬的中国优秀传统文化。

3. 中国优秀传统文化创造性转化的必要性

中国历史的不同时期，有着不同的文化和智慧，这些文化智慧共同构成了中华民族优秀传统文化体系，有着独特的民族精神和价值内涵。促进了人类社会进步，是值得继承和发展的。

中国优秀传统文化并不是凭空产生的，它立足于特定社会环境，形成于广大人民群众之中。因此，它蕴含的道德和价值观念，皆是面向社会大众，是面向群体的社会观。新时期，我们不仅要继承五四运动以来对传统文化的辩证法研究，还要结合新时代中国特色的社会主义建设实践，使传统文化适应中国社会的发展。

基于以上认识，我们可以将传统文化划分为三个部分：第一部分的传统文化，指封建社会统治下统治阶级宣扬的传统文化，是为统治阶级服务的，因此带有鲜明的阶级思想、道德观念，也是一种落后消极的文化，是传统文化中的糟粕，需要我们剔除。第二部分的传统文化，属于社会价值观和道德理念的范畴，它包含的内容，如宣扬诚实守信、艰苦奋斗、帮助他人等，这部分传统文化对我国社会的发展起到了不可磨灭的作用，一直到今天还在影响着中国社会的发展，是应当保留和继承下来的。第三部分的传统文化，是不断变化的思想道德文化。它会随着社会历史的发展而不断进行自我革新，以便更加适应不断发展变化的社会需求。例如，儒家思想中的"仁"和"礼"，在当今和古代就存在着不同的理解认知。因此，这个部分的传统文化是需要不断革新和调整的。

中国优秀传统文化之所以能够延续至今，离不开中国人一代又一代的传承和发展。中国文化博大精深，优秀的传统文化更是如此。在中国优秀的传统文化中存在着不同的文化成分，这就要求我们要学会辨别不同的文化成分，才能更好地适应时代发展，使之能够更好地发挥其自身的时代价值。

（二）中国优秀传统文化的价值意义

1. 提升民族认同感和凝聚力

在社会发展过程中，中国优秀传统文化能够被继承和发展，一直流传下来，本质上是因为中国传统文化有兼容并蓄的特点，将各民族的文化和智慧加以接纳和融合，使中华儿女找到归属感和认同感，推动了社会和时代的发展。

历史上，中国人用无数的诗词篇章记录了他们对国家命运的忧心和矢志不渝的情感。比如，屈原的"长太息以掩涕兮，哀民生之多艰"，顾炎武的"天下兴亡，匹夫有责"，表达了古人对祖国的热爱之情。到了近代，无数革命者从这些爱国诗篇中得到鼓舞，为国家民族振兴前仆后继，不懈斗争。面对新冠疫情的肆虐，中华优秀传统文化所赋予国人的精神力量，使我们上下一心、众志成城，流淌在血液里的品质，让我们一次又一次战胜困难，取得胜利。

除此之外，中国优秀传统文化还起到纽带的作用，将世界各地的中华儿女紧紧联系在一起。申奥成功、抗击疫情等，中华民族每一个重要时刻都能激起中华儿女的民族自豪感和认同感。同时，这份感情又激励着中华儿女不断进步，用自己的努力为社会的发展作出应有的贡献。当今国际竞争日趋激烈，新时代的青年肩负着中华民族的伟大复兴，在外部压力增多，社会复杂多样的环境下，优秀传统文化依然可以作为宝贵的精神支柱，给我们注入精神力量，鼓励优秀的时代青年奋勇前进、不断进取，为实现中华民族伟大复兴贡献力量。

2. 强化人文精神

人文精神顾名思义，就是对人的关怀，对人的尊严、需求和价值的关切和尊重。中国古代传统文化中，处处体现着"以人为本"的人文精神。例如，《尚书·泰誓上》就有这样的记载："惟天地万物之母，惟人万物之灵。"意思是"人"是天地万物的主宰。到了"百家争鸣"时代，诸子百家各家学说虽然有所不同，但都是把人作为出发点，儒家提出了仁爱思想、道家提倡追求人的自由发展、法家则提出兼爱非攻的思想。这些思想的共同之处，无一不是以人为本，将提升人的道德修养为根本目标。《礼记·大学》中，提出"修身治国齐家平天下"的观点，其中，"修身"是一切的根本。荀子也曾提出的"水能载舟亦能覆舟"的观点，其中"水"就是指百姓，也就是提醒统治者要做到"以人为本"。可见，人文精神是中国优秀传统文化重要内核。

当今社会，"以人为本"的理念依然贯穿在社会生活的方方面面。疫情攻坚战中，政府始终坚持生命至上的理念，将人民群众的生命和健康放在首位；全面建设小康社会，也是以"人的需求"作为中心，目的是使人民群众过上美好的生活。这些都充分体现了中国优秀传统文化中"以人为本"的人文精神对中国社会发展的深远影响。

需要注意的是，近年来在我们的学校教育中，过分重视科学教育，而忽略了对学生人文精神的培养。因此，非常有必要将中国传统文化引入高职院校教育，从而避免高职院校重视技能培养忽略人文培养的弊端，培养高职院校学生的人文精神，引领学生思维的全面发展，有助于高职院校教育目标的实现。

3. 强化以"德"为中心的价值取向

在古代，人们就非常注重对"德"的培养。《论语·述而》篇说"德之不修，学之不讲"，将"修德"放到了"讲学"的前面。到了三国时代，诸葛亮在《诫子书》中也提出"夫君子之行，静以修身，俭以养德"。可见，中国传统文化对于德的重视程度，将对个人德行的培养，放到了首要和中心位置。所谓"德"指的是，人们共同生活及行为的准则和规范。在古代，人们习惯于将德的价值标准归于"君子之德"，即对个体道德的培养。这是从古至今中国社会遵循的价值取向，也是我们学习传统文化必不可少的部分。

社会发展到今天，随着改革开放程度不断加深，与西方文化不断融合，以及互联网的发展，各种文化思潮的不断涌现，社会价值取向越来越多元化，给当代青年的思想造成一定程度的冲击。稍有不慎，文化思潮和价值取向中的糟粕就可能给他们带来严重的负面影响。在这种形势下，就更需要注重对人的"德"的培养。不仅要培养他们个人层面的严于律己，还要培养他们对社会、民族及国家的热爱。以中国优秀传统文化为底蕴，紧紧与时代潮流结合在一起，以社会主义核心价值观作为准则约束人的行为。通过"德育"，消除社会中的不良思潮给人带来的消极负面的影响。

（三）实现中国优秀传统文化价值的意义

1. 增强文化自信

党的十八大以来，习近平总书记多次谈到中国传统文化，表达自己对中国传统文化的认同和尊崇。在与北京大学学子的座谈中，多次提到了增强中华民族的文化自信。中国传统文化在古代就备受周边各国的仰慕和学习。比如，我们的邻居日本，历史上就曾多次派使者来中国学习。学习中华民族优秀的文化、先进的技术，并带回日本和本土文化融合，使中华文化内化为民族文化的一部分。到了近代，日本政府开始意识到传统文化的价值，进行保护和发展，最终将本民族传统文化推广到全世界，不仅提升国家形象和文化感染力，更使传统文化成一种精神力量，增强本国人民的民族自豪感。

习近平总书记指出："文明特别是思想文化是一个国家、一个民族的灵魂。无论哪一个国家、哪一个民族，如果不珍惜自己的思想文化，丢掉了思想文化这个灵魂，这个国家、这个民族是立不起来的。"因此，树立文化自信是十分必要的。

中国优秀传统文化博大精深，它是我们实现文化自信的"灵魂"。在传承历史的同时，要实现文化自信，还必须要做好优秀传统文化与现代社会的结合工作。通过立足当下社会，挖掘当下社会需求、社会文化发展需要，汲取传统文化的精髓为当下社会服务。特别是将传统文化中的爱国情怀、奋斗精神和革新意识等代代传承的核心理念，教授给当代青年，使中华民族特有的文化精神世界扎根在他们的价值观和人生观中，增强他们的文化自信。

2. 提高文化软实力

"软实力"是相对于国家军事、经济力量组成的"硬实力"而言的。20 世纪90 年代，美国学者约瑟夫·奈（Joseph Nye）首先提出"软实力"概念。"软实力"指能够影响他国意愿的精神力量，其中就包括文化感染力的影响，并在当今综合国力中占据越来越突出的位置。提高国家文化软实力，特别是努力展示中华传统文化独特的魅力，是中华民族文化复兴的重要前提。

西方国家很早就意识到文化软实力的重要作用，率先凭借自身经济优势，通过影视作品、书籍、文化交流等途径，积极对外输出西方社会文化价值观。相对来说，我国对文化软实力的认识比较迟，甚至一些优秀的传统文化在西方文化的冲击下渐渐消亡，这种现象是非常令人痛心的。如今，我们已经深刻意识到文化软实力建设的重要意义，特别是它曾对世界发展起到的重大作用。并逐渐树立起了继承中国优秀传统文化，并将它的伟大精神力量传达到全世界的理念。以优秀传统文化为基石，向世界发出中国声音，将人类优秀传统文化和精神传达到外国人民心中，从而树立中国形象，增强中国人民的民族自豪感和自信心。

3. 提升国际影响力

和平时期，一个国家的文化软实力，直接体现了国家的综合国力。"软实力"概念的提出，本身就彰显了西方国家在文化意识形态方面的野心，披着文化的外衣，进行国与国之间实力的较量。

一些别有用心的国家，打着文化交流、言论自由的旗号，开始对中国的国际形象进行抹黑。例如，2021年裹挟着西方经济利益和政治目的的"新疆棉花"事件，以及长久以来的"中国威胁论"。这些不利我国国家形象言论，通过互联网迅速传播，将中国推向风口浪尖。

想要反击西方舆论，需要提升国际影响力。而文化作为国家的根脉，面对激烈的国际竞争，只有重视传统文化建设，认识到传统文化的价值，提升文化自信，并充分利用好网络新媒体，建立起中国主流的对外传播平台，将中国优秀传统文化主动向外传播。我们才能形成与经济社会发展相协调的文化优势，增强国家影响力，掌握国际话语权，有效应对来自各方面的挑战。

二、传统文化的价值观对当代教育产生的影响

（一）中国传统文化的地位和传统文化价值观

中国是世界四大文明古国之一，悠悠历史长河中，产生了灿烂的中华文明。

在文化领域，很早就出现了如《道德经》《孔子》《礼记》等书籍，其独特的观点，在全世界、全人类的文明中处于领先地位，有着不可替代的文化价值，对人类文明的发展起着不可估量的作用。古代先贤们所流传下来的优秀文化典籍，不仅记录了当时中国先进的思想和文化，而且随着社会经济进步，不断兼容并蓄地吸收各民族不同的文化，使中国传统文化始终保持优秀的内涵与活力，自成一脉。

中华人民共和国成立以来，我们一直追求的社会主义精神文明建设，其中许

多规范和要求都是从我们传统文化中发展而来的。中国传统文化中，拥有无数道德楷模。例如，精忠报国的岳飞，"得黄金百两不如得季布一诺"——以诚信著称的季布，西汉秉公断案的张释之，等等。这些文化楷模和传统文化一起，为精神文明建设提供了动力，是精神文明建设中极为珍贵的财富。

传统文化体现出来的价值观，总的来说可以概括为讨论天道和人道的关系。所谓天道，是指天地的自然法则。所谓人道，是指人与人类社会的关系。它体现了我国古代哲学中"天人合一"的核心价值观。"天人合一"也是始终贯穿于后代文化中的重要思想。注重天人的关系，是中国传统道德教育价值最终的归宿。除此之外，儒家提倡的"和"也是中国传统人生理想的最高价值，体现在教育上就是提倡"中庸之道"，并将它作为指导整个人生道德的行为准则。

（二）优秀的传统文化对教育的积极影响

我国的教育深受传统文化的影响，传统文化在教育中的积极作用是不可估量的。

清朝灭亡之前，我国一直实行科举考试制度，许多文化名人是在传统文化的熏陶下成长起来的，不断继承、丰富和发展中国传统文化。这个时期，涌现除了许多流传千古的优秀文学作品，文学形式多种多样，如诗歌、戏曲等等。其思想影响着一代又一代中华儿女。中国古代从儿童时期，就开始对孩子进行道德品质的培养，如《四书五经》中，提倡的基本道德要求和精神品质，孝敬父母、诚实守信、尊师重教、自强不息、报效国家等。在这些优秀的精神品质的影响下，中华儿女不断开拓进取，发明出了指南针、造纸术等世界领先的技术；涌现了一大批为人类作出突出贡献的杰出人物，推动历史的车轮滚滚前进。

到了近现代社会，我们依然推崇传统文化中一些优秀的道德品质，例如尊老爱幼、勤俭节约等等。并将这些优秀的传统文化编入小学教科书，来教育我们的孩子继承传统文化中的优秀部分。例如，课文《孔融让梨》中，所讲的尊老爱幼的美德，小学生读完后，当自己遇到类似的事情时，会受课文的影响，将学到的美德运用到自己的行动中。

从古至今，传统文化对培养人的精神文化素质，及人的自身素质的提高方面，都起到了积极作用。同时，传统文化还提高了整体民族文化素质，增强了人们的民族自豪感。

"和平主义"传统和"人道主义"精神，是我国传统文化中优秀部分。前者有文成公主和亲、昭君出塞，为民族大义和国家和平作贡献。后者有老子"老吾老及人之老，幼吾幼及人之幼"的倡议，以及"仁政"的提出，这些观点是古代社会提倡人道主义精神的典型代表。而这两种精神，也为未来的教育提供了方向和素材。对培养学生的和平精神、合作意识理性思维都是有益的。

矛盾辩证思维，帮助学生提高解决问题的能力。矛盾辩证思维是道家思想创始人老子提出的，在他著作《老子》中有"祸兮，福之所倚；福兮，祸之所伏"，认为矛盾双方在一定条件下是可以相互转化的。儒家学派创始人孔子，讲求"中庸之道"，也是一种形式的辩证明法思想。矛盾辩证思想倡导用联系、发展、全面的观点看世界，这样的思维能够使学生更为深刻地认识未来可能遇到的种种问题。

在未来的学校教育中，开设文化选修课和文化活动课已经成为趋势，以此来达到普及传统文化、提高学生的文化素养的目的。学生吸收了中国优秀传统文化思想，在遇到更大的社会压力时，便可以开拓思维，协调矛盾，积极解决遇到的问题。另外，未来社会更强调人作为社会的主体，想要提升生活质量，拥有高雅的品位，离不开较高的审美能力，也离不开文化鉴赏能力，中华民族优秀的文学艺术作品能够提升学生这方面的素养和能力。正如约翰奈斯比特所说的：经济的发展和生活的富裕将使人们需要借助艺术来重新审视生活的意义，而这一步将从学校开始。未来的教育者将在改革中培养受教育者的文化审美素质，提升其精神生活层次，同时教授受教育者缓解巨大社会压力、调整好个人心态的技术手段。

（三）传统文化及其价值观对当代教育的其他影响

1.传统文化中重视道德、强调群体意识对教育主体价值观的影响

中国具有悠久的重视道德教育的传统。儒家学派尤其重视道德教育，其创始人孔子，主张"克己""内省"，在自己的教育理念中，将德育教育作为教育学生的核心。另一部儒家著作《大学》里也提到"心正而后身修，身修而后家齐，家齐而后国治"，将修身也就是个人道德修养放在第一位，道德教育成为古代中国教育的本质。

当今社会，我们面临着物质文明高度发达，精神文明却停滞不前的困扰。一些不良社会现象，如道德滑坡、拜金主义思想泛滥、网络暴力成灾等屡屡出现，社会道德教育依然需要普及和加强。

同时，我们也应该看到，传统的道德教育理论，本质上是一种强调"伦理"的教育价值取向。伦理型教育的弊端就是，整个教育活动都被纳入道德教育模式，在人们的意识中，人类的一切思想和行为必须要在道德伦理准许的范围内，伦理成为衡量一切人和社会活动的标尺。实际生活中，人的思想和行为是多元化的，以伦理为评价原则的方式，实际上是将人的活动和思维固定在了简单单一的框架里。因此，古代这种传统道德教育理论，束缚了人的思维，特别是人的创造力受到了严重阻碍，使得人们更愿意循规蹈矩，不再对世界进行探索和创造，对主体的全面发展造成负面影响。

不同于西方的个人主义，中国社会自古以来就强调"群体意识"的价值。儒家文化从一开始就强调教育是为国家、社会的发展服务的。个体教育的目的，是用统一的道德规范约束社会成员的一切行为，将个体塑造成群体中稳定和谐的一部分，个体和群体始终是一个统一的整体，不允许个体的"出挑"，以便于统治者更好地管理。很显然，片面强调群体意识，忽视个体的发展有利也有弊。一方

面，能够使个体更容易融入社会群体，有良好的社会责任感和凝聚力，有利于培养其爱国主义精神；另一方面，儒家伦理道德压抑了个体个性的自由发展，造成被动型、服从性人格，不利于个体自我潜力的发挥，影响其创造性进而影响整个社会的进步。从这一点上说，过分强调群体意识、忽视个体独立意志和进取的精神，和我们今天培养创新型人才的理念是极度不相符的。

2. 家族化的价值取向对当代学生观和尊师观的影响

早在西周时，"孝"就作为一个伦理观念被正是提出。后来的儒家学派，更是将孝悌作为伦理道德的中心，宣扬家族化的孝治，将孝道进一步政治化。这是一种建立在血缘关系上的，后辈对前辈、下级对上级的绝对崇敬和服从模式。

家族化的价值取向，使得"服从"上级的观念融入一代代中国人的血液里。如今，反映到教育上，衡量一个学生的好坏，是否"顺从""听话"成为主要标志。尊师重教向来是我国学校道德教育比较成功的一面，与此同时，我们也不难发现，学生的"尊师"是受儒家影响有明显血缘和等级色彩的。例如，学生一般只尊重自己的老师，不太尊重他人的老师，尊师是有条件的、狭隘的，带有家族化的"孝道"中的报恩色彩，"一日为师，终身为父"的思想就是很好的说明。因此，在中国有一个很奇怪的现象，教师在学生面前地位高，在整个社会中地位却不高。

此外，尊师带有浓重的等级色彩，在现实中的表现就是，教师的社会地位和其所任职的岗位有很大关系。例如，国内向来有大学老师受尊重，中学老师受优待，小学老师被轻视，幼儿园老师受漠视，这样呈梯度的等级化尊师现象存在。

3. 功名化的价值取向与现代教育价值观和教育质量观

在我国两千多年的封建历史中，"官本位"思想一直是社会主流文化取向，以官为本、以官为贵、以官为尊的价值取向至今仍然有着广阔的群众基础。反映到我国教育观上，出现了将教育功利化，如"片面追求升学率""学而优则仕"等诸多不好的思想。

儒家学派的教育理念中，将人、社会、国家三者串联成一个整体。人受教育的终极目标，就是要"治国平天下"，同时这也是人实现自我价值唯一的方式。这种将个人利益和国家政治需求结合起来的社会价值理念，使读书做官构成社会统一的主要价值取向。从选拔人才的方式上，科举制度的盛行也使通过读书做官改变个人命运、实现个人理想成为了可能。封建社会的各个时期，也确实有大批有真才实学的人通过科举考试被选拔为官，如苏轼、文天祥、李鸿章等人，科举人才为国家民族的发展作出贡献，对管理国家起到了积极作用。通过"公平竞争"的方式选拔人才，至今依然是值得借鉴的。在官本位思想盛行的封建社会，科举制度慢慢走向了极端，通过科举考试做官发财，成了不少学子一生唯一的追求，甚至很多人将毕生精力浪费在了四书五经、八股文之中。功名化的价值取向，使学子将自己的一生投入考试，严重阻碍了其他科学的发展，直到今天，我国的教育制度，特别是考试制度，也深受其影响。

今天，社会中依然盛行着以是否培养出了"官""状元"，来评判一个学校的教学质量。我国选拔优秀人才的高考制度，从一定意义上说与古代科举制度内涵上相似。虽然较科举制度有很多先进之处，依然逃不开"一考定终身""千军万马过独木桥"。高考制度下的教育观，必然会给实际教学工作带来偏差。

中学生都是十几岁的少年，有着独特的心理特点，既开始有自己的思维又因为思想还不成熟容易冲动，有着强烈的叛逆心理。在目前的教育环境中，学校教育依然强调的是知识的学习，成绩是衡量一个学生是否优秀的重要标准。从而忽略了对学生在德育、美育等方面的培养。学校教育中，很少会有人文方面的教导，如教导学生如何认识自己，正确处于与他人的关系，如何认识个人与社会的关系，导致出现了类似问题少年、校园暴力等事件，违背了我国优秀传统文化中"以人为本"的教育初衷。

4. 权威化价值取向对当代教学思想和师生关系的影响

在尊师重教的传统影响下，崇尚权威一直存在于我国社会生活的方方面面。在古代最大的权威就是皇权，等级森严的皇权制度，要求臣子见到皇帝要"三跪九叩"，甚至被随意处死还要"谢主隆恩"，皇权制度下人治大于法治，群众养成了臣民服从、崇尚权威的社会心理。

古代社会，教师的角色更像是一种封建"礼"和"道"的代表，人们对于礼和道德推崇之下，教师就是绝对的权威。孔子曾提出"一以贯之"的整理思维模式，指用一种思想或理论贯穿事情的始末。这样的思维模式体现在教育中，就是封建社会对权威的绝对服从。当时的社会文化生活中，人们喜欢根据名人的著作"引经据典"，一家之说因为社会崇尚权威的心理，变成了绝对的真理。权威化价值取向下，虽然有些教育也强调"三人行必有我师""弟子不必不如师"，但是以教师为中心，教师的权威性不容挑战，依然占据着当时社会的主流地位。教学过程中，学生即便有对老师教授的知识有不同的观点和看法，也不敢轻易反驳老师，提出自己的新观点。这就是所谓的"师道尊严"。这种权威性的价值取向下，教育缺乏民主性、科学性，教师只是知识的传授者，并不是教育的引导者；学生的主体性和创造性被压制，"师道尊严"严重阻碍了人的探索和创新精神。

受传统教育思维模式的影响，长期以来，我国教育长期以来存在着不少弊端，如教学内容单一、知识结构狭窄、人文科学与自然科学严重分离等；在教育教学方法上也缺乏创新性，教育往往是教师讲学生听的填鸭式灌输式教育；教学过程中缺少师生间的互动，问题的答案唯一，学生按部就班，缺少思辨；教育的目的上，往往以考试升学为最终培养目标。这种教育模式往往会将受教育者培养成"千人一面"。

随着教育理念的不断创新与发展，不少教育工作者已经接受了民主教育思想。但是实际教学中，特别是中小学教学，教师的权威性在短时间内依然难以被破除，因此无论是组织教学还是班级管理上，教师都习惯于按照自己的认知做事，缺少与学生在平等基础上的协商讨论。

此外，在教材、教学大纲的设计、考试答案的唯一性上，无一不体现了我国教师权威化的心理。

三、传统文化在当代大学教育中发挥的作用

（一）传统文化促进当代大学教育民族化的发展

大学教育的国际化和民族化是现代大学教育的两个维度，是 21 世纪大学教育发展的必然趋势。大学教育在现代化进程中不可能在封闭的状态下进行，只有不断加强国际交流与合作，吸收和借鉴国际高等教育的先进理念、办学模式、教育技术等先进成果，才能更好地融入世界高等教育发展的潮流。大学教育国际化的最终目的是培养既有民族精神又具国际视野的高素质人才，为本国的发展服务。我们想要提高大学在国际上的排名，不仅需要学习和借鉴世界其他发达国家的教育教学，同时还需要结合我国大学教育现状，坚持以我国教育模式为主、他国教育经验为我所用的原则，杜绝完全照搬照抄别人的教育模式和理论。

大学教育，不应该是全盘接受西方的教育经验，而是要扎根于我国自己的传统文化情境。我国优秀的传统文化孕育出了特有的民族精神，形成了与众不同的民族心理和民族文化，它们共同构成了我国教育现代的基和大学教育国际化的根源。

中国的大学教育起步比较晚，大学办学理念和制度基本上都是借鉴西方。尽管如此，从 20 世纪初开始，中国大学就以中国优秀的传统文化积淀为基础，吸收西方大学精神为我所用。例如，北京大学提倡的"兼容并包，思想自由"，清华大学"自强不息，厚德载物"的精神，南开大学提出的"允公允能"，无一不体现出中国传统文化的思想精髓。

如今，教育要实现民族化的提出，就是要在本国原有文化教育传统的基础上，吸收外来先进的教育思想并且要将之与本国的教育实际融会贯通，进而实现本国教育的创新发展。正视和尊重我国悠悠五千年的历史、植根于中华民族优秀的传统文化，是实现教育民族化的前提条件。大学是民族精神和民族文化聚集传播的主要场所，因此，更要担起传承、创造和发展优秀传统文化的重任，增强民族认同感、民族自信心和民族凝聚力。源远流长、博大精深的中国传统文化，是我们走向现代化所凭借的深厚的文化底蕴。传统文化中有许多让西方人都叹为观止的智慧。面对西方主流文化的冲击，大学教育应当充分利用中国传统文化研究中的优势，对传统文化进行辨析与重构，使之转化为当今社会所需要的文化资源。现在全国许多小学都开设了传统经典诵读课程，对我国大学通识教育是一个很好的启示。我们应该把反映古今中外文化的课程作为大学通识课程，把中国历史、中国哲学史等人文课程以及《论语》《道德经》《大学》《孟子》等传统文化经典读本，作为大学通识教育的核心。大学生是文化创新的主体，因此，要始终将传承优秀传统文化的理念放在首要位置，贯穿到教育教学中，提高大学生的文化素养，增强他们对本民族优秀文化的认同感，才能达到文化创新的目的。

将传统文化作为大学教育的重要教学目标，最终是为了使国民具有本民族文化自觉意识，这也是实现教育民族化的根本途径。传统文化是中华民族的特色象征，"民族的才是世界的"，它也是中国增强文化吸引力，提高综合国力的根本。如今，随着我国经济实力的提升，文化影响力越来越强，许多外国人开始学习汉语，学习中国的中医、太极拳等传统文化。我们应该趁此东风，将这份宝贵的文化遗产发扬光大，让世界更多地了解中国。因此，把中国大学办成具有民族文化特色的学校，促进中国文化的繁荣，将我们的文化教育理念传播到世界其他院校，是今天大学教育不可推卸的责任。

以中华优秀传统文化为傲，扎根民族文化，挖掘更深层次的传统文化中的教育思想，同时吸收世界其他民族优秀文明成果，将两者结合起来并达到符合中国实际和世界发展需要的目的，才能走出一条既具有国际化又充分体现民族化的中国现代大学教育之路。

（二）传统文化有助于重塑中国大学精神

所谓大学精神，是指大学自身在发展过程中形成的，稳定而独特的精神形式的文明成果。它往往有着深厚的历史沉淀，凝聚了整个时代的科学精神，体现了人类社会文明的高级形式。中国古代就有"大学之道"的精神，现代大学制度虽然借鉴于西方，大学精神却时代与环境的产物，与我国古代高等教育之间存在着紧密的联系，是我国古代大学教育的传承和发展。建设大学精神不仅是高等教育自身发展的需要，同时也是社会进步的需要。在大学精神日渐式微的今天，中国传统的教育思想有许多值得借鉴之处，对重塑大学教育中的创造精神、批判精神和社会关怀精神，具有极强的借鉴意义。

1. 自由精神

大学之所以区别于其他教育场所，在于它是一个塑造灵魂和骨气的地方。而自由的精神，就是大学的灵魂和骨气。自由是大学学术研究的必备品质，它需要的是专家学者们独立的思考、自由的思想，这就要求大学需要拥有宽松的学术环境和氛围。早在春秋战国时期，就有"百家争鸣"，指引当时的有识之士积极思考宇宙本源、人性的真善美。这一时期，诸子百家学说开创了"学术自由"的先河，也是中国精神文化发展最为迅猛的时期之一。作为百家争鸣重要学术场所的"稷下学宫"，更是创造了一个中国古代高等教育的典范。"稷下学宫"鼓励学术自由，接纳不同的学术思想，鼓励自由游学和听讲。其先进的教育方式，直到今天依然不过时，值得在大学教育中借鉴。类似的教育场所，还有唐宋时期的"书院"，它继承了春秋战国"百家争鸣"时期鼓励学术自由的优良传统，允许学生自由讲学、自由听讲，鼓励不同学派之间各抒己见，通过辩论碰撞出新的思想。书院的盛行，体现了中国古代教育的高度发展，它提倡的自由与兼容并包的精神，是我国教育史上宝贵的财富。另外书院还提倡主动研究精神，鼓励师生互动，鼓励教师采取启发性的教学方法，这些都被后世所借鉴运用到我们的大学教育之中。

我们总是钦羡学术自由是西方大学的独创，在中国传统文化里找不到学术自由的种子。殊不知我们在一味模仿外人的时候，却把自己传统中留下来的宝贝当成垃圾。大学是人类教育至高的场所，它存在的意义是为了不断追求真理、探究更深更新的学问，如果没有了自由与包容的精神，真理就失去了存在的土壤，大学也就成为社会的附庸，失去了作为人类"灵魂"引路者的价值。创新和发展需要从传统文化中汲取养料，补充动力。没有对传统文化的深刻感知与反省，继承与创新就是无源之水、无本之木。中国现代大学精神所需要的"自由、包容"的精神，有必要并可以从中国传统文化中寻找它的源头活水。

2. 独立精神

独立精神是与自由精神联系密切而又有着不同内涵的一个范畴，独立精神同样是大学独有的气质和特征之一，是一所大学的灵魂。大学是无条件追求真理的地方，如果没有独立精神，就不可能实现学术自由，更不用说追求真理。学术科研在本质上必然是独立的，追求科研的自由独立也是现代教育区别于传统教育的首要特征。学术研究有着神圣的使命，同时也有自己特殊的领域和范围，每一门学术研究都有它独特的大经大法，是不允许别人侵犯的。一些学术大家，终其一生奉献心血，捍卫着学术的自由和尊严。自大学产生以来，就一直保持着独立精神这种可贵的气质，才使它独立于世俗之外，保持着人类精神的"象牙塔"之神圣地位。稍稍了解大学的发展历程，我们就不难看出，正是大学的独立精神才有了剑桥、哈佛、耶鲁等一批著名大学的产生。独立精神是西方大学独特的灵魂，我国在大学出现之初，就将独立精神视为现代大学应有的特征，并鼓励学术研究的独立。如果大学不能坚持独立的学术精神，而是人云亦云，附和权威，则和大学的使命是背道而驰的。

任何伟大的思想都离不开孕育它、产生它的文化母体。有人说中国传统文化讲究的是"三纲""五常"，提倡的是"忠、孝、礼、义、廉"，强调"君君、臣臣、父父、子子"的人伦秩序，所以觉得中国的历史就是一部忠君的封建史，但是更应看到千千万万仁人志士在漫漫的历史长河中为争取独立、追寻自我所进行的反封建反压迫的探求与抗争。从井田制诞生的那一天起历史就已经开始了对中国人独立品质的塑造。中国文化人也开始了对漫漫而修远的人生长路进行求索，士阶层也不断地在道德的条框下尝试着人格精神的自我超越。传统的"士"的精神有着丰富的内涵。传统知识分子追求高尚的人格境界，"富贵不能淫，贫贱不能移，威武不能屈""三军可夺帅也，匹夫不可夺志也""士可杀，不可辱"等思想中都蕴涵着珍贵的人格独立精神。以守持传统文化精神为职志的陈寅恪、王国维等老一辈大师们已经为我们树立"独立之精神、自由之思想"的楷模。在中国教育史上，以孔子为代表的古代的私学就反映了一种独立办学的精神。书院更是很好地继承了这种独立精神。书院的独立办学主要表现在自筹经费、自主招生、自主管理、自设课程等方面。我们的现代大学要继承这种独立的精神，在面对外界纷扰时要保持独立思考、独立判断；在招生、课程设置、学校章程的制定等方面能够保持独立性。中国现代大学教育离不开传统文化做基石，传统文化滋养着现代大学更好地发展。

3. 人文精神

有人形容科学精神与人文精神如同"车之两轮""鸟之两翼"，乃大学精神不可或缺的组成部分。然而，在功利主义与实用主义日益膨胀的今天，我国大学的人文精神几乎处于被摒弃的状态。大学人文精神的日渐没落，意味着大学生精神生活的迷失和大学教育的乏力。顾明远先生指出，高等教育办学的思想各国虽有不同，但因为时代的要求，逐渐趋同。这就是科学精神和人文精神的结合。新中国成立之后，我国处于百废待兴的阶段，为了适应社会需要大学院系经过调整偏重于科学教育，而忽视了人文教育。因此，在构建现代大学精神的过程中，我们要纠正历史遗留的缺憾，加强大学人文精神的建设。

大学人文教育的重要意义表现在，它是大学教育成功与否的重要标志。人文教育的重要性，我国古人早在西周时期，就已经懂得用人文来教化天下。例如，《易经·贲·象》中有"刚柔交错，天文也，文明以止，人文也。观乎天文以察时变，观乎人文以化成天下"。到了春秋时期，儒家学派提出"仁爱"的思想，主张统治者要用仁爱精神教化人民。同时，提出君子的个人修养，应该具有仁爱的精神，孔子曾说"己所不欲，勿施于人"；孟子也主张"富贵不能淫，贫贱不能移，威武不能屈"；同时代，道家学派提出了"天行健，君子以自强不息"的进取精神，"地势坤，君子以厚德载物"的宽厚精神；等等。中国传统的文化中，将关系到人的修养的人文精神，进行了非常深入且细致的阐述，为我们提供了取之不尽用之不竭的源泉。

今天的大学精神重塑中，一定要重视从传统文化中汲取营养。我们要走向世界，必须知道自己从哪里来，否则就会在茫然中迷失；也必须知道自己要向哪里去，才能将路越走越远。如果不立足于文化传统，一个民族就会失去说话的能力；人文精神的缺失，也会阻碍其他领域的发展。因此，现代大学应该重视人文精神，认同民族传统文化，充分挖掘和弘扬传统文化中的人文精神，在这片沃土中寻找现代大学精神建设的力量源泉。

（三）传统文化给素质教育提供重要素材

素质教育的提倡由来已久，对学生素质教育的培养不是凭空产生的，我国优秀的传统文化为素质教育提供了丰富的素材。特别是在思想、文化、艺术领域的一些优秀的作品和成果，例如，传统文化中为人处世的道德观、思维方式、行为规范，各个历史时期优秀的诗歌、散文等文学作品，优秀的艺术创作等给我们今天的德育、美育等素质教育，提供了丰富而优质的内容。

我国学校素质教育中，目前主要以思想品德教育和文化素质教育为主。思想品德教育以培养学生的个人道德、品格为目标，也是一种爱国主义教育；文化素质教育，主要是为提高学生的文学艺术修养，通过学习，使他们能够认识自我，正确处理自己同外界的关系；能够热爱生活，发现生活中的美；能够提高自我的修养，如爱国、敬业、崇尚真理、尊重他人、诚实守信、宽容、关爱他人等。大学生的素质教育主要是引导学生汲取传统文化中的优秀文学艺术成果，达到提升个人审美，陶冶情操的目的。古代文艺以独有的美感，陶冶着现代人的情操，对提高大学生文学艺术修养、思维想象能力和审美能力都大有裨益。

自古以来，中华民族都将道德的培养放在教育的首要位置。随着传统文化越来越受重视，道德教育将会被重新提高到应有的位置。而古人一些优秀的道德教育观念也将和现代社会相融合，散发新的生命力，共同促进我国德育教育的发展。

（四）传统文化有助于和谐校园的建立

传统文化崇尚"和"，它是古代人文精神的核心。古代先贤对"和"的思想有许多精辟的论述。例如，孔子强调"礼之用，和为贵"；庄子提出"天地与我共生，而万物与我为一"；《中庸》提出"致中和，天地位焉，万物育焉"。"和"就是指人与人、人与天地万物之间和谐共生。天地万物之间虽然差别，但各得其所，和谐共处，实现一种"太和"的境界。人与人间的和谐，是指人际间虽然有尊卑差别，但要心志相通，为人类共同的理想奋斗。人与天地万物之间的和谐，是指人应该顺应自然法则去行事。和谐精神核心是将个人、社会之间的差别弱化，个体和群体保持平衡，再平衡中寻求进步和发展。

"和"文化贯穿于中华几千年的历史之中，是中华文化底蕴最深厚的部分，也是中华儿女血液里的文化基因。"和"文化是优秀的文化遗产，在它的影响下，中国的文化外交政策一直秉承着"和而不同"的理念，尊重他国文化理念，并且秉承着文化多样性的原则吸收接纳别国优秀文化基因。中国崇尚"和"文化的政策，为自己赢得了良好的国际形象。

新时期，我们党从中国特色社会主义事业总体出发，提出了构建和谐社会的总体目标。作为社会教育体系重要的组成部分，高等院校代表了先进文化的发展方向，肩负着培养综合素质较高的社会主义复合型人才的任务。构建社会主义和谐社会，切不可忽略对高校的和谐校园的建设。"构建和谐校园"对和谐社会的建设有着十分重要的意义。和谐校园的建设好了，就能培养合格的社会主义接班人，进而推动整个社会的和谐。"构建和谐校园"和"构建和谐社会"两者是相辅相成的。

四、当代教育中传统文化对学生群体产生的影响

（一）有助于学生树立正确的人生观、价值观

在中国传统文化教育中，特别重视个人的道德修养，甚至把它放到学习文化知识的前面。传统教育要求人才必须要做到"德才兼备"、做有自我修养的"君子"。技能教育之外，古代教育又开设了科目繁多的德育教育，如礼、乐、射、书等，只为全面培养学生的道德修养和人文品格。而道德修养的提高，最核心的是要树立正确的人生观和价值观。树立高远正确的人生观、价值观反过来又能提高个人的道德修养。

在古代中国社会，儒家认为道德，是社会生活最高的理想，也是首要的价值取向。对于个人来说，从出生开始就以提高个人的道德修养为己任，以期达到"君

子"的标准。孔子曾说："仁乎远哉？我欲仁，斯仁至矣！"他认为，道德实现并不难，只要具有想做"君子"的理想。在儒家教化之下，德行构成了文化教育的中心内容。儒家传统的教育，首先教授的不是知识，而是伦理道德教育。孔子认为，道德和人格是人的立身之本，知识是其次。如果没有良好的道德，得到知识也是没有用处的。这种将德育放在首要地位的教育方式，在今天来说也有其借鉴意义。

传统文化融入当代教育，以其丰富的文化内涵，为学生树立正确人生观、价值观指明了方向。我们都知道，树立正确的人生观、价值观不是一蹴而就的事情，需要有坚忍不拔的毅力，需要长期坚持。特别是当个人利益和社会利益发生冲突，必要时还需要牺牲一些个人利益，并非每个人都能做到这一点。只有不断从传统文化中汲取营养，学习其中优秀人物事迹，才能长期坚持下去，最终成为一个高尚的人，一个纯粹的人，一个脱离了低级趣味的人，一个有益于人民的人。

改革开放以来，我国经济形式发生了巨大变化，由计划经济转向市场经济，经济形式的转变也带来了社会文化的重大变革。经济上由之前"贫富均等"，到"贫富差距"不可避免地产生，人的心态发生了变化。社会中出现了一些急功近利的思想，不少人将追求物质利益放到了首位，甚至不惜违背道德。人们不再重视精神需求，而是把主要精力都放到了物质追求上。社会精神一片荒芜，民族传统文化也被丢弃，狭隘的拜金主义、个人主义泛滥。因此，在人类物质文明飞速发展的今天，人文精神的回归显得更加重要。建设社会主义精神文明成为重中之重。

特别是当代大学生，他们是国家未来的栋梁，承担着建设社会的重要任务，更要加强传统文化教育，使他们汲取传统文化中优秀的文化和思想，提高自己的人文素养。培养青年一代特别是大学生良好的人文素质，是提升我国综合国力，尤其是软实力的重要方面。

（二）有助于学生爱国主义精神的培养

爱国主义教育一直是传统文化教育的重要组成部分，爱国主义也是我国的优良传统。中华民族之所以生生不息，不断战胜外族的入侵，跟国人的爱国主义精神是分不开的。新的历史时期，我国外部环境依然很严峻，培养学生的爱国主义精神，是高校教育最基本的要求。

1979 年，我国正式实行改革开放。更多的中国人开始走出去，接触西方社会。同时，国门的打开也使得西方物质精神文明涌入中国。国人怀着好奇的心态，接受西方文化和精神文明。但是，对中国传统文化却越来越排斥，甚至把它当作社会发展的阻力予以摒弃。中国传统文化在改革开放初期，被保护、研究、发展得少之又少。

青年学生肩上担负着建设未来社会，实现社会主义现代化的使命。他们从小学到高中接受各种形式的爱国主义教育，对祖国有着深厚的感情。他们中间大多数人，胸怀祖国，意欲用自己所学为社会主义建设贡献力量。但是，因为传统文化教育的缺失，也有许多大学生对传统文化知识只了解皮毛，并不知其内涵。例如，我们都知道老子和他的《道德经》，也听说过"天人合一"的思想，但真正懂得"天人合一"的深意者寥寥无几，更不用说将圣贤思想和当下社会结合来理解了。加上如今"洋节"的冲击，大学生更热衷于过国外的"圣诞节""万圣节"，忽略了中国的传统节日。

另外，从其他国家经验来看。第二次世界大战之后，一些资本主义国家，如法国、日本等，也曾出现过对本国文化的全盘否定的思潮。造成的后果就是，一部分青年，没有本国传统文化的熏陶，会产生对过去社会历史的幻灭感，对未来国家、社会的前途感到非常迷茫。一直被奉在神坛的"民族精神""家国情怀"逐渐幻灭，失去了精神支柱的地位。青年没有了精神支柱和社会追求，转而将精力放到追求个人欲望的满足中，越来越多的人热衷于追求"个人自由"，导致一些不良社会现象成为常态，整个社会被悲观和虚无主义所包围。国外的教训告诫我们，想要社会稳定发展，加强对学生的传统文化教育，培养学的爱国主义精神和奉献社会的精神是非常重要的。

通过教授传统文化培养学生的社会责任感，高校教育的重点应该放在为学生提供学习的平台和途径上，使学生能深入了解传统文化内涵，更加了解祖国，树立民族自信心和自豪感。

（三）有助于拓宽学生的学习视野

学生处于求知欲最旺盛的年龄阶段，他们渴望学到新知识，渴望接受新观点、新思维，渴望用精神食粮武装自己的头脑。学校作为他们接受教育的主要场所，理应为他们提供更多的文化知识和思想理论。如果学校教育不能对他们进行系统化的思想教育，很有可能他们会转而寻找其他途径，一些未经甄别的思想就会乘虚而入，给学生带来不正确的价值观，以至于增加社会的不稳定因素。这方面的教训曾经非常深刻。

因此，要及时地组织学生学习我国优秀的传统文化。传统文化源远流长，历经五千年的积淀和发展，并不断创新和进步。它包含了历史、文学、艺术等不同方面的知识，是古代先贤智慧的结晶。学生学习传统文化，有利于拓宽其视野，也会让他们不再囿于自己狭隘的思维，打开思路，自发和主动地辨别是非好坏，联系古今，立足于当下，求实创新不断进取。

我国教育的模式下，学校是学生接受教育的主要场所。因此，学校担负的责任重大。关注人和人本身的精神需求，帮助和引导学生树立正确的人生价值观，是学校教育的重要工作之一。与此同时，学校的责任还在于培养新时期符合时代发展的人才，首先要教学生学会做人，德才兼备的人才才是我们真正需要的人才。想要做到这些，学校教育的内容选择是非常关键的，我们要借鉴传统文化的教育内容和形式，结合新时代教育的新特点，这对当代学的教育具有非常重要的现实意义。

第二节　高等教育中传统文化教育存在的问题和原因

一、高等教育中传统文化教育存在的问题

几千年来，中国优秀传统文化已经作为文化血液，流淌在中华儿女的体内，并成为我们的精神力量。大学生作为社会上受教育程度较高的群体，理应站在时代的、民族的、历史的高度来继承和发扬中国优秀传统文化。然而在实践中，我国高等院校中国优秀传统文化教育还存在着诸多问题。

（一）高等院校中优秀传统文化教育落实不到位

我国高等院校中国优秀传统文化教育效果不尽人意的问题，突出表现在意识和实践两个方面。

1.缺乏对中国优秀传统文化教育的重视

在高等院校中国优秀传统文化教育中，基本都存在着不被领导重视的问题。在普遍观念中，还存在着传统文化是封建社会的产物，糟粕太多，必须摒弃。有这种认识的领导，根本就不可能将传统文化纳入教育计划，也不会将传统文化提到应有的高度进行建设。还有的高等院校领导认为，传统文化习俗在节日文化中已经体现，搞搞活动就可以了。这种应付心理，也很难把高等院校传统文化教育落到实处。也有的高等院校领导比较重视优秀传统文化教育，也曾积极创设了一些特色鲜明的教育基地，但是存在着基地建设等同于优秀传统文化教育的误区，觉得"挂上牌子"就万事大吉了。这种只做表面文章、只搞面子工程的行为，也

不可能从根本上对大学生进行深入的、系统的、常态化的、创新性的优秀传统文化教育。

"师者，所以传道受业解惑也"，高等院校教师不仅承担着对学生知识的传授和专业技能的培养的工作，也承担着文化的传承工作。高等院校教师首先应该对学生进行人生观、世界观和价值观的培养。高等院校教师应通过以身作则的示范引领，在潜移默化中影响并指导大学生树立起高尚的思想道德品质和良好的规范行为。然而在高等院校，普遍存在着教师不重视优秀传统文化教育的现象。一是在现实生活中，人们更多地关注专业知识和技能的掌握，虽然高等院校教师越来越意识到大学生存在的思想和心理问题，但是教育教学中依然存在着方法简单、深入程度不到位的问题。二是一些教师认为，传统文化课程领导都不重视，教育资金也不能及时到位，自己没必要操太多的心。三是不少讲授该类课程的教师觉得，这类课程太费工夫，且不能给自己的职称"贴金"。有这种态度的教师，怎么会对传统文化进行深入的研究？怎么能将优秀传统文化的精妙之处，旁征博引、生动形象地讲授呢？四是社会上还存在着"传统文化只要读，就能明白，不需要老师讲解"的误区。这类粗浅的认识，也降低了教师开展优秀传统文化教育教学的热情。

2. 传统文化教育机制不健全

在高等院校中国优秀传统文化的教学实践方面，其问题主要表现在教育内容、课程设置、教育方式等方面。

（1）教育内容缺乏系统性和整体性

通过课堂主渠道来学习中国优秀传统文化，是目前最常见最有效的学习途径。但是也应该看到存在的不足。一方面，高等院校中国传统文化教育各学科各自为政，没有形成健全的学科体系。另一方面，又缺乏系统的专业教材，教学内容不连贯不系统，存在随机和碎片化的问题。比如，有些教师在讲授传统文化时，自己编写讲稿，对经典原著进行改编，而忽视了让学生直接阅读经典原著，因此导致传统文化教育内容偏离优秀传统文化的基本精神。

（2）课程设置不合理

目前，各高等院校优秀传统文化教育的课程设置以选修课为主，且不同课程之间缺乏统筹安排，各自为政现象严重。不少课程内外无法衔接，存在课程门类孤立化的现象，教学效果大打折扣，难以达到预期目标。此外，由于师资力量欠缺，课程体系的编排缺乏统一的技术规范和具体的技术支撑，所编写的教材视域不宽、不广、不深，精品课程很难形成。

（3）教育方式比较单一

一提起传统文化，人们的脑海里很容易就呈现出摇头晃脑、文弱穷酸、满口"之乎者也"的老夫子形象。现在不少学校依然存在着教师口若悬河讲、学生心不在焉听的乏味授课模式，学生厌学逃课也就不难理解了。有的高等院校在入学教育时进行《三字经》《弟子规》等内容的学习，开展诵读名言警句、知识竞赛等活动，可好多学生在考试之后就把这些东西搁一边、忘光了，根本不能够举一反三、融会贯通地落实到日常生活中。学生听、说、读、写、悟、展、演、行是有机统一的整体，如果缺少了对传统文化知识"行"的环节，学生的学习就会变得机械被动，鹦鹉学舌似地读上一万遍，也不能变成自己的真才实学。不少大学生被背诵多少万字吓到了，根本不愿意迈入优秀传统文化学习之门，更别说享受其中真正的精妙和乐趣了。

现在高等院校在教授传统文化时，教育方式上存在着只注重讲解，不注重诵读的问题。实际上，诵读在学习传统文化时是行之有效的办法，它是几千年就一直流传的，被反复实践和证明的行之有效的学习方法。经典名篇非常适合诵读，现在的大学生传统文化教育中普遍轻视经典诵读，这种诵读严重不足的问题，亟须加以改变。

（二）大学生对优秀传统文化知之甚少

现在的很多大学生对中国优秀传统文化知识缺乏整体认识，并且对传统文化的兴趣较低。大多数学生认为传统文化类的书籍和知识在网上一查就有，没必要死记硬背；做作业或写论文所需要的史料书籍，在需要的时候再去图书馆查询借阅也不晚；即使买传统文化之类的书，也大多不是原版经典，而是风趣幽默的"戏说"。

一些大学生虽然读了一些传统文化的书籍，但只是死记硬背，根本不理解其中的内涵，学生们耳熟能详的多是对精神世界指导不多的知识碎片，对其内容缺乏系统的感悟和学习，对经典里的深刻思想领会不全面。好多所谓的"神童"只是将优秀传统文化经典背下来，既缺乏独立思考精神，也缺乏辩证思想意识和创新思维能力。

二、高等院校中国优秀传统文化教育存在问题的原因

（一）学校层面

党的十八大以来，高等院校中国优秀传统文化课程进校园工作已经全面铺开，取得了不小的成绩，但是在教学目的、教学内容、教学评价、教学过程等方面还存在许多问题，暴露出高等院校对该课程建设重视不足的问题。

从教学目的角度来看，中国优秀传统文化课程在高等院校阶段的开设是让大学生了解和培养文化的自信心和自豪感。本科阶段中国传统优秀文化的课堂教学，一方面从内容方面要了解传统文化的基本知识，另一方面还要对其内容、应用以及大学生的思想现状进行深入的研究。现在一些高等院校对优秀传统文化教育不够重视，没有看到它对大学生思想道德教育所起到的作用，特别是没有看到优秀传统文化教育对高校思想政治教育的重要价值。许多高校即便开设此门课程，也只是简单地作为一门普通课程讲授，并未挖掘其深层的教育价值。目前高等院校

在设置学科时，依然将重点放在出成果快、学生就业率高、社会急需的学科上。为了提高本校学生就业率，高校更注重对学生专业素质的培养，学科设置上也倾向于更容易就业的专业，从而忽视了对大学生人文精神和思想素质的培养。中国传统优秀文化是人文素质教育，在短期内并不能帮助高校提高就业率，起不到最直接的作用。因此，一些高校，特别是理工类院校严重地重理轻文，理工类院校将教学的重点放到了人才专业素质培养上，在学科建设中也以培养技术型人才的学科为主。高校忽视对人文类学科的建设，这是一个历史性的现象，在短期内很难得到改变。有些高校已经开始意识到人文教育的重要性并作出了改变，但是效果并不理想。

从教学内容的角度看，中国优秀传统文化内容包罗万象，思想博大精深。几千年的文明成果流传下来的文化内容繁多，究竟从哪些内容入手，哪些内容更适合教学，怎么讲授，是一个值得研究的大问题。从现有情况来看，现有高等院校的教学内容随意性大，可选择的内容、角度、种类大多不尽人意。目前，高等院校优秀传统文化教育没有从思想的角度对中国传统文化的地理文化背景、儒释道、诸子百家进行总结和归纳，找出其基本思想；没有从物质文化角度入手，对古人衣食住行、琴棋书画等进行研究，找出其基本规律；没有从民俗民风角度入手，对地域风情、人物故事进行编排，找出其基本民风；没有从文化引领角度入手，对人物传记、奇闻轶事进行细编，找出其基本精神；没有从艺术形式角度入手，对工艺制作、产品进行展示等，找出其基本文化内涵……

从教学评价角度来看，鉴于教学目的和教学内容的不统一，优秀传统文化教学评价也受到了影响。目前能结合实际情况进行批判性思维的评价不多，大多以正面的肯定赞美为主。因为还没有批判性思维的权威性评价标准，所以教学评价一致性操作难以进行。优秀传统文化课程教学过程中，如果学术性太强、太严肃，学生大多不感兴趣，喜闻乐见的"戏说"虽然可以激发学生的兴趣，可是教学的实效又会大打折扣。

从教学过程角度来看，传统文化课程没有引起足够的重视，教师和学生都将之当作可有可无的一门课程，从课程讲授到课程考核都有应付的嫌疑。再者该学科与其他专业课程不易融合衔接，大学生修完学分之后，往往就束之高阁了。

从教材来看，近年来传统文化受到越来越多的关注，研究传统文化的书籍、教材等如雨后春笋般上市。但是，这些教材的内容，大多围绕着作者的研究方向展开。这就造成了教材缺乏统一的方向，内容方面出现不够深入，教材内容同质化的现象突出。教材的问题，进一步影响了传统文化的教育教学效果。目前，学术界对优秀传统文化教材编写的问题持有不同的看法；教材在编写过程中缺乏统一的指导，理论化程度有待提高；出版过程中，出版单位在言语和逻辑规范方面也不太统一；教材编写的科学化有待提高。

从已有课程内容来看，目前，高等院校传统文化课程中，一方面课程教材相对较少；另一方面教材中体现优秀传统文化的内容也比较单一，内容零零散散，不成系统。这样的现状，导致大学生难以对中国优秀传统文化形成整体的认知。在高校开设的各类专业课中，涉及传统文化的内容寥寥无几；高校的课堂教学中，本应该和传统文化有着紧密联系，但现实情况确实教学中几乎不涉及传统文化。传统文化在课程中的确实，造就了它没有机会将自身优秀的育人功能发挥出来。

（二）教师层面

中国优秀传统文化课程的专业化教师队伍良莠不齐，许多教师所研究专业并非国学，又因没有受到国学的专业培训，自身传统文化知识薄弱。部分教师缺乏传统文化思想融入学生学习和生活的意识。在高等院校的课堂上对大学生进行优秀传统文化教育是每个教育工作者的职责和义务，一些教师认为对大学生进行优秀传统文化教育是高等院校思想政治教育课、党务工作者和辅导员的责任，自己只需要做好本专业的知识授课，从思想上没有认识到优秀传统文化在教学中的意义及其价值。导致在教育实践中，根本没有将优秀传统文化思想融入课堂的意识。一些教师简单地认为对大学生进行中国优秀传统文化教育就是在过传统节日时，向圣贤鞠几个躬、简单地背诵几篇传统文化经典、简单举办几项活动就行了，因此忽略了利用自己课堂教学的阵地适时地对大学生进行中国优秀传统文化教育。高等院校各科教师都要根据自己学科的特点，从历史与现实、继承和发展等多个角度，将中国优秀传统文化的思想融入大学生的学习和生活中，将对大学生进行中国优秀传统文化教育自觉化和常态化。

部分高等院校教师传统文化素养有待提高。一部分教师把全部的精力用于自己的研究领域和自己所学专业，加深教师自己对自己专业的深度和广度的学习和理解是无可厚非的，但他们没有从思想上意识到传统文化的重要性，很少学习这方面的知识，对传统文化底蕴不甚了解。高校教师的传统文化修养有待提高，因此一定要系统化地学习中国传统优秀文化，这不仅是教师自身成长的需要，也是培养全面发展的大学生的需要。有的教师虽然能够在教学中适时地对大学生进行优秀传统文化教育，但在把学科教学融入优秀传统文化教育的过程中，由于教师本身对中国优秀传统文化内容的思想和方法理解得不深、不透、不精，因此对大学生开展的优秀传统文化教育不能入情、入理、入脑、入心，难以收到应有的效果。

（三）学生层面

从学生层面分析，高校传统文化教育存在的问题，主要有以下几方面：一是大学生对优秀传统文化的意义认识不足，二是大学生缺乏远大理想信念的支撑，三是大学生缺乏优秀传统文化社会实践的积极性。

1. 学生对优秀传统文化的意义认识不足

日益普及的高等教育已经将整个社会的受教育的水平提高到了相当高的水平。残酷的市场经济使得人才竞争更加白热化，高学历与高就业、高能力和高收入已不再画等号，只有那些拥有一技之长者、具有真才实学者才能立足社会，得到长远发展。好岗位僧多粥少、择优录用的就业压力，让经过高考激烈竞争暂时脱颖而出的大学生们，从踏进大学校门的那一天起，就有把专业学习放在第一位的意识，"学好数理化、走遍天下都不怕"依然是大学生普遍的认知。每年用人单位到大学招聘，专业成绩名列前茅者享有优先录用权。所以，在现实利益的驱动下，效果不能立竿见影的中国优秀传统文化学习，被大部分大学生当作可有可无的选修，而把提高技能当成努力学习的首要目标。许多大学生认为，传统文化知识的学习耗费时间太多，是油腔滑调"耍嘴皮子"的虚项，不是真刀实枪的看家本事，对将来就业和职场晋升帮助不大。三十而立、四十不惑、五十知天命的传统文化学习，滞后于人生发展速度，需要每天下苦功夫积累，几年、几十年甚至穷其一生也难有建树，更别说出成果了。他们觉得快节奏、高效率的"速成"是时代标志，专业技术学习相对较为直接、实用，能立竿见影。还有不少人觉得学习优秀传统文化是从政者的事儿，自己对从政没兴趣，所以没有必要学习。

2. 学生缺乏远大的理想信念的支撑

人民有信仰，民族有希望，国家有力量，理想信念是一个民族和一个国家的精神支柱和灵魂，而理想信念的根就是中华民族的文化。个别大学生在生活中没有较高的理想和信念，对国家和社会的未来不太关注，因此产生了生活没有信心、学习没有动力、精神没有支柱的情况。在这种情况下，他们的行为也开始出现偏差，有的大学生为评优选模不惜弄虚作假，为当选学生会干部不择手段，考试作弊成风，上课不爱听课，玩手机、游戏成瘾，平时表现自由散漫、不求上进等，普遍存在着大学生文明素养欠缺、社会责任感淡薄、道德水平低下等问题。出现这些问题的主要根源是大学生缺少理想和信念的支撑，而理想信念之根需要中国优秀传统文化之水来浇灌。

3. 学生缺乏优秀传统文化社会实践的积极性

一些大学生对优秀传统文化价值的衡量多从功利性角度来考虑，认为学习传统文化太"虚"。还有一部分学生，反对增设中秋节等传统节日休假，因为这样会缩短其他假期时间，他们认为把自己玩的时间缩短了就是不对的。大学生对优秀传统文化的认同是在利益的驱使下考量的，因此，大学生的优秀传统文化社会实践行为就经受不住考验，功利性思想较为显著，对传统优秀文化没有产生归属感。造成了大学生对传统文化实践没有积极性，一些大学生不愿意参加中国的传统节日的活动，忽略了中华传统节日当中所蕴含的文化意义，反而开始崇尚西方节日，他们在各种西方节日中投入了更多的热情。总体来说，当代大学生对传统文化节日的认同度不高，更不要说以实际行动来庆祝、宣扬传统节日。

（四）社会环境层面

社会教育是学校教育的有效补充，社会环境直接影响到大学生正确价值的判断，良好的社会环境为个体正确健康的价值观和信仰提供了可能，相反，不好的社会环境也极大地影响着当代大学生信仰的选择内容与活动方式。大学生不可能生活在纯粹的世界里，他们生活在多元化的世界环境当中。在当今社会中，多种经济形式并存、多元化经济利益主体共存、多元化思想政治利益共生，必然对大学生的信念和思想行为带来挑战。

1. 市场经济的影响

随着我国社会主义市场经济体制的不断完善和改革开放的不断深入，人民的生活水平得到了极大的提高，社会财富不断增加。但是我们应该看到：市场经济在提高人们物质生活水平的同时，不可避免地给社会精神带来负面影响。例如，做事时功利思想严重，拜金主义泛滥，许多大学生注重物质享受，把家庭的经济条件作为找对象的首要标准。在社会生活中，一些书院将优秀传统文化教育当作敛财、谋取个人利益的手段；有些传统文化夏令营、冬令营收费高得离谱，一些所谓名人的传统文化报告出场费极高，忽视了中国优秀传统文化的育人功能；部分影视作品形式上以传统文化为主题，实际内容却是挂羊头卖狗肉，为了吸引观众、提高收视率，刻意夸大故事情节，用现代价值观歪曲历史事实。这些传统文化被扭曲的现象，误导了大学生对传统文化的认识。

2. 西方多元文化的影响

西方国家多元思想文化形态对大学生群体造成了很大的冲击。经济的全球化将世界各国的距离拉近，各国间文化交流更加频繁，不同的文化互相影响交融，文化呈现出多元化发展趋势。在这种形势下，在大学生群体中实施中国优秀传统文化教育是有一定难度的。以金钱和权利为核心的西方价值观念在一定范围内存在，为了所谓的"成功"，有的大学生采取"坑蒙拐骗"的手段，追求享乐。西方多元文化大量杂乱信息的介入也会对大学生选择信息造成影响，大量劣性信息进入他们的视听，如果警惕性不强，大学生的心灵就极易遭受污染。

3. 移动互联网的影响

网络文化在丰富中国优秀传统文化内涵的同时，必然会冲击大学生的精神信仰，对他们的道德理想以及情感和认知等也产生不小的影响。网络文化和传统文化是互相促进和统一的关系，传统文化受网络文化冲击的同时，也在某种程度上促进了自身的传播与发展。虽然传统文化主要是古代的思想，网络文化代表着现在先进流行的思想，实际上两者并非矛盾对立，而是可以互相促进的。传统文化可以为网络文化提供知识素材，网络文化则可以帮助传播传统文化，网络渠道的便捷性为传统文化提供了更为广阔的传播空间。

从上网目的上看，一些大学生上网是出于娱乐和社交的需要，有些大学生上网是为了学习和了解时事，有的大学生上网是为了网络购物，还有一大部分人上网是为了玩游戏。从渠道方面看，大部分学生了解传统文化是通过网络、影视作品、书籍等途径，只有小部分学生是通过学校教育学习传统文化。我们不得不承认，当今时代，网络对文化的传播起着重要作用。中国优秀传统文化也要找到适合自身特点的网络传播手段。

部分网络信息、网络游戏内容充斥着不健康的价值观，如功利主义、暴力倾向、享乐主义思想等，这些不良价值观冲击着原本就脆弱的大学生的精神信仰，击溃他们的理想和道德意志。

有一些广告为了吸引眼球或推销商品，植入含有名利诱惑的场面；有些涉及欺骗性质的推介活动，也会影响或伤害大学生的心灵；还有不少的影视剧作品、以搞笑搞怪取胜的小品等，以思想的腐朽、行为的怪诞、言语的粗俗、服装的裸露、性格的暴戾，严重地污染着大学生的精神世界。

第三节　当代传统文化教育的重要原则

一、坚持正确的思想导向，与现代教育相适应

我国现代教育制度起初借鉴了西方的学制教育。西方教育制度由于本身的局限性，较为重视实用性技术的教育。同时，西方文化本身是一种融合性的文化，使得西方大学在文化教育方面没有选择性。在文化继承上，我国的优势是，我们有自己的传统文化，并且这种传统文化经过社会教育已经深深融入中国人的血液和基因，这与西方文化在根本上是不同的。西方教育思想中，并没有对文化保护和传承的教育，这也是符合他们的文化形式的。但是，我们同时应该看到，独立的文化精神是一个民族强大独立的力量。如果我们一味模仿西方的教育方式，只

重视技术教育不重视文化传承教育，必然丧失掉中华民族特有的民族精神。

中华文明之所以能够延续下来，一方面是通过类似私学教育的私塾教育方式传承；另一方面是通过科举考试，强制国人去学习一些传统文化。但是，这些方法并非是使文化得以延续的最好的办法。真正使文化传承和延续的，是社会大众的一举一动，是将民族文化和精神注入社会群体的精神中，而这却是我们现在教育中所缺少的。

在现代的教育活动中，我们经常有这样的错误观念，认为教育就是对知识的继承。其实，教育并不只是知识的传输，对教育的理解应该将关注点放到精神和思想上。我们国家在实行现代教育体制以来，经常被质疑我们的教育会随着社会的变化而急功近利，这样下去真正包含传统文明和社会精神的一些东西就会被大众忘记。

中国优秀文化中所包含的行为规范、思维方式以及价值体系，不但具有历史性和遗传性，还具有现实性和变异性。它在历史的发展过程中，自身也在不断沉淀、完善，同时又以特有的方式继承和传播。

在当代社会，继承和发扬传统文化最有效最直接的方式就养成教育。从以往的历史发展中我们可以发现，不同的历史阶段虽然有不同的政治思想，但是这种政治思想毫无例外地都已经完全融入特定的社会文化中，并且成为传统文化的一部分。正是这样的养成教育，使社会文化更为丰富多彩，推动了传统文化的发展。中国传统文化教育要融入养成教育的过程中去，在传播的过程中相互促进，共同发展。

二、坚持传承中创新，与时代精神教育相结合

坚持传承，不断创新，是一个民族文化经久不衰的法宝。改革开放和现代化建设新形势下，对大学生的传统文化教育要与时俱进，与时代精神相结合，立足于社

会主义现代化教育模式，同时要继承古代优秀教育传统，将中华传统文化发扬光大。

中国优秀的传统凝聚着中华民族自强不息、不断进取的精神品质，是弥足珍贵的精神财富。传统文化中天人合一、厚德载物、刚健有为、礼治精神都是中华民族弥足珍贵的思想。对大学生进行传统文化教育，要使他们继承这些宝贵的思想遗产。例如，《孟子》对人格的培养，提出"富贵不能淫，贫贱不能移，威武不能屈"；孔子也提倡做人要严于律己，需要"吾日三省吾身"，要有大同精神"四海之内皆兄弟也"。

马克思主义告诉我们，与时俱进、开拓创新是民族进步的灵魂。在文化传承上，需要符合时代的要求，要坚持以创新和发展的理念来进行传统文化教育。时代是不断发展进步的，因此，我们在看到传统文化优秀思想的同时，也要清楚传统文化与时代是有一定的时空差距的。这就是说，传统文化要想在现代社会传承和发展，需要做出一些创新和改变，让它更贴近当代大学生的生活。只有坚持文化创新，处理好传统与现代、继承与发展之间的关系，才能使传统文化内容焕发出新的活力和光彩，才能吸引当代青年大学生主动去学习和运用中国优秀的传统文化。

三、坚持显性教育与隐性教育相结合

教育有隐性教育与显性教育两种不同的外在形式。隐性教育与显性教育虽然是两种不同的教育方式，有着不同的作用方式和效果，但在相同教育目标的统一下，两者也有着内在的联系与统一。它们之间存在相互补充、相互促进、相互融合、相互转化的关系。

第一，相互补充，德育内容：受授予内化的统一。显性教育与隐性教育从教育方式上不存在主从关系，而是服务于相同教育目标，有功能、途径、标的区分的相互取长补短的教育方式。现实德育中，显性教育虽然面临许多困境，但因其系统性、规范性等特点，仍处于主要德育方式的地位。而必须按时按量完成课时的显性教育，于教育对象而言就是德育内容的受授。隐性教育因其独特的育人方式，在新时期受到了更高的关注，地位有所加强，大有取代显性教育之势，但隐性教育毕竟有其效果的不可测性、教育方式的不可操作性，因而只有在显性教育的配合下，才能达到较好的教育效果。在隐性教育中，教育对象身临其境的感悟与体验则是对德育内容的强化与提升的过程。如果说显性教育是知识传授教育的话，那么隐性教育则是知识内化、品德形成与巩固的教育。

第二，相互促进，德育方式作用与反作用的统一。显性教育与隐性教育在认知和非认知领域之间存在相互配合的关系。显性教育形成的理性认知能对隐性教育的情感、意志、无意识等的形成过程具有主导和强化的作用，而非认知心理的积累又能促使教育对象主动参与显性教育的认知理解，从而达到一种良性的互动。在新时期，显性教育与隐性教育的这种促进作用于高校教育具有很大的意义。无意识的情感、意志如果没有显性的提醒和强化将只停留于心灵的最底层，而理性的认知如果没有得到自身的实践或者感受，很难在心理上得到认同，也就是内容只作为一种知识，而没有被内化为潜意识的思想理念，从而外化为具体的行为。

第三，相互融合，德育载体传达与彰显的统一。显性教育与隐性教育在信息传达和彰显的载体方面存在共存。显性教育与隐性教育虽有各自的特点、作用载体、作用方式，但在多数教育载体中往往是内容传达与彰显的融合，是形式的并存。如课堂主要是显性教育的载体，但课堂的设置和教育者的行为则可以是隐性因素；学生生活或工作区设置的艺术建筑物是隐性教育载体，一般也承载着显性教育的文字内容等信息。因此，特征显性与隐性的明显与否在一定程度上成了区分显性教育与隐性教育的手段。在新时期德育的方法创新研究中，这种载体的共存性成了显性教育与隐性教育相结合探索的依据和着力点之一。

第四，相互转化，德育过程目标与思想的统一。在显性教育与隐性教育过程中，存在思想内容相互转化的情形。所谓思想相互转化就是指显性教育内容与隐性教育的思想有相向发展的要求。显性教育的内容要求——也就是显性教育的目标必然成为隐性教育所传达思想品质的指导。很显然，隐性教育与显性教育只是教育方式不同而已，其教育的思想内容和目标要求都来自显性教育的具体规定。而隐性教育所倡导的平等互动、教育环境人文化等情况下表现出来的创新观念、思想趋势也是完善显性教育目标内容的重要活力因素，是显性教育目标内容发展的重要借鉴，这也是对高校德育教育功能的重大完善。

中国优秀传统文化的显性教育可以结合我国教育体制的优势，利用各种公开手段和场所，有计划、有组织、有评估反馈机制、有系统地实施。在实施过程中可以通过一种自上而下的具有规范性计划性的方法进行中国优秀传统文化教育，在课程课时的设置、教学大纲方面可以有国家教育部门统一制定的要求。

中国优秀传统文化的隐性教育可以渗透到大学生的日常生活学习过程中，通过潜移默化的方式对大学生的道德、思想、价值、情感进行影响。这样就可以在宏观思想的主导下，再加上无计划、非正式、间接内隐的学校各种活动和文化，使大学生不知不觉地学到中国优秀传统文化的知识，受到中国优秀传统文化思想精神的影响。

传统文化的隐性教育与显性教育之间存在相互补充、相互促进、相互融合的关系，有着内在的统一性。高校课程教学要充分发挥各类中国优秀传统文化课程的合力，形成以中国优秀传统文化理论课为基础、各专业课程相互配合的全方位的教育体系。针对当代大学生的实际状况选用各种学习渠道，如校园活动、网络等，对大学生进行有益的引导和教育。在这一过程中充分发挥隐性教育与显性教育各自的优点，形成两者互补互助的方法体系显得尤为重要。

四、坚持批判性原则，取其精华去其糟粕

一个民族文化的复兴和发展，离不开对优秀传统文化的继承和发展。继承与

发展是辩证统一的关系。一方面，继承是发展的前提，离开对传统文化的继承，就谈不上对传统文化的弘扬，传统文化也不能得到延续，文化发展就是无源之水、无本之木。另一方面，发展是继承的目的，传统文化的继承必须把握时代的脉搏，紧跟时代的步伐，与时俱进，有所淘汰，有所继承，有所发扬，从而使中国优秀传统文化得到发展。

中国优秀传统文化在继承的基础上发展，在发展的过程中继承。对中国优秀传统文化的继承要积极从当前的社会实践中汲取养分，在创造中继承，在推陈中出新，创造出既具有时代精神，又具有时代特色的新文化。

在开展高校中国优秀传统文化教育中，要正确处理文化继承与发展的关系，在传统文化发展的过程中，不断革除陈旧的、过时的、不适合现代社会发展的文化内容，推出体现时代精神的新文化。

在信息发达的多元文化时代，大学生思想活跃，对事物的反应很敏感，然而对文化的鉴别力还比较低。中国传统文化中精华与糟粕并存，所以在开展高校中国优秀传统文化教育中，将中国传统文化运用于各学科的教学，首先应教会学生鉴别传统文化中的精华和糟粕，选择适合现代教育内容、适合大学生个人发展的部分，剔除与时代不相符合、与大学生发展相背离的文化内容，坚持批判与继承相结合，只有这样才能帮助大学生汲取中国传统文化中的优秀精神，才能使高校优秀传统文化教育落到实处。

五、坚持引导学生身体力行，实现知行统一

中国的传统道德特别重视理论与实践的完美结合，即知与行的统一。知行统一是中国传统道德教育关注的一个重要课题，是中国传统道德教育的基本原则。一个人仅仅懂得了应当怎样做人，这只是理论层面的，并不是真有道德，只有身体力行，按照道德规范去做、躬身实践，才算是一个真正有德行的人。因此，我

们在运用中国优秀传统文化对大学生进行思想教育时，既应重视理论教育，让大学生把理论学好、学透，还应注重对学生道德实践的培养，通过实践课程将知与行统一起来。

《大学》深刻阐述了知与行的统一原则。《大学》以圣者的学问开篇，以义和利的辩证统一关系结尾。从整篇文章的内容来看，无非"内圣"和"外王"四个字，圣贤千古道统之传承，亦无过于此。在开展高校中国优秀传统文化教育中，要教育大学生以此为修身慎独之根本。做圣贤者一定要恪守"内圣外王"之道，才真正不辱古圣先贤的教诲。

让大学生们学习中国优秀传统文化，首先要通读传统文化的内容，特别是经典文化内容；其次要深刻理解和掌握传统文化的思想和内容；最后要身体力行。《中庸》云："博学之，审问之，慎思之，明辨之，笃行之。"前四条的"博、问、思、辨"是学习之道，"行"是学习的终极目标。

传统文化中力行实践的精神一直是传统文化教育的一个基本原则，传统文化的知行统一思想不仅为我们提供了一种科学务实的思维方法，也为高校大学生学习和践行传统文化提供了精神动力。

我国正在加强的社会主义思想道德建设，无疑应当把启发道德自觉、注重道德实践、提升个人道德品质放在首位。提倡知行统一，有助于在新的形势下推进在高校中的中国优秀传统文化的传承发展，促进"以文化人"。

六、坚持弘扬中国优秀传统文化和借鉴国外优秀文化成果相结合

加强中国优秀传统文化教育，不仅要弘扬本民族文化中的优秀成果，还要借鉴外来文化，吸收其精华，和本民族文化进行融合和创新。正如古人所说"和而不同，有容乃大"，任何文化的发展，都是在不断创新中实现的。中华文明博大精深，具有很强的包容性。历史中，对外来文化和文明，中华文化一直持包容和

接纳的态度，并对其他民族文化进行吸收来壮大自己。一个敢于开放的民族和一种敢于接纳的文化，才是具有强大生命力的民族和文化。

21世纪，已经实现全球化的今天，各国文化之间的交流和碰撞更频繁和便捷，对不同文化更要有海纳百川的胸襟。各国文化间的碰撞，也激励着各国不断地对本民族的传统文化进行创新，以适应时代的发展。无论多优秀的文化，如果一味故步自封不接受新观点，那么也难以长远地发展下去。全球化和信息时代的到来，决定了本民族文化发展必然会是一个复杂的过程。任何一个国家，想要保持本民族文化的独立性，必须要让民族文化走出去，在世界文化大潮中通过竞争增强自己的实力。因此，我们要坚持"古为今用，洋为中用"的思路，一方面要弘扬自己的优秀传统文化，另一方面也要汲取其他民族优秀文化成果。

西方文明也是人类文明的一部分，西方文化成果也是人类共同的财富。面对西方文化，我们应该正确对待，以全球化的视野和战略眼光，立足于本国优秀文化，还要站在新的高度，创造性地汲取其他民族优秀文化成果，转化成我们需要的文化营养，来滋养本民族传统文化去适应时代的发展。

中国传统文化以儒家思想为核心，吸收融汇了法家、道家等各家思想，并汲取外来文化营养，从而形成了如今中华民族思想意识体系。如今，我们一方面要站在全球的高度看中国，将中国置身于全球化背景之下，重新审视我们的文化在世界文化的优势和局限性，才不会故步自封；另一方面，我们还要从我国社会现状出发，对外来文化不能全盘接受，而要有所选择，为我所用。所以，我们对待传统文化和外来文化应该做到以下几点：

第一，继承与革新。首先，应该看到传统文化是几千年来的文化积淀和智慧结晶，具有比较稳定的形态，是应该继续弘扬和传承下去的。对传统文化：（1）既不能彻底否定，也不能全面复兴，不能割断历史，而要尊重历史、尊重民族文化传统。（2）一定要有所选择，取其精华，摒弃封建腐朽已经跟不上时代发展的东西。将传统文化优秀成果保留下来，并为现代社会所用，解决好古为今用的问题。（3）不能局限于传统的东西，一定要有所创新，有所发展，有所突破。（4）前瞻未来，把传统、现在与未来连接起来，在超越传统的基础上，面向世界与未来。今天，我们要发展社会主义传统文化，一定要结合时代精神创造性地吸收文明成果。无论是传统文化，还是五四运动以来的革命文化，都要采取积极的态度接纳和发展。

第二，借鉴与创造。中华儿女不仅用自己的智慧创造了灿烂的传统文化，为世界文化发展作出贡献，与此同时，还用自己宽广的胸怀，接纳和借鉴一切外来文化的有益部分。这就是我国对于传统文化与外来文化的态度：（1）在传统文化和外来文化的关系处理上，传统文化依然要放在核心地位，对外来文化接受的态度是，对外来文化不能盲目崇拜，不能将之凌驾于本国文化之上，更不能采取全盘接受的态度。（2）善于分析。面对外来文化时，任何急于求成的吸收和融入都会以牺牲自己的文化为代价。所以，一定要坚持本民族自己的价值观，保持自己的文化特色。在吸收外来文化过程中，要善于分辨哪些是适合我们吸收利用的。文化本身并没有优劣之分，只要适应本民族社会发展特点，就值得吸收和支持。（3）实现对外来进步文化的借鉴融合，主动参与世界文明进程。文化是人类的共同财富，世界各民族文化是在相互借鉴、相互碰撞中得到发展和提高的，这是文化发展的规律。实现对外来进步文化的借鉴融合，就是从中国的基本国情出发，对外来的东西做出符合中国特点的选择。（4）清醒地认识对外来文化，特别是西方文化。首先要有清醒的认识，不能拿来就用不考虑长远的后果，要提防某些别有用心的势力利用所谓先进文化或时尚流行文化来实现对我们的"和平演变"。

第三，在强势文化与弱势文化的交融中促进人类文化的转型。文化转型就是文化"更新"或者说"复兴"，是文化交融的必然产物。它不仅是一个外来文化和传统文化的交融，而更多地表现为强势文化和弱势文化或式微文化的交融。文化的转型只是原有文化的更新进化，而不是产生一种完全独立的不同于原有文化的全新文化。文化转型不是简单的文化代替和无差别统一。文化的转型是一种内在创造性的转化。就是说，特定的民族或社会文化对自身产生怀疑和批判，并相应地采取应变的措施，从而完成内在的创造和向强势的转化。人类历史进程中，往往那些率先进入新的文明时代的民族和社会的文化转型会采取自我否定和创新的方式。

正是由于世界文化交融过程中各种文化要素的取舍、组合及各种矛盾的运动和调适，人类丰富多彩的文化才更具生命力，才能流传到今天。韩国"江陵端午祭"的成功申遗其实是我们可以借鉴的"他山之石"，它不仅有传统内容，还融入了不少现代因素。作为无形的文化遗产，"口头与非物质遗产"需要年轻人的参与和继承。但是，我国不少传统文化都存在着香火中断、继承人匮乏的威胁。而整个社会中，年轻人对传统文化知之甚少。我们要想给无形的文化遗产注入生命力，就要学习"江陵端午祭"的一些做法，吸引年轻人"薪火相传"，这样的传统和文化才是有生命力的。正如《联合国教科文组织发展纲领》中所述："记忆对创造力来说是极端重要的，对个人和各民族都极为重要。各民族在他们的遗产中发现了自然和文化的遗产，有形和无形的遗产，这是找到他们自身和灵感源泉的钥匙……"只有及时挖掘和保护无形的文化传统，才能使我们在面向未来的时候，拥有数千年不辍的创造力和根植于黄土地的文化表达与幸福方式，才能在全球化的时代，保持个体与民族的清晰身份。文明的多样性体现了人类的创造力和创造精神，是人类共同的宝贵财富。各种民族文化都是人类智慧的结晶，各有其特色和优势，各民族人民都曾经为人类文明的进步作出过贡献。文明的多样性使世界充满活力和不断进步。所以，我国的文化发展，不能离开人类文明的共同成果。要坚持以我为主、为我所用的原则，开展多种形式的对外文化交流，博采各国文化之所长，特别要善于吸收发达国家中那些为现代社会所需要的适合我国国情的文明成果，同时向世界展示中国文化建设的成就，坚决抵制各种腐朽思想文化的侵蚀。作为一个 21 世纪的大学生，我们不应该沉湎于祖先辉煌的过去，而应该积极地应对已经到来和将要到来的机遇与挑战。以洋节为代表的外来文化已经如潮水般涌来，我们作为比较有觉悟、有社会责任感的群体，在发扬优秀传统文化的同时，也应该保持一双慧眼，去发掘、吸取外来文化中闪光的精华部分，洋为中用。如果要提高全球影响力，那就必然要正视汉文化以外的文化和文明，这是不可能回避的。所以，我们有必要用积极的心态去尝试去应对洋节等外来文化的冲击和挑战，在文化发展中真正做到以我为主、为我所用。

因此，在对大学生进行中国优秀传统文化教育时，既要站在我国基本国情的角度上，充分考虑本民族的风俗习惯，又要积极地吸收和借鉴其他民族优秀的文化和思想；既要继承和传承中国优秀传统文化，又要积极吸纳其他优秀文化的精华。在世界文化的大潮下立足国情，不断发展、完善和更新民族传统文化，才能使传统文化保持本民族的独立性。

第四节　当代传统文化教育的有效举措

一、确定当代传统文化教育的主要方向

中国优秀传统文化内容包罗万象，个人、社会、国家层面，都蕴含着丰富的教育资源。当前，中国传统文化元素越来越多地走进高校课堂，对大学生进行优秀传统文化教育成为高校刻不容缓的任务。新时期新形势下，要充分发挥传统文化中的教育功能，大力继承和发展中国优秀传统文化，必须在马克思主义的指导下，坚持显性教育与隐性教育相结合，在传承中创新，在弘扬传统文化的过程中不断借鉴国外优秀文化。

（一）家国情怀教育

2014 年 4 月，教育部颁发了《完善中国优秀传统文化教育指导纲要》明确指出，高校应开展以天下兴亡、匹夫有责为重点的家国情怀教育，培养大学生的爱国主义情怀，增强大学生对国家的认同感。使当代大学生能以国家的衰落或落后为耻辱，以祖国的繁荣富强和国力强盛为荣，不断为中华民族的伟大复兴而努力，在追逐中国梦的过程中不断实现自己的梦想，树立民族自信心，做一个有自信、能自强、懂自尊的中国人。

家国情怀是一种高尚的道德情操，体现在个人对国家高度的认同感、归属感，以及个人对国家和社会的责任感、使命感。家国情怀是传统文化中最宝贵的精神资源，它是个人对国家、民族的大爱，将国家富强当作个人此生唯一追求。正是这种精神，使中华民族每每遇到危难，就有许多仁人志士力挽狂澜，使中华民族屹立不倒。

家国情怀，是中华民族传统文化中鲜明的文化特色。所谓家国情怀，具体概括起来一是个人对所生活的故土的热爱和保护欲望；二是个人舍弃小我，心怀天下苍生；三是个人将国家和人民放在第一位，坚守国家至上的价值准则，坚守国家文化信仰。传统文化中有许多类似的信仰，如"重民本""讲仁爱""求大同""崇正义"等，它们与家国情怀一起，共同构成了爱国爱民的价值源泉。

在中国优秀传统文化中，家国情怀可以说是如星星一样数不清。不论是经典文学作品，还是官方史书，亦或是经典著作，甚至民间故事，都蕴含着"家国情怀"。例如，《大学》中有"古之欲明德于天下者，先治其国；欲治其国者，先齐其家；欲齐其家者，先修其身。"将毕生追求修身、齐家、治国、平天下作为理想。司马迁也曾说"常思奋不顾身，而殉国家之急"。后有顾炎武说"天下兴亡，匹夫有责"。中华悠悠五千年的历史，社会早已经历无数沧海桑田的变迁，朝代更替频繁，但无论社会如何变迁，保家卫国的情怀始终烙入中华儿女的内心。无论在和平时代，还是外族入侵的国家生死存亡的关头，中国人都自觉遵循"敬天法祖重社稷"的古训。这种家国情怀在无数优秀的中华儿女中间代代传递。自先秦起就有"修身齐家治国平天下"，到汉代的"大风起兮云飞扬，威加海内兮归故乡"，到三国的"鞠躬尽瘁、死而后已"，再到盛唐的"安得广厦千万间，大庇天下寒士俱欢颜"，再到两宋时期的"精忠报国"，再到明清时代的"天下兴亡、匹夫有责"，家国情怀深深地融入在中华儿女的血液中。在中华五千年历史中涌现出了为国献身的英雄儿女，将自己生死置于民族大义之下，将国家利益放在首位。例如，战国屈原，汉代的苏武、张骞，宋代的岳飞，范仲淹、文天祥，明末的史可法，清末的魏源、严复、林则徐等。还有无数生在和平年代的仁人志士，他们为国家社会发展、繁荣昌盛，为实现人民安居乐业，一生鞠躬尽瘁。中国传统优秀文化中有丰富的爱国主义教育资源，可作为当代大学生爱国主义教育的素材。

（二）社会关爱教育

所谓社会关爱，主要是指要处理好人与人之间、人与自然和社会之间的关系。对人的要求，是要做一个心地善良，肯为他人着想，能够扶危济困、奉献社会，并懂得和自然和谐相处的人。在社会中形成一股良好的风气，人人乐于奉献，关心他人。把青少年培养成讲文明、有素养、懂礼貌、有爱心的社会主义接班人。中国封建社会有着长达两千多年的历史，儒家思想一直占据着正统地位，并且以一种意识形态的方式为群众广泛接受。儒家"以儒治世"的思想，被历代统治者拿来当作统治工具。从孔孟到明清各时期的儒家思想观点，都是为了适应统治者"为我所用"的统治需求而生，帮助统治者维护社会安定，达到"治世"的目的。

在儒家思想的诸多论述中，我们可以了解到"处世"问题，是儒家学派关注的重点。它探讨了人们对待世界的态度，以及人与人之间如何做到和谐相处。从儒家创始人孔子开始，就一直关注这个问题，并因此提出了以"仁"为核心的思想，以"己欲立而立人，己欲达而达人""己所不欲，勿施于人"为行为准则，构成处理人际关系的准则。要求人们在社会生活中，要学会站在别人的角度思考问题，将心比心，想要得到别人的尊重、爱护、宽恕，就必须自己先有尊重他人、爱护他人、宽恕他人的心；自己不愿意去做的事情，也不要勉强别人去做。根据自己的情感体验去推己及人，站在别人的立场考虑问题，尊重别人的意愿维护别人的利益，才能真正做到"理解他人，尊重他人"。

儒家思想认为"能近取譬，可谓仁之方也已"（《论语·雍也》）。要求人们在与人相处时要遵循忠恕之道，同时，还要将"仁爱"思想扩大到家庭、社会、国家和自然中去，"仁爱"思想同时也作为处理人与家庭、人与社会、人与自然的关系的准则。

这种忠恕精神体现在人与家庭的关系处理上，就是要求人们做到孝顺父母、爱护兄弟、尊重长辈。家庭是组成社会的一个个小单位，家庭的和谐稳定是社会和谐稳定的基础。因此，家庭和睦是古人一直十分重视的问题，所谓"家和万事兴"。

孟子认为"仁之实，事亲是也；义之实，从兄是也。"（《孟子·离娄上》）孝道一直是中国传承下来的道德精神，也是中华民族优秀文化的一部分。自古以来，中华民族就有孝敬父母的优良传统，所谓"百德孝为首""百善孝为先"，中国历代都以服从父母的命令、供养父母为荣。在处理个人与家庭的关系时，和兄弟姐妹和谐相处也是一个重要目标。中国社会一直强调"兄友弟恭"。《三字经》中孔融四岁让梨的故事一直以来都是中国历史上脍炙人口的兄弟相敬相亲的典范；曹植的"本为同根生，相煎何太急"诗句总能唤起人们对兄弟之间反目成仇、相互伤害的谴责。

儒家思想中的忠恕之道并没有止步于家庭，它的思想推广到社会生活中，有了"老吾老，以及人之老；幼吾幼，以及人之幼"的说法，这是教人在家庭外践行忠恕之道的体现。古代传统文化中，儒家的伦理道德思想要求人与人之间互相关心，互相尊重，推崇"君子"牺牲自我成全他人的品格。它要求人们发扬"仁爱互济、立己达人"精神，提倡"四海之内皆兄弟"这种超越血缘关系的"泛爱众"。传统文化中的这些社会道德观，在现今社会中与建设社会主义和谐社会不谋而合，对人与人之间友善相处，减少矛盾和冲突，培养大学生的社会责任感和社会意识，仍有着重要的现实意义。

（三）人格修养教育

中国优秀传统文化在历史进程中，不断创新沉淀，充满了大智慧。"修身、齐家、治国、平天下"，这些思想精华顺应时代潮流，始终保持着与时俱进，表现出顽强的生命力，是中华民族的精神内核。在特定的历史背景下，传统文化中关于人格修养的各种论述，成为人们保家卫国、维护公平正义、热爱祖国和人民的伟大的精神力量。在中国历史发展史上，传统的人格修养教育，造就过层不穷的民族英雄，他们个个舍生取义，为保卫国家甘愿付出生命的代价。他们用自己的人格和从中国优秀传统文化中汲取的营养，浇灌和培育了历史的文明之花。

纵观当今中国高校的人格教育，很少有高校会将传统文化教育放到教学的核心，大多数高校对中华传统文化持无视或者保持距离的态度。但是，传统文化的重要性确实不容忽视，一个民族、一个国家如果没有了本国文化，就如同无源之水，民族存亡危在旦夕。对个人来说，传统文化对个人修养和品格的养成有重要的意义。作为社会主义接班人大学生人格的培养，更是要立足于传统文化之上。世界全球化的加速，使各国各民族文化和思想意识快速涌入，大学生无可避免地受到各种各样价值观和文化的冲击。这样的背景之下，为使我们的大学生坚定不移地坚持社会主义核心价值观，更需要高校加大对中国优秀传统文化的弘扬力度。

中国优秀传统文化注重人格的修养，在漫长的民族文化思想进程中形成了多种理想人格修养，具有代表性的主要有四种。

首先是，儒家提倡的以"圣人"或"贤人"为目标的君子人格。儒家代表人物孔子和孟子，提倡养成完美的人格，他们将尧、舜、禹、汤等古人理想化，将他们的丰功伟绩加以宣扬，赋予他们高于普通大众的人品、才能。这些先古圣人身上闪耀的克己复礼、心系百姓的高尚品格，正是儒家不断推崇的优秀人格。儒家将他们奉为楷模，并从他们身上看到了"仁""诚意"，提炼出仁爱的思想，作为儒家思想的核心。这种仁爱思想，要求人们对内要孝顺父母、爱护兄弟姐妹，对外在社会上要泛爱众人，爱护社会上的每一名成员，延伸到自然界要爱护自然界的万物，时刻怀着一颗仁爱之心。这种仁爱之心，化为人的行动就是要做到"礼"，所谓礼是指待人要恭谨谦让，处世要时刻注意自己的言行，做一个内外兼修的君子。历代品德高尚的人物，都通过儒家思想中的"格物""致知""诚""正心""修身"的方式严格要求自己，最终达到"齐家、治国、平天下"的人生理想，在社会中尽职，使自己的人格不断地得到提炼和升华。

道家学派，以"真人"或"神人"为理想人格，追求的是人和人性的淳朴自然。道家主张将人看作客观世界的一部分，推崇"无为而治"，达到无所不为的目标。老子曾说"圣人处无为之事，行不言之教"。道家崇尚的理想人格，其最高的境界就是自然朴素、身心合一。道家在人格修养中，崇尚自然，追求自然心性、精神和意志的自由独立，最终达到消除个体与自然、社会的矛盾，达到和谐统一的状态。道家"崇尚自然"和"无为而治"的思想影响了后代一批文人墨客，他们在这种自然无为和返璞归真的人格修养的影响下，在处理与人的关系、个人境遇和社会矛盾的时候，能够以一种开朗豁达、宁静淡泊的心态去面对，这培养了他们淳朴自然的人生态度和生活情趣，使自身的人格得以不断修养。

以"强者"和"侠义"为理想人格的墨家人格。墨家要培养的理想人格是一种"利天下为志"的人格修养，这种理想人格有明显的功利主义色彩，主要包括忧患救世、兼爱、贵义等人格思想。它强调人们在社会中要互惠互利、互相帮助、义利并重。这一理想人格主要通过身体力行，实践救世的方式得以实现。它否定命由天定之说，人们在实践中要充分发挥自己的能动性，可以从命运的束缚中解脱出来。人格修养的不断提升和理想人格的到达，可以在利国利民的实践活动中得以实现。

以"能法之士诚意""英雄"为理想人格的法家人格。以韩非为代表的法家提出了以"英雄"为理想人格的人格修养追求。这一人格修养具有务实的特点，是一种理想型的政治性人格，重视法、术、势。它是法家在对社会现实深刻洞察以后提出的，对社会现实和人生世相有着深刻的认识。这一理想人格的实现主要通过"贵法""重势"等方式。它鼓舞人们建功立业，在治世中崇拜英雄，在乱世中呼唤英雄，是一种强烈的英雄崇拜。这种理想人格体现出了改革、务实、创新等特点，有很多优秀的思想仍然符合现代社会标准的法理观念，对当代大学生的人格修养仍有重要的借鉴意义。

优秀传统文化为大学生的人格修养和人生目标的设定提供了丰富和宝贵的文化资源，为大学生的理想信念教育和完美人格的培养提供了有力支撑，也为大学生更好地理解中国特色社会主义，坚定共产主义信仰做出了有益补充。加强大学生的中国优秀传统文化教育，对大学生科学的世界观、人生观和价值观的树立具有重要意义；有利于提高民族自信心与自尊心，激发大学生的爱国热忱，使大学生的思想道德境界进一步提升。中华民族优秀传统文化的传承应立足大学生实际，有利于大学生健康成长和成才的优秀文化，才能真正体现文化育人的作用，才能使高等教育工作得以真正落实，才能体现文化传承的真正意义。

二、创办传统文化活动，唤起学生兴趣

当今社会中，人们对传统文化知之甚少，对传统文化并没有足够重视。这种情

况之下，传统文化的宣传极为迫切。我们应该充分挖掘传统的文化的内涵，并通过一些途径，在社会中大力进行各种各样的宣传活动，如宣传传统节日、举办传统知识竞赛等。通过开展充满文化气息的传统文化活动，强化人们对中国传统的认识。

爱源于敬，提高青少年对传统文化的热爱，首先应该让他们对传统文化存有敬畏之心。当今社会，人们对传统文化中有形的物质遗产很感兴趣，如瓷器、字画等，而对无形的非物质文化遗产，如文化读本等，相对来说是漠视甚至排斥的。出现这样的原因，跟社会中功利主义思想是有一定关系的，非物质文化遗产并不能给人们带来实际的利益，甚至许多人认为它是属于落后的文化。虽然，传统文化中有一定糟粕，如尊卑观念，但没有任何事情是完美的，也没哪种文化是无懈可击的。我们应该珍稀自己民族的文化，而不是漠视或破坏，让当代人及后人遗憾。

（一）与实践相结合的传统文化传承活动

"实践出真知"，正确思想只能从社会实践中来。教育更是如此，脱离实践"闭门造车"的教育是不存在的。因此，组织学生在课堂学习文化理论和思想理论的同时，还应该组织学生参加一些带有传统文化内涵的实践活动。将学生看成实践活动的主体，学生既是组织者也是参与者；实践活动既可以调动学生的兴趣，同时也是课堂理论的延伸。实践活动要以教师的引导，学生的积极参与而展开。要符合大学生心理规律，制订形式多样、内容活泼、丰富多彩的活动计划，使学生在潜移默化中受教育，从而提高学习传统文化的主动性和有效性。

1. 实践活动要因地制宜

所谓因地制宜，是指首先了解学生的特点和自身的能力，采取符合自身情况的形式组织实践活动。比如，可以采取传统文化文艺联欢会、传统文化大赛、传统文化研讨会等多种类型的实践活动，组织学生学习传统文化。

2. 实践活动要多元化

实践活动要多元化、丰富多彩，校内校外相结合的实践活动形式，可以充分激发学生的学习兴趣，并形成学习传统文化的良好氛围。

其一，在校内，可以充分利用社会文化资源，邀请国学名家进校园，开始系列传统文化讲座。还可以由学校牵头，学生自发地组织一些关于传统文化的比赛，如古诗词背诵大赛、经典美文朗读赛、传统技艺比赛等等。通过这样的活动，让更多的学生参与到传统文化的学习中来。

其二，在校外，高校可以充分利用当地的历史文化资源，如历史博物馆、革命纪念馆等，组织学生参观学习。从而达到近距离了解历史、增强其民族自尊心和自豪感的目的。还可以组织学生参加传统文化进社区的实践活动，学生是传统文化的学习者同时也是宣传者，在实践中体验优秀传统文化的精神力量。

总之，应从学生传统文化教育的目的出发，从实际情况出发，把各项实践活动组织好，使活动正常有序、生动活泼地进行，充分发挥活动载体的教育功能。

（二）培养学生对传统文化的兴趣

兴趣是最好的老师，想要学习传统文化，首先需要利用多种途径，提高学生对传统文化的兴趣。在课堂上，我们可以将传统文化的理论知识渗透到日常的教学中，教师在教授学生课本文化知识的同时，可以穿插一些学生比较感兴趣的传统文化知识，用传统文化浸染和熏陶他们，使他们了解中国传统文化中关于修身、处世、立志、勉学等方面的经典章句，提升他们了解中华文化的兴趣，主动进行更深层次的探究。

这就要求，我们的教育应该是与时俱进的，贴合学生特点和他们的需求的，而非传统的满堂灌。教育更应该贴近学生的实际需求，首先应该了解当代大学生的心理动向。因为时代发展，当代大学生有着时代赋予的独特的心理，了解他们的心理动向才能更具有针对性地开展工作。教师在认识和重视中国传统文化的同时，要意识到当今学生并不喜欢传统的说教式教学，甚至存在厌恶和抵制情绪。因此，在对学生进行教育时，要注意采取丰富多彩的课堂形式，如利用多媒体播放有关传统文化的视频等，通过兴趣的培养，深入浅出地讲解传统文化。

随着传统文化进校园，一些高校的学生自发组织起有关传统文化的社团，包括京剧社团、曲艺社、话剧社等等。同学们自编自导自演一些有着传统文化元素的节目，来引起大学生对传统文化的兴趣。比如，京剧《空城计》的演出，可以吸引学生去了解三国时期的历史；京韵大鼓《探晴雯》，可以激发学生阅读传统名著《红楼梦》的兴趣；等等。

传统文化与高校大学生社团的融合是非常有创新性和可行性的。社团与传统文化教育相关的活动，主要集中在文艺性、学术性及体育性的活动中。这些社团活动中的主要活动内容，涉及学生的休闲娱乐、体育锻炼、人文艺术修养等方面的需求。传统文化本身也是在人类社会生活中，以人们日常的衣食住行和精神娱乐需要为载体不断流传下来的。因此，传统文化在学生中的传播，经过这些社团活动更容易被接受。

在这些社团中，如易学五术研究社、话剧社、昆曲社、歌仔戏研习社、中国武术社等，都是传统文化方面的社团。此外，诸如一些美术、舞蹈、音乐等艺文方面的社团，其活动也都属于传统文化范畴的一部分。

在高等院校各种各样的社团中，不少与传统文化有关。这些社团是学生因为兴趣自发组成的，可见社团的开设对传统文化的普及、弘扬和传承起到了一定作用。

高校实施素质教育，离不开各种校园文化活动。校园文化活动的特点是学校自发组织，内容丰富，组织形式多样，是非常好的一种宣传传统文化的途径。要充分发挥社团的作用，开展丰富多彩的活动，通过信息网络优势，不遗余力地对外宣传。另外，还可以利用校园各种先进的媒介来宣扬传统文化。例如，可以通过网络、校报、各院系宣传栏等多种媒介和载体，采用文化竞赛和传统文化专题讲座等丰富多样的形式，在全校师生中推广中国优秀传统文化。通过多种形式使学生时时处处感受中国优秀传统文化的氛围和熏陶，使校园文化深入人心，提高学生中国优秀传统文化素质。

校园文化活动是一种特殊的社会文化现象，良好的校园文化是一种有效的教育力量，它通过对学生潜移默化的影响，提高了学生中国优秀传统文化素质，滋润着学生的心灵，对学生形成正确的世界观、人生观和价值观发挥着重大作用。

（三）创办古色古香的传统文化传承活动

传承传统文化可以与现代技术和方式相结合，但在内容和实质上要求"古色古香"，才不会出现"不伦不类"等怪异现象，避免哗众取宠和不了了之的文化传承活动，要确保传统文化活动切实有效，并在社会大众中产生一定影响。以上巳节曲水流觞活动为例。

上巳节，俗称三月三，古称上巳节，是一个纪念黄帝的节日，相传三月三是黄帝的诞辰，中原地区自古有"二月二，龙抬头；三月三，生轩辕"的说法。

魏晋以后，上巳节改为三月三，后代沿袭，遂成水边饮宴、郊外游春的节日，人们举行祓禊仪式之后，坐在河渠两旁，在上流放置酒杯，酒杯顺流而下，停在谁的面前，谁就取杯饮酒赋诗或论文赏景。这种游戏非常古老，王羲之有诗云"羽觞随波泛"，永和九年上巳节所做的《兰亭集序》更成为广传的佳作和佳话。一些传统文化和节日虽然被大力提倡，可上巳节与曲水流觞的游戏却鲜有人提及。

现代学生的文化底蕴和知识储备，自不能与文化大家相比，所以无法做到与古上巳节曲水流觞活动完全一致，但也可以选择在农历三月初三这一天，或是前后的周末假期，带领学生去到环境清幽、山水和鸣的地方，效仿一番曲水流觞的雅兴，将饮酒赋诗的过程，更改为成语接龙，或是主题诗词诵读，也未尝不可，重在让学生于自然中生发对传统民俗与游戏的兴趣与热爱。

三、运用新兴媒介将传统文化带入课堂

学校将传统文化纳入课程教学计划中，使学生接受制度化、系统化的指导和引导，同时还应充分利用各种新兴媒介，将传统文化更好地融入课堂，提高学生的传统文化素养。

课堂是教育学生的主渠道和主阵地，也是教育中开发与利用中国优秀传统文化资源的重要场所。如何抓住课堂，打造传统文化精品课程，充分发挥对学生进行传统文化教育的主渠道作用，培养德才兼备的社会主义事业的接班人和建设者，是摆在我们面前的一个亟待解决的重要课题。

（一）将传统文化合理纳入课堂

现行的大学课程中缺少专门的传统文化课，学生对传统文化的学习多是潜移默化的、间接的、无意识的渗透，缺乏直接系统的学习。因此，高校应该将传统文化纳入课程体系，作为学生的一门必修课纳入教学计划中。同时要选用优秀教材、教师和当下流行的媒介方式，汲取中国传统文化的精华，使学生能接受到传统文化的熏陶，以弘扬中华民族高尚的民族气节、民族精神为主旋律，以发扬优秀的传统伦理道德思想为重要内容。

此外，加强人文教育，做到人文教育与科学教育并重。只重视科学教育的教育会将学生变成没有思想的知识容器，有效地结合才能培养出德才兼备的创新人才。人文文化教育和科学教育具有互补性，科学教育培养学生的知识技能，而人文教育培养学生的人文素养。如政治学、历史学等，能培育学生的社会责任感；哲学可以训练思维的灵活性、哲理性、广博性和深刻性；语言文学、艺术美术等能开拓人的形象思维能力和想象力，增加创造的灵感和激情。

高等教育内容中的文、史、哲等人文学科是最明显的体现传统文化的载体，是最具民族本土化特性的学科。因此，我们应该在大学教育课程中增加人文学科的比例和学分，因为多一分厚重的文化积淀，就会少一分轻浮的言行举止；多一分对于优秀传统文化的认知，就会少一分对于多元价值体系的迷茫与困惑；多一分对于传统文化中惰性因素的清醒认识，就会添一分在改革创新中寻求突破和超越的勇气。传统文化进课堂可以满足创新人才培养的需要，有效地提高学生的传统文化知识及人文素质修养。

针对理工科的学生也应该渗透传统文化的教育，设置相关的人文学科，而不是只限于文学的学习，增加他们知识的广博度，有利于他们健康人格的塑造，并且在知识传导的过程中更多一些人文的关怀，会增加他们的人际沟通能力。对于这点，高校现在的课程设置有所重视，但是不够全面。无论是对文科生的自然科学教育还是对理工科学生的传统文化教育，尚未触及他们吸收知识的最为敏感的状态，力度不够，并且这种文化的渗透不应该只表现在课程设置上，流于形式。

（二）充分利用电视传媒与视频形式

传统文化教育以传播媒介为载体，就是指通过各种传播工具，向学生传播传统文化教育内容，使学生在接受广泛的社会信息的同时，受到传统文化教育。具体而言，一是学校选择广播、电视、报纸、期刊等各种载体，通过通俗易懂、具体生动的电影、电视、文献读物等，对学生进行优秀传统文化教育。二是学校应根据学生思想状况和自身的师资力量，精选中国优秀传统文化中书籍或文章，引导学生学习相关的传统文化读物。三是学校可以组织学生收看相关的优秀影视作品。

以电视传媒或视频形式来讲，传统文化一旦与现代电视传媒巧妙结合，便找到了一种覆盖面最广和覆盖观众人数最多的现代传播载体，同时电视传媒正在日益深刻而强烈地影响着传统文化，冲击和带动着传统文化。其实一个社会的传统文化总是力图与它所处的当代价值与审美体系相联系，因为传统的继承不是孤立的，而要经过不停的选择与阐释，无论对艺术享受还是对艺术创作来说，体验都是决定性的源泉。

电视媒体对中国文化的普及与推广作用确实很大，当然传统文化也极大地丰富了媒体的节目类型。有学者调研发现，以网络为载体的"新媒体"已成为大学生喜爱程度最高的媒体形式，对于越来越多的媒体文化，传统文化与之结合也应更加多元化。

在各级各类学校可以开设古诗词鉴赏等课程、开展古典名著鉴赏及书评活动，或是组织观看传统文化影像资料，利用现今大热的如微博、豆瓣、天涯等自媒体客户端，为学生介绍传统文化知识，微博上有一些账号是专门介绍传统文化的，博主出于自己的文化爱好在自己的微博中更新一些经典或时下流行的传统文化知识，关注者同样也是出于兴趣，与博主和众多同一爱好者进行互动交流。例如，中国书画艺术和书画——鉴赏，专门针对书画艺术进行推广，汉唐网在简介中就写道"传承中华文明是我们神圣的使命"，会在每日的博文中更新主题背诗词歌赋的话题活动，利用日常闲暇时间缩短了与传统文化的距离。

四、以校园文化活动助推中国优秀传统文化教育

中国优秀传统文化教育的发展不仅需要课程的牵引，还需要各类文化活动作为补充，作为落实立德树人根本任务的高等院校，运用各类校园文化活动进行中国优秀传统文化教育是实现教育目标的重要途径。一是开展中国优秀传统文化相关的日常讲座、报告、论坛、班会、党团学习活动。高校开展各类富有中国优秀传统文化深意的学术活动，可以加深学生对于中国优秀传统文化理论知识的理解。一方面，学校可聘请相关领域专家，以讲座的形式将中国优秀传统文化的相关理论传授给学生。另一方面，鼓励学生积极参与到有关论坛、报告会、党团学习活

动中，从中不断汲取文化精髓的养分。二是进行中国优秀传统文化网络宣传教育。高校要善于利用各种媒体进行网络教育，实现线上教学。通过学生喜闻乐见的学习方式，把中国优秀传统文化的精神与智慧传授给学生。三是依托传统文化节日进行中国优秀传统文化教育。传统节日中蕴含着许多丰富、深刻的教育资源，高校可依托清明节、中秋节等节日开展各类纪念、教育活动。将传统节日活动与中国优秀传统文化的教育相结合，更好地实现高校文化教育目标。四是通过树立道德模范实现隐性教育。典型教育能够很好地激发学生学习中国优秀传统文化的兴趣，借助树立学习典范、行为典范，实现"点亮一盏灯，照亮一大片"的效果，营造出全员学习中国优秀传统文化的氛围。

环境通过潜移默化的方式影响着学生的思想认识和行为方式。建立突显中国优秀传统文化的校园环境，能够进一步激发学生的文化认同感，提高他们对中国优秀传统文化的兴趣。学校需利用虚拟和实体两方面的环境建设，使中国优秀传统文化在学校各个角落彰显。一是通过开展校园美化工程，将中国优秀传统文化的相关元素融入校园建筑，以深刻且富有内涵的校园文化建筑加强中国优秀传统文化的呈现与宣传。一方面，学校可在学校安置相关雕塑，为道路进行相关命名等，进行校园景观建设。另一方面，高校可设立校园文化街、校园文化角，让学生在贴近中国优秀传统文化的过程中加深理解和把握。二是设置中国优秀传统文化宣传标语和网络宣传中心，通过各类导向性的文字、图片等内容，让学生在耳濡目染中主动参与到学习和弘扬中国优秀传统文化的实践中来。

五、提升教师队伍整体素质

长期以来，由于受传统教育思想的影响，在传统文化教学中，不少高校教师往往只注重文化知识的传授，而忽略了对学生能力特别是思想品质的培养。多数老师没有系统学习中国传统文化知识，有的教师甚至连最基本的国学经典都没有读过，即使教师在教学中涉及一些传统文化的内容，这些内容也非常浅显，因此教学效果并不明显。教师传统文化专业素质低于现代教育要求的现象普遍存在。作为民族文化认同的建构者，一名优秀的教师首先要自觉承担起传承优秀传统文化的伟大使命，自觉做民族精神的建设者、弘扬者和传播者。

（一）端正传统文化课程教师的教学态度

高校传统文化课程教师一定要端正教学态度，充分认识到在高校进行优秀传统文化教育的重要性，并把优秀传统文化教育渗透到日常教学和行为中去。文化是民族的血脉，优秀传统文化是一个国家和民族传承和发展的根和魂，如果把中华民族的根和魂丢掉了，中华民族就会落后、衰败和灭亡。高校教师一定要有文化自信，没有高度的文化自信，就没有文化的发展和强大，就没有中华民族的伟大复兴。回顾历史，中华民族的发展和强大，都是中华民族从充分的文化自信中产生巨大的力量，不忘过去才能开辟未来，善于继承才能更好创新，中华民族要继续前进，就必须根据时代条件，继承和弘扬我们的民族精神、我们民族的优秀文化，用优秀传统文化的思想滋养大学生的文化自信和民族气质，培育大学生不忘初心、牢记使命和自强不息的民族精神。

我们要用一分为二的观点和全面的观点认识和对待传统文化，分辨其中的精华和糟粕，还要辩证地认识它们在现实生活中的作用，既要看到传统文化的积极作用，也不能忽视其消极作用。对历史文化特别是先人传承下来的价值理念和道德规范，要坚持古为今用、推陈出新，有鉴别地加以对待，有扬弃地予以继承，应该具体问题具体分析，取其精华，去其糟粕，批判继承，古为今用。总之，在高校传统文化教育中，以科学的态度对待传统文化，就能更好地延续民族文化血脉，为实现中国梦提供最深厚的文化软实力。

（二）丰富高校教师的优秀传统文化知识

"师者，所以传道受业解惑也"，内圣才能外王，教师要教好学生传统文化知识，首先自己对传统文化内容做到熟记于心、应用于身，把传统文化内容应用到自己的生活中去，才能在传统文化教育中游刃有余。高校要加强面向全体教师的中国优秀传统文化教育的系统性和科学性培训，全面提升师资队伍水平，可以说，中国优秀传统文化能否贯穿国民教育始终，实现立德树人的根本任务，关键是看有没有一大批懂传统文化、懂传统文化教育的好教师。

在高校学习优秀传统文化课程，自觉学习传统文化，并把传统文化的思想运用到自己的生活和工作当中，绝不只是传统文化教师的任务，而是全体教师共同的任务。在基础课程和专业课程当中，教师也要适时地进行传统文化教育。

高校教师要系统学习优秀传统文化，必须以修身和加强自己的品德修养为目标，首先教师对优秀传统文化教育要有一个正确的认知，然后对中华经典进行系统的研修，最后在日常生活和工作中进行反思与践行，把中国优秀传统文化的精髓融入教师的生活之中。

在内容选择上，应该从传统文化原著入手，阅读原著、感悟原著，直接与古圣先贤对话，教师在学习中感悟经典中的道理和智慧，

从经典中汲取生命的滋养。对于教师而言，传统文化素养的获得，最重要的途径就是教师自身发自内心的读书的渴望和行为。因此，每一位教师都应该有学习中国优秀传统文化的自觉，从不同的途径习得更多的知识，熟读甚至能背诵这些经典，能使教师在潜移默化中净化心灵、提升精神境界，不仅可以使教师感悟人生哲理、懂得为人处世的准则，还可以增加教师的才气、灵气，增长教师的聪明智慧，增添教师的骨气人格，提升教师的人生格局，培养传统文化教师的家国情怀，从而更好地传道授业解惑，强化责任担当。用丰富的中国优秀传统文化知

识来武装教师队伍，让教师具有独特的人格魅力，具有圣贤的聪明智慧，让教师散发个人魅力，增加正能量，只有这样才能够更好地教育学生，才能让高校优秀传统文化教育丰富起来，让传统文化教育收到实效。

（三）提高传统文化课程教师的教学能力

提高传统文化课程教师的教学能力是保障高校优秀传统文化教育效果的重要手段，传统文化课程教师的教学能力包括以下几个方面。

文化认识能力。在高校优秀传统文化教育中，不能以活动代替传统文化教育。现在国内出现了国学热，这是一个好现象，学国学的热潮能很好地促进大学生对传统文化的学习、理解和掌握，作为教育工作者，其文化认识能力，即用什么样的视角去看待以及引导学生看待传统文化、学习传统文化，不仅关系到对优秀传统文化的继承和发展，也关系到学生思想的进步和观念的创新。让学生学习优秀传统文化，必须注重自身对优秀传统文化思想的理解和领会。

理论学习能力。现在一些高校不组织教师进行传统文化理论的学习，不注重教师对传统文化思想和内容的理解和把握，以活动代替传统文化学习，搞搞活动就算是学习传统文化了，这是学习传统文化的一个误区。比如有的高校让学生峨冠博带地集体诵读经典，或穿唐装、旗袍举行成人礼，甚至组织学生穿古装向师长行三叩九拜入学礼，用这些形式的内容代替传统文化内容的学习，其表象之下，隐藏的其实是对传统文化的误读和曲解。要加强教师对优秀传统文化的理论学习能力，帮助教师尽可能全面、系统地掌握优秀传统文化知识。

知识识别能力。在教学中，对于传统文化的内容，教师要做到准确理解和掌握古圣先贤的真实思想，不能凭某位大家的解读或是自己的理解而"戏说"。例如，儒家的中庸之道，"中"的目的是"和"，"庸"的意思是"平常"或"普通"。归纳起来，所谓中庸，就是做事恰到好处。在处事方面，要合乎中道，不能只顾到此方面，而不顾到别的方面；在对等名利方面，要坚持用最平常的办法，淡泊名利，知足常乐，要脚踏实地，只问耕耘，不问收获，不因得小利而失大义，也不因耍小聪明而适得其反，弄巧成拙。但个别教师由于对传统文化理解不深，曲解了中庸的思想，把"中"当成"不彻底""模棱两可""折中"等，把"庸"理解为庸碌，左右逢源，凡事退让不争取，这是对中庸的曲解。

教学设计能力。高校传统文化课程教师应具备良好的中国优秀传统文化教育教学设计能力，包括传统文化教学目标的设计能力、教学内容的设计能力和教学过程的设计能力。传统文化课程教师要依托中国优秀传统文化的具体教学设计过程，逐步解读培养目标、课程目标和教学目标，从其原有知识水平出发，合理安排教学内容、充分把握教学节奏，对教学过程进行统整规划。

教学实施能力。课堂教学要紧紧围绕教学对象、教学内容以及课堂环境来开展，高校传统文化课程教师要充分调动学生学习优秀传统文化的积极性，能够采用灵活的课堂形式与多样的教学内容调动学生学习优秀传统文化的注意力；高校传统文化课程教师要充分利用灵活多变、适合学生特点、适合教学内容的教学方法，充分利用音频、视频、PPT、图片等多种多媒体内容，同时结合现代信息与通信技术，灵活多样地实施课堂教学；建立高效的课堂管理机制，协调传统文化教育课堂中出现的冲突与矛盾，充分调动学生学习的积极性和主动性，提升学生的课堂学习参与度。

教学评价能力。高校传统文化课程教师在进行传统文化教学评价之前，应确立合理科学的评价机制，设立准确的评价目标，充分收集、整理不同种类的数据，找准传统文化教学中的评价依据；在传统文化课程教学中要及时审视自身的教学行为，反思在传统文化教学过程中的优势与不足，进而不断改进自身的教学。

六、营造高校中国优秀传统文化教育的环境

（一）家庭环境

父母都希望自己的孩子身体健康，成为对社会有用的人才，为了孩子的健康成长，父母不惜花费人力、物力和财力。如何实现这一愿望，大多数时候我们是茫然的，导致目前的家庭教育出现层出不穷的问题。传统文化教育非常重视家庭的教育作用，把家庭看作国家的基础。《大学》提出"欲治其国者，先齐其家""家齐而后国治，国治而后天下平"的著名观点，把家庭教育的作用提高到影响国家兴衰的高度。

家长是学生所遇到的最早的老师，家长的一言一行对学生的影响和熏陶异常重要。家长如果能在弘扬中国优秀传统文化方面能给孩子做出榜样，学生在很大程度上会对中国优秀传统文化产生浓厚的兴趣，并在学习和生活中践行。

改变家长对家庭教育中有关文化传承的传统认识，拓展家长对家庭教育的时间观和空间观。家长要注重个人传统文化修养的提高，多读唐诗宋词、经典国学书籍，多看相关的电视节目，在传统节假日有意识地组织一些家庭活动，让学生能更多地接触和感受中国优秀传统文化的内涵，并能用中国优秀传统文化思想指导自己的生活和工作。转变家庭与学校间的关系，家长主动与学校联系，与辅导员和任课老师联系，变被动为主动。

国家和社会应加大对中国优秀传统文化在家庭教育中的支持和指导，重视家庭在优秀传统文化教育中的作用和地位，组织和建立优秀传统文化传承相关组织机构，出台相关文件以明确家庭教育文化传承的具体内容。社会和学校可开设公益机构，与家庭联合举办各种活动，比如亲子阅读、传统文化知识竞赛、传统文化教育座谈会等，指导家长开展家庭优秀传统文化教育，力争优秀传统文化教育从每一个家庭抓起。

（二）学校环境

学校是对大学生开展中国优秀传统文化教育的主阵地。对大学生进行中国优秀传统文化教育的方式可以千变万化，可以在高校开设传统文化课程，也可以组织专题的教育活动，把对大学生的优秀传统文化教育融入学校的各个教育环节，让优秀传统文化教育成为学校教育的一种常态，使高校优秀传统文化教育常抓常新，常抓不懈。

为了使中国优秀传统文化教育更有针对性、实效性，在学校里要开设拓展型、研究型课程，由学校根据自身实际，自主开发和实施中国优秀传统文化课程。要不拘泥教材的内容、顺序等，而是遵循国家课程标准，由大学生的实际现状和社会的一些热点来确定主题，把社会主义核心价值观和与之相匹配的中国优秀传统文化教育的内容融入这些课程中。

在高校优秀传统文化教育中，要用礼乐文明的思想和理念培养大学生内在的文化修养和思想修养，生发"礼尚往来"、以"诚"相待、以"信"相许、以"义"相重的情操，造就当代大学生孝亲睦邻、敬业乐群、尊师敬长、礼贤下士、温良谦恭、平和中正的君子风范，也只有当礼乐精神成为社会主义精神文明的组成部分，成为当代大学生的社会意识和文化精神，才能实现主体与外界的和谐、群体的和谐、社会的和谐。

高校教师要在风气建设上做表率，牢固树立马克思主义的世界观、人生观、价值观和正确的权力观、地位观、利益观，始终保持振奋的精神和良好的作风，弘扬新风正气，抵制歪风邪气。严格高校各项考核制度，严格大学生的教育训练和管理，抓好教风、学风和考风，狠抓学生日常管理，注重学生的良好生活习惯的养成，要营造学生全面成才应具有的良好的学风氛围，逐步培养学生踏踏实实、勤奋刻苦、严谨求实和开拓创新的优良品格。

（三）社会环境

中国优秀传统文化不仅能反映中华民族的特色，还能将中国传统文化特色融入社会教育活动中，以促进中国优秀传统文化教育活动的发展，从而促进经济的发展和社会的进步。

社会教育的显著特点是渗透性，对大学生的教育具有隐蔽性，这种教育通过潜移默化对大学生产生作用。通过社会各界对优秀传统文化的挖掘，来实现优秀传统文化的创新性转化和发展，通过大环境的熏陶和感染，使大学生的道德价值观逐步向社会主流道德价值观靠近。培养大学生的集体主义精神是大学生文化素养的重要内容，也是对大学生进行社会教育的重要部分。纵观中华民族的发展历史，中华民族内忧外患，通过对中国传统文化史的学习，要使大学生具备强烈的民族忧患意识，为了能更好地生存和民族的振兴，中华儿女逐渐形成团结在一起、克服各种困难的传统，在外部客观条件的影响下，集体主义成为中华民族的传统文化精神。

进一步建立社会主义核心价值观教育的社会基础。广大青年树立和培育社会主义核心价值观应"加强道德修养，注重道德实践"。为此，应持续推进社会主义核心价值观教育，使核心价值观所承载的道德价值理念深入人心，形成社会共识和行为准则，持续净化社会道德环境。

充分发挥社会公益组织的教育作用。高校本地博物馆、历史陈列馆对大学生免费开放，让大学生系统了解和学习本地传统文化的内容；引导大学生多进入敬老院、孤独院等机构做义工，通过这些活动，自觉提升大学生的思想素质和心灵体验，为大学生道德价值观的社会实践创造良好的条件，提供更多的学习机会。

在传统文化教育中，学校教育、家庭教育和社会教育的本质目标是一致的，都是让受教育者的综合素质得到全面提高，促使个体不断实现自我价值，为社会作出更大的贡献。

第三章　中国优秀传统文化的教育价值

　　第三章为中国优秀传统文化的教育价值，分别论述了中国优秀传统文化的道德教育价值、文化自信教育价值、心理教育价值、创新教育价值、思想政治教育价值。

第一节　中国优秀传统文化的道德教育价值

　　"中国文化可一言蔽之，乃是一种最重视道德精神之文化。"[①] 中国传统文化是一种典型的伦理性文化，其中有着十分浓厚的道德观念，任何事情和行为都要经过道德的考量。中国人尤其是传统的中国人十分注重道德修养。由于中国传统文化中的道德精神修养方面的文化十分经典，有着时代性的特征，因此很多西方国家和地区也都比较推崇。道德具有历史继承性。在建设社会主义道德的过程中，要将传统文化中的"讲道德、尊道德、守道德"文化精髓继承并发扬光大，将自己的思想道德基础打牢。

一、高校道德教育工作的现实背景

（一）全球化的影响

　　现代社会正在经历全球化快速发展的时期，国家之间和个人之间的经济、政

---

① 钱穆：《中国文化丛谈》，九州出版社 2011 年版，第 101 页 .

治以及文化交流在全球化的背景下越来越频繁。现代的经济交往一般都是国际性的，连带着也影响文化和政治向着国际化发展。西方文化和思潮传入到我们国家，尤其是青少年容易受到其影响，但是大部分大学生对这些西方的现代化思潮采取的是扬弃的态度，能够批判性地接纳。

但是不可否认的是还有一部分大学生不能以正确的态度和做法来面对外来文化和思潮，这样容易造成他们对价值观的选择出现偏差，引导他们的行为向着不良的方向发展，要提高他们的人文历史知识、理论准备和识别能力，加强学校的德育教育。

（二）市场经济的影响

高校的德育推行能够受到社会主义市场经济体制的影响，这种影响有积极的，也有消极的。除了积极的影响，社会主义市场经济体制本身也带有一定的弱点，这些缺陷也会影响大学生的人生观、价值观以及政治观。比如在金钱和利益的驱动下更加重视功利和实惠，一味追求物质方面的东西，没有集体感，缺乏责任感，等等。

大学生的身心正在走向成熟的关键阶段，更容易受到市场经济的负面影响。由于市场经济体制的影响，社会利益在分配上更加具有多层次性，因此这种多层次的利益分配也让大学生的价值观选择更多。生产者在市场经济的条件下更具有自由性，因此对于生产出来的文化产品其质量面临更多的考验，更容易出现产品良莠不齐的局面。市场经济对大学生产生的消极影响主要在于缺乏集体意识，有着严重的个人主义倾向，面对这些倾向的价值观，明显与学校的教育目标相背离，高校的德育功能也不能得到有效的发挥。在市场上经济条件下人们越来越对物质和利益充满追求，政治意识在这种背景下也被慢慢淡化。一部分大学生对市场经济的看法存在严重的偏差，认为市场经济和政治是没有关系的，更重要的是经济效益，这种想法的驱使下，他们只会越来越忽视学校的思想教育。大学生在市场经济改变社会生活的背景下其生活的环境发生了巨大的变化，整个人格都处于多变和相互冲突的多元价值中，从而极易受到社会不良风气的影响。改革开放以来，整个社会都受到了市场经济的影响，有许多方面比如社会风气和社会秩序等都出现了不良的现象，整个社会充斥着拜金主义和享乐主义的思想，更是经常发生偷盗抢劫、以权谋私的现象，可能这些现象只出现在比较小的范围之中，但还是会给大学生带来很大的迷惑性。

（三）高校德育工作缺乏社会和家庭的有效沟通

当前，高校在德育工作中并没有将家庭、社会的工作也融入其中，没有协调好三者之间的关系，得不到家庭和社会的支持，这种情况会对高校的德育工作带来更大阻碍。

我们知道，高校如果想要增强德育工作的实效性，就要将自身的德育管理水平提高，而高校的德育工作并不是高校一方面努力就可以达成良好的结果，学生的思想品德形成受到多方面的影响，最主要的就是学校、家庭和社会共同的推进。目前高校的德育工作比较封闭，没有形成有效的学校、社会以及家庭协作的教育机制。虽然有的学校建立了"家长学校"或者家长委员会，想要将家庭指导的功能发挥出来，但是这些举措也存在这样那样的问题。学校、家庭和社会的德育工作是一个紧密联系的整体，如果任何一方没有做到位，就很可能导致整个教育失败，达不到德育的目标。因此需要积极地将学校、家庭以及社会的教育紧密结合起来，形成统一的整体，学校的德育管理也就更加具有开放性。

（四）科学技术的高速发展

互联网是一个先进的现代化系统和技术，它超越了民族和国家的界限，具有开放性、便捷、信息获取量大以及很强的直观性，这些特点十分有利于不同的文化类型、意识形态、价值观念等信息在互联网上传播，并且多元文化可以在这里不断碰撞、交融，形成新的文化。

当前，世界是一个充满高科技的世界，信息进入了大爆炸的时代，传播的途径也越来越多样化和现代化，这些特点使得大学生面临着各种各样的思想和文化，无论是我们的传统思想和文化还是外来的思想和文化，都会给大学生带来很大的冲击，影响他们的世界观和价值观。

互联网正在改变公众的生活，并且随着技术的成熟和创新，其影响力也越来越大，高校的青年学生作为互联网用户的主体，更加容易受到影响。尤其是互联网改变了高校的德育环境，虽然为他们创造了良好的培育条件，但是也面临着一些挑战。

青年学生在互联网的背景下面对爆炸的信息，受到多元价值取向的影响，很难进行理性的思考和正确的价值判断。一些不良的思潮比如享乐主义、道德败坏、拜金主义以及精神空虚都会通过互联网传递给学生，如果大学生的自制力比较差，必然受到影响，产生不良的道德观念。

二、当代大学生的特点

（一）大学生的优点

大学生群体有着自身的优点。大学生有较强的竞争意识，积极进取，渴望成才。并且更加追求自我和个性发展，有着活跃的思维，对新事物和新思想接受良好。大学生有着较强的创造力，也有着一定的使命感和责任感，对国家大事比较关心，有着较为远大的理想，这些说明他们有着积极健康的思想主流、伦理道德认知、价值判断。

（二）大学生的不足

我们也应该看到大学生的不足之处也十分明显。这是因为现在的大学生都是

00 后，深受市场经济和外来思想的影响，其中的一些不良思想就容易让他们产生对信仰、文化和责任的疏离倾向。

1. 政治方向方面

一部分大学生没有树立起对国家政治的关心和责任感，不关心国家大事和政策，不重视政治理论的学习。

2. 道德情操方面

有些学生在面对社会上一些道德认知错位或者不规范的行为时会感到无所适从，这是因为这部分学生没有良好的道德判断能力，在对道德选择上分不清是非，因此会导致他们在道德评价上出现了双重的标准。一方面，大学生十分反感和反对一些社会上违背道德的行为和事件，对贪污腐败的行为更是深恶痛绝；另一方面，大学生中间还经常出现考试作弊、就业失信以及论文抄袭的行为，对自己的要求就比较低，甚至还对一些丑恶的现象习以为常。

3. 价值理念方面

虽然，大学生知道拜金主义、享乐主义等一些个人主义行为是错误的，但是进入大学之后，大学生首次自主掌握经济资金，没有良好的自制力和价值观就很容易陷入不良的行为习惯中，更多地关心的自己的利益，更是有部分学生将理想追求和现实的功利相结合，更加追求物质的享受，凡事都首先考虑最后的利益结果。

有一部学生在大学专业课上经常取得优良的成绩，但是他们忽视了思想道德的修养，对于所学的知识，只学对自己当前利益和今后就业有用的，没有一个理性的追求，甚至直接表现为对金钱的追求。

4. 人生理想方面

一部分大学生只将眼光放在个人的生活和前途上，对民族、对社会、对集体都缺乏责任感。面对大是大非问题，面对个人和集体国家的利益关系问题，他们会将自己的利益放在首位，注重个人价值的实现，很少再去关心国家的命运。

在高校开展德育的过程中要结合大学生的新特点，让工作的推进更加有目的性和针对性。

三、高校道德教育存在的问题

（一）重知主义倾向的影响

重知主义倾向主要体现在以下两个方面。

1. 重视智育，忽视德育

在德智体的教育关系中只将智育放在重要位置，对德育十分忽视。在古代，文人具有十分高的地位，人们总结出"万般皆下品，唯有读书高"的说法，因此在古代就十分重视智育，这就影响到我们今天的教育观念，人们普遍认为好学生就是成绩好，将两者画等号，德育的培育只在口头上宣传，并没有在实际上重视。这就导致"育人"的功能没有得到体现，人为将"教书"和"育人"割裂开。甚至一些教师还认为"育人"的工作不是自己的职责，并不关心学生的道德修养的养成。

2. 重视道德认知，忽视道德情感、行为和意志

在德育的过程中只教育学生认知道德的理论、概念，但是却没有在情感、行为和意志的培养上进行培育。在德育的过程中我们将道德教育当作一种知识，会直接运用知识教育的方式在道德教育中，这样教育出来的结果只能是学生在道德的知识和理论上有一定收获，但是却不能付出情感和行动，没有形成良好的信念。德育更加强调理解和内化，需要潜移默化的过程，需要实践来证明。

（二）学校德育缺乏对人主体性的认识

在传统的教育模式中，高校的德育模式是由计划经济催生出来的，这种德育的模式将学生的主体性忽视得很彻底，甚至出现了专制强横的现象。

德育的专制强横具体体现在以下三方面。

首先是德育内容上的强制性。在对学生进行道德方面的教育时很大一部分人都会以一些外在的目的为出发点，或者教师在德育教育上有自己良好的主观愿望，为了这些目的或愿望往往不会以学生的主观意愿为主，强制灌输给学生一些道德规范和道德概念，这些理论性的知识都是抽象的，学生必须无条件接受。

其次，德育的发展模式上有强制性。德育的目标设立或者学生德育发展模式的标准往往都是一些政策或者文件的要求，属于外在的因素，并没有考虑到学生的内在需求。甚至很多人认为无条件服从规章制度就是德育的社会服务功能，没有将个体道德考虑在内。

最后是德育方式上的控制性。传统的德育教育过程中，教育者经常以独断的态度将道德知识和教条灌输给学生，没有尊重学生的能动性，不能激发学生的主动参与性，在教学的理解上忽视了教和学的相互促进的关系。这种教育方式更加突出了权力的作用，学生的主体性没有被重视，也就降低了德育的实效性。

（三）德育的手段和内容落后于时代

1.德育手段与实际相脱离

德育发展要想走向现代化，就必须先让教育的手段走向现代化，现代社会正在经历的科技所带来的各种变化，信息社会是当今社会的特征，德育要抓住信息技术和各种科技手段，利用现代媒体，将教育信息更加方便快捷地记录、存储和传输等，在班级的常规管理中可以直接运用幻灯片和录像等手段，运用互联网的技术扩大德育的交流范围。

2.德育内容与实际相脱离

德育内容帮助实现德育的目标。德育的内容选择要想科学恰当，必须符合以下两种要求：一个是学习者需要、身心能力和兴趣反映出来的要求；另一个是教学的内容来源和社会价值观反映的要求。但是我们可以看到，当前的德育教育内容往往只反映了其中一种要求，并没有将两方面要求相统一，因此就和社会的实际与学生的思想实践脱节了。德育中对当前的各种现实问题的探讨不多，有的甚至就没有提到社会现实方面的问题，这样教育出来的学生也就不能很好地认同道德理念，甚至对道德理念不感兴趣，不能接受道德理念，更不要说自觉内化了，这样只会让政治课的教育性、针对性和实用性降低，没有达到德育的目标。

德育如果和时代与社会脱节，不能跟上社会前进的步伐，就不能对大学生产生良好的价值观引导，大学生仍然受到各种拜金主义、个人主义的影响，只追求经济利益，没有将心思放在学习和提高自我修养上，将会对教学的秩序产生严重的冲击。要想将学生的人生观和价值观及时纠正过来，就一定要让德育和社会时代接轨，时刻注意社会动态，更新内容。

（四）德育评价机制不完善

德育评价是大学生思想政治工作的重要内容。德育评价是推动德育向着科学化转变、提高教育实效性的重要载体，帮助促进大学生在德育过程中学会自我检查、调节，学会自我完善，是一种重要的手段。同时，德育评价是调节德育运行机制，优化高校德育过程的重要手段，还可以检验德育的实践效果。

高校十分关注学生的德育评价工作，但是德育评价的工作却比较难以展开，怎样科学全面并且客观合理地进行大学生德育评价是目前学生思想政治工作的难题，这种困难也是由于德育评价本身就有复杂性，具体的操作难度比较大造成的，主要体现在这几个方面：

首先，当前的学生德育评价工作一般是由辅导员和班级的干部协同组织的，但是辅导员由于每日的工作量大，没有太多精力去了解学生的实际情况，因此对大部分学生并不了解，一般他们会采用学生代表组成学生德育考评小组来实施德育评价工作，很容易就失去了评价要求的公平和公正原则。

其次，大学生德育评价一般采用的是指标量化的方法，先给每一个学生打上德育分数，然后根据德育分值的高低以及比例设定德育定性的等级，一般会采用"优秀、良好、及格"的评价标准。但是这种定量评价的方法没有太多的科学性。

（五）高校师德水平有待提高

在教育工作中，教师的人格是一切教育的依据。如果一个人没有一种东西，那么他也就无法将这种东西献给别人。教师在学生的思想品德修养的道路上扮演着引路人的角色，老师的一言一行、一举一动都是在为学生做示范，学生很容易受到老师言行的影响。所以，如果一位教师有着崇高的人格魅力，那么就会感染和影响学生也做一个人格完美的人。

在现代的高校教师队伍中，大部分教师的师德状况是良好的。但是我们也看到一部分教师却没有尽到一个教师为人师表的责任。一部分教师在受到市场经济的影响下只注重自己的业务进修，没有将理论的学习放在重要位置，没有正确的理想信念，只追求现实的功利，缺乏纪律约束。如果再受到严重的拜金主义和个人主义以及享乐主义思潮的影响，有些意志不坚定的教师就会迷失自我，失去一个教师应有的师德，不敬业、弄虚作假、唯利是图，这些行为都会对学生造成负面的影响。

四、中国传统文化的伦理取向

所谓伦理道德不外是做人的道理，告诉一个人应该怎样处群、怎样待己。中国传统文化最注重如何做人。中国传统文化是一种伦理型文化这已经得到公认，这样一种文化把伦理道德放在一切文化活动的中心位置，高度重视伦理道德相对于其他活动的优先性，高度重视道德教化对整个社会治理的重要作用，几千年来积累了丰富的道德经验。

（一）伦理道德是中国传统文化的中心

中国传统文化是一种伦理型文化，伦理道德统摄一切文化领域。与西方文化被叫作智性文化相对应，中国传统文化被称为德性文化。中国文化的精华就在于伦理道德学说。

1. 伦理道德是一切文化活动的中心

文化活动都是由伦理道德来控制的，包括政治、经济、教育、军事以及科技等等，人与他人、人与社会、人与自然之间的关系也都由伦理道德来评价和控制。

从人与人之间的关系来看，在我国的传统文化中，十分强调人和人之间的相互的责任和义务，不同群体之间的关系和义务都有着一定的伦理道德规范。

人和社会之间的关系，在我国的传统文化中更加强调道德本位、群体本位，社会决定个人的价值，个人并不能对自己的价值定位。

从人和自然之间的关系来看，北宋思想家张载在自己的《正蒙·乾称篇》中说道："乾称父，坤称母。……民吾同胞，物吾与也。"将人和自然的关系也看成是人和人之间的关系，自然就相当于父母，我们靠自然养育，所以我们就要像孝敬父母一样对待自然，做到顺应自然。但是西方的文化中对自然的态度和我们是不同的，他们认为大自然变化莫测，属于人类要去征服的客体，中国传统文化认为大自然是"一家之长"，要服从自然，这从我们将自然称为"老天爷"就可以看出对自然的尊敬和顺从，认为人类的一切都是大自然的恩赐。

2. 伦理道德学说统摄着中国传统学术

"作为社会心理状况的理论升华，伦理道德学说当仁不让地成为中华学术的首要重心。"[①] 所有的学术的中心都离不开伦理学说，从哲学的角度来说，不管是

---

① 张岱年、方克立：《中国文化概论》，北京师范大学出版社 2004 年版，第 267 页．

本体论还是认识论，这两个学说都和伦理学难以区分开来。从文学和历史学的角度来说，本体论和认识论的中心思想和观念将道德伦理作为评价的最高标准。我国的传统学术，可以概括为经、史、子、集。经学也就代表着儒学，其核心的思想就是道德伦理理论。中国传统学术的特征就是用经学覆盖了所有的学术，这样就造成了古代的所有学术都带有经学的色彩。在西方国家，很早就产生了自然科学，并且发展出了各种学科分支，每一门自然科学都可以自己独立发展，这和中国古代的经学笼罩一切是截然不同的。"中国文化的发展，在秦以后的两千余年，却一直笼罩在经学的气氛之中。"① 由于经学的核心是伦理学，因此我国的传统学术也就充满了伦理的色彩。文学在古代的目的是"文以载道"，其中的道其实就是说的儒家学说。传统文化中的史学十分讲究微言大义，以一字之褒贬，使乱臣贼子惧，使忠正贤良显。我国的传统哲学更是将主要课题放在伦理的探讨上。

3. 伦理道德学说是传统文化的精华性内容

我国传统文化中的净化就包含了伦理道德学说，中国人由于有伦理道德的约束才形成了我们彬彬有礼的文化，使我们信奉仁义礼智信。从唯物辩证法的角度看，任何事情都有两面性，传统道德也不例外，既有精华，又有糟粕，其中矛盾的主要方面就是传统道德以精华为主，糟粕部分不占主流。道德对于社会和个人都有着基础性的意义。

如果一个民族缺乏道德，那么一定会慢慢退出历史舞台，比如古罗马，在历史上是一个非常强盛的文明，但是由于在后期道德败坏，导致蛮族入侵，没有力量抵抗直至整个民族覆灭。如果一个人没有道德，那么也很难在社会上立足。中华文明正是由于时刻充满道德才能绵延数千年。中华民族的发展壮大就是因为始终将道德作为我们的民族信条。如果单纯从功利主义的角度看，中华民族拥有道德是利大于弊的，我们一直被奉为礼仪之邦，就是因为我们将道德放在重要位置，

---

① 张岱年、方克立：《中国文化概论》，北京师范大学出版社 2004 年版，第 282 页.

从而在世界上成为唯一一个历史文明从未间断的民族，这也是西方国家的一些近代思想家比如伏尔泰等人十分推崇中国道德戒律的原因。我们不能从单一的角度来看待传统道德，要看到事物的两面性，不能全盘否定，这样会让我们失去民族自信。

那么如何对待传统道德呢？显然应该是取其精华，去其糟粕。在过去传统道德曾经遭到严厉批判，这在某种意义上说可以说做的是去其糟粕的工作。这一工作开展得卓有成效，许多陈规陋习都被清理掉了，"忠君""三从四德"等糟粕性内容已经绝迹了。另外，随着时代的发展、人们受教育水平的提高，许多封建迷信的道德教条也被摒弃了。可惜的是这个工作有些过度了，结果传统道德里面的精华部分也一起被否定了，用恩格斯的话说是把脏水和孩子一起泼掉了。这也是现实生活中传统美德稀缺的一个重要原因。为了丢掉糟粕加快前进，我们把历史上形成的传统道德一股脑地都丢了，传统美德没有能好好保留下来。所以我们今天更重要的是注重继承和弘扬传统道德的永恒的精华的部分。与其责怪社会道德水平滑坡不如好好提倡明善修德。

（二）浓厚的道德教育传统

在中国的传统文化中，其伦理方面十分重视道德教化。中国在古代时期就已经在道德教育上有了长足的发展，并且大部分统治者都十分重视"政教"，在古代的教育领域，不光将德育的实施放在首位，培养伦理道德还是教育的目的内容和手段的首要任务，并且各种教育思想的学说中也包含了大比重的德育学说。我们可以说中国教育史就是一部德育史。

1.历史方面

我国有着十分悠久且丰富的道德教育历史。

最早在夏朝时期，学校教育中就将人伦道德作为重要的教育内容，在《孟子·滕文公上》曾提到，夏朝的学校教育的最终目的就是让人们明人伦。什么是人伦？

人伦就是指人和人之间交往和相处的道德规范的总和。

到了商代，学校教育也将思想政治教育当做重要的方面。当时社会上奉行的基本道德准则就是"孝"，甚至王位继承时也要考察候选人的孝道，如果不孝就会受到处罚。

西周时期，道德教育发展出了礼乐之教，并且受到社会上下的一致重视，在《礼记·文王世子》中对礼乐的道德作用做出了说明"乐所以修内也，礼所以修外也"，乐是用来内在道德的修养，礼是用来外在的道德行为和人际准则。

春秋时期，孔子这位中国历史上最伟大的教育家和思想家诞生了。提到孔子必然离不开他开创的儒家学派，这一学说的主轴就是道德教育，这个学说也在后来影响了中国几千年的历史。孔子对德育原则总结出立志、克己、力行、中庸、内省、改过的说法。另外，孔子对教师的道德修养也提出了要求，希望教师可以以身作则、教学相长、爱护学生、以德服人等等。

2. 影响方面

道德教育在历朝历代都受到了高度重视。尤其是统治阶级为了便于统治和管理，对道德教育的重视程度是其他教育无法比拟的。孔子诞生之后的历朝历代，都将孔子放在重要地位，奉为"圣人"，儒家学说中的仁义礼智信被大力提倡。封建统治阶级就是将政治教育作为重要的统治工具。历代统治者都信奉"建国君民，教学为先""化民成俗，其必由学"的思想，这是由《学记》提出来的。虽然我们今天处在社会主义国家，但是思想道德教育在什么时候都不落伍，都是教育的必要内容。在各行各业都将道德素质作为考量的标准，评价一个人首先会先考察他的道德素质，招聘或者招生以及提拔干部领导的时候也会将思想道德素质的考察放在重要位置。如果一个民族缺乏道德修养，那么这民族也会很快走向衰败，中国对道德价值的重视在世界上都属于独一无二的存在。

3.地位方面

中国古代教育的核心就是道德教育。在我国的传统教育中，德育被提升到极高的位置，传授知识只是教育的附庸，其主体还是在于德育，道德教育就是古代教育的核心。我们从教育的目的、过程、手段和内容上都可以看到德育的存在。从教育的目的上看，教育的首要目的就是培养人们的道德修养，其他的一些智力、体力等方面的知识都属于下一等的内容。从教育的过程和手段上看，古代教育将人的内心情感体验放在重要位置，忽视社会实践。从教育的内容上看，中国古代的教育教学的核心内容就是道德教育，在当时的一些学堂教育机构在授课时也主要教授儒家道德信条。另外，十分典型的一点就是各个朝代在开科取士的过程中向来是以儒家经典知识为考试的主要内容，科举考试的内容和范围是当时社会教育的风向标，这也就导致了社会上的教育都是以儒家经典为范本和教材，也就代表教育的内容就是伦理道德学说。

（三）丰富的伦理道德资源

伦理取向浓厚的中国文化有着丰富的伦理道德资源，这些伦理道德资源现在已经成为中华民族重要的文化遗产。正如习近平总书记所言："中华传统美德是中华文化精髓，蕴含着丰富的思想道德资源。"中国传统文化中宝贵的道德资源是今天我们进行社会主义道德建设有待开掘的一座富矿。

1.中国古代有丰富的伦理道德学说

从伦理思想的内容来说，伦理道德学说分为人性论、理想人格论和修养论等各种丰富的伦理思想。

从历史发展来看，中国的伦理道德学说在不断吸收新的内容和思想，不断地创新发展，产生新的理论。我们可以将中国的伦理思想分为三个历史阶段。首先是先秦时期，这个时期中国伦理精神开始孕育并发展。我们可以在最早流行的一些上古神话中看到一些人伦方面的故事，还有《周易》中也体现了伦理的萌芽学说。到了西周时期，最大的进步就是形成了周礼，这为之后朝代的伦理生活构建了范式。春秋时期，孔子开创了儒家学说，就是将伦理的思想体系的核心定为礼和仁。伦理思想发展的飞跃时期就是汉唐时期，这一阶段中国形成了大一统的封建体制，伦理到了两汉时期居于主导地位，最著名的就是董仲舒提出的"三纲五常"论。佛教传入中国，其伦理思想也在不断发展。中国的伦理思想到了宋元明清这一阶段进入了辩证综合时期，儒家和佛教的伦理思想相互融合发展，最终在宋代到明朝时期形成了"新儒学"，程朱理学和陆王心学是新儒学伦理学派的主要流派。

从流派来说，出现了许许多多的伦理流派，比较著名的有儒家、佛家、道家、法家、墨家等等，流派和流派之间也在相互竞争和学习，形成了十分精彩的伦理思想。一门大的学派内还会细分成各种小的流派，比如儒家学派就分为孟子的性善论和荀子的性恶论，并且这两种言论还是完全对立的。又比如，佛家的伦理思想又有着大乘佛教伦理思想与小乘佛教伦理思想的区分。

2. 中国古代形成了发达的传统道德规范体系

中国古代有着非常发达的道德规范体系。

（1）涵盖广

中国传统道德规范体系在内容上具有涵盖十分广泛的特点。社会和个人的方方面面，不论什么活动都有道德规范的约束，没有一丝遗漏。就拿人与人之间的关系来说，不同的关系有不同的要求。父母子女之间要求父母慈爱，子女孝顺；师生之间要求学生尊敬老师，教师爱护学生；君臣之间要求臣子对君王忠诚，君王要给予臣子信任；朋友之间讲究友爱；人和人交际要讲诚信；夫妻之间需要相敬如宾。

（2）途径多样化

中国传统道德规范体系在形成上的途径具有多样化的特点。这里可以分为两大类。一类是由专门的理论家针对道德规范提出来的理论，还有统治阶级积极推行的道德规范。另一类的道德规范是人民群众自觉形成的，一般会以风俗习惯的形式存在。比如说董仲舒提出的三纲五常，人民群众在日常生活中自觉形成的善良、诚信和爱国等美德规范。

（3）影响深远

中国传统道德规范体系具有十分深远的影响。我国的传统道德规范经过长时间的发展早就深入人民群众的生活，在群众中有着极高的认可度，并且这些道德规范代代相传，简单易懂，即使没有读过书也能熟知这些道德规范并遵守。这里举一个典型的例子，丁龙是清末时期的美国华工，他不通文墨，是一个文盲，在美国的一位将军家里务工。将军的脾气不太好，很多仆人都不愿意受雇于将军家，丁龙也在工作一段时间后从将军家辞职。后来将军家发生了火灾，只有丁龙愿意冒着生命危险来救人，将军对此十分感动，就问丁龙为什么要来，丁龙回答是因为自己遵循孔子提倡的忠恕。将军就问他是怎么知道孔子的言论的，丁龙回答说是由历代口耳相传学习到的。之后将军和丁龙成为好朋友，丁龙还在去世之前将自己积攒下来的财物交给将军，之后将军在哥伦比亚大学遵照丁龙的生前的愿望建立了专门用于中国文化研究的"丁龙讲座"，这也是哥伦比亚大学中文系的前身。丁龙讲座一直延续到现在，为中国文化的传播和研究作出了贡献。

五、中国优秀传统文化道德教育价值的体现

改革开放以来，我国在物质文明和精神文明建设方面都取得了巨大成就。但相比而言，精神文明建设相对滞后。在社会某些领域，拜金主义、享乐主义、以权谋私、见利忘义、损人利己、人情冷漠等不良现象广泛存在，从而制约了经济社会持续健康发展。邓小平指出："不加强精神文明的建设，物质文明的建设也要

受破坏，走弯路。光靠物质条件，我们的革命和建设都不可能胜利。"[①] 加强精神文明建设，提高全民族道德素质，在全社会培育和践行社会主义核心价值观，是一项重要而紧迫的任务。中华民族历史上形成了许多宝贵的德育教化资源，积累了丰富的道德教化经验，在今天依然能够发挥巨大价值。

（一）提供德育教化资源

中国传统德育教化资源是中国优秀传统文化的重要组成部分，它既包括中华传统美德提倡的道德规范，也包括践行这些道德规范的道德典范。

第一，中华传统美德。中华民族是一个崇尚道德的民族，伦理道德在传统文化中占据至高无上地位。《左传》提出了"三不朽"说，即"太上有立德，其次有立功，其次有立言，虽久不废，此谓三不朽"（《左传·襄公二十四年》），把"立德"放在"三不朽"的首位。孔子说："为政以德，譬如北辰，居其所而众星共之。"（《论语·为政》）把"德"放在"为政"的中心位置。孟子认为"人之有道也，饱食、暖衣、逸居而无教，则近于禽兽"（《孟子·滕文公上》），把道德教化视为人与动物的根本区别。正因为如此重视道德，中国古人提出和形成了内容丰富、体系完备的道德规范。如儒家提出的仁、义、忠、诚、孝、悌、慈、敬等，以及后来形成的"三纲""五常""三从""四德"等。这些传统道德规范中虽然有很多糟粕，但主流是中华民族的传统美德。这些传统美德是中国优秀传统文化的精髓，有着深远的历史积淀和深厚的民意基础，是中国老百姓几千年来认可、赞同、习惯了的道德规范，因此它们在古代曾发挥过重要作用。当前，我们倡导社会主义核心价值观，从某种程度上说它是对中华传统美德的当代升华，是传统美德与时代精神的有机结合。因此，我们在培育和践行社会主义核心价值观的过程中，要注重用中华传统美德滋润心灵、教化大众。

---

① 《邓小平文选》第 3 卷 . 人民出版社 1993 年版，第 144 页 .

第二，传统道德典范。孔子说："见贤思齐焉，见不贤而内自省也。"(《论语·里仁》)榜样的力量是无穷的。我国历来重视榜样教育，把一些道德典范作为"见贤思齐"的榜样，培养人的品格，引导人的行为。中国古代经典《三字经》善于用道德典范进行道德教育，把"香九龄，能温席""融四岁，能让梨""如囊萤，如映雪"等优秀榜样作为儿童效仿学习的对象。《二十四孝》用二十四个孝子的孝亲故事，培育孩子的孝心孝行，这些孝子也成为古代人民群众耳熟能详、赞扬学习的道德模范。用今天的道德标准来衡量，中国古代树立的许多"忠臣""孝子""烈女"已经失去了作为榜样的价值。但在中国历史上，许多践行中华传统美德的典范，他们的高尚品格和崇高行为具有永不褪色的价值。以"爱国"为例，屈原、霍去病、苏武、花木兰、范仲淹、岳飞、文天祥、于谦、林则徐、邓世昌等，他们的爱国精神和爱国事迹依然可以成为今天爱国主义教育的优秀榜样。在道德榜样的高尚人格和事迹中，什么是真善美，什么是假恶丑；什么值得肯定赞扬，什么需要反对否定；什么应该做，应该怎样做，什么不该做，都生动具体地显现出来。有了这些榜样，社会主义核心价值观就由抽象枯燥变得生动具体，就容易在"润物细无声"中内化于心，外化于行。

（二）提供德育教化经验

中华民族自古以来就非常重视道德教育。早在夏商周三代，政府就开设了"校""序""庠"等官方教育机构，进行知识教育和道德教育。春秋战国时期，孔子主张"有教无类"(《论语·卫灵公》)，对人民既要"富之"，更要"教之"。孟子也主张统治者在解决了人民温饱之后，进行道德教育，"谨庠序之教，申之以孝悌之义"(《孟子·梁惠王上》)。秦汉以来，历朝历代虽然主张的道德内容不同，但都重视道德教育，视德教为立国之本。几千年来，中华民族积累了非常丰富的德教理论和实践经验，探索了许多行之有效的德教方法，对于今天的道德建设具有很好的启发意义。

中国传统德教具有鲜明特色，以下几种德教方法值得今天借鉴。一是循序渐进的方法。中国古人已经认识到，人的道德教育是一个循序渐进的过程，不能一蹴而就。古人注重道德教育的阶段性和连续性，儿童道德教育从简单的《三字经》《弟子规》开始，随着年龄的成长逐渐转入"四书五经"的道德教育，有一个循序渐进、逐渐深入的过程。鲁迅在《从百草园到三味书屋》一文中回忆童年教育时说："我就只读书，正午习字，晚上对课。先生最初这几天对我很严厉，后来却好起来了，不过给我读的书渐渐加多，对课也渐渐地加上字去，从三言到五言，终于到七言。"这段回忆，生动形象地描述了中国古代循序渐进的教育方法。二是循循善诱的方法。《论语》上说："夫子循循然善诱人，博我以文，约我以礼。"（《论语·子罕》）循循善诱的教育方法不仅注重教育的次序，更注重教育的效果。"善诱"强调教育的启发性和趣味性，用深入浅出、寓教于乐的教育方法，把枯燥深奥的道德规范变成受教育者爱学乐学的生动内容。三是家庭教育的方法。中国古人非常重视家庭教育，把家教作为道德教育的重要手段。中国古代留下了许多家训，著名的有诸葛亮的《诫子书》、颜之推的《颜氏家训》、司马光的《温公家范》、朱柏庐的《朱子家训》、曾国藩的《家书》等，对中国古代的家庭教育影响很大。在家庭教育下，形成良好家风，这既是家庭教育的结果，也是家庭教育的环境。习近平指出："注重家庭、注重家教、注重家风，紧密结合培育和弘扬社会主义核心价值观，发扬光大中华民族传统家庭美德，促进家庭和睦。"[1] 中国传统家庭美德和家庭教育方法，值得今天人们学习借鉴。

中国今天的教育出现了一些不好的倾向，如注重知识教育而轻视道德教育，注重道德灌输而轻视柔性教化，注重学校教育而轻视家庭社会教育，等等。这些偏差造成了诸如学历高而道德低、能力强而道德弱的扭曲现象。中国传统道德教

---

[1] 习近平：《在 2015 年春节团拜会上的讲话》，《人民日报》2015 年 2 月 18 日第 2 版．

育中形成的注重循序渐进、循循善诱、家训家风的教育方法，是古人在长期教育实践中探索出来的行之有效的方法，能给我们今天的道德教育以有益启发。

六、中国优秀传统文化对大学生道德教育的具体作用

道德素质发展的目标是促进道德认识、情感、意志、行为的发展。中国传统文化的道德教育价值表现在个体层面就是它可以启迪大学生道德认识、陶冶大学生道德情感、激励大学生道德意志。

（一）提升大学生道德认识

要想形成良好的道德修养，践行道德行为，首先就要对道德有一定的认识。因为只有道德的观念是正确的，才能做出正确的道德选择。现代社会充满着各式各样的诱惑，道德选择也越来越复杂，如果缺乏道德方面的指导，就很容易误入歧途。道德属于伦理型文化，我国在传统文化领域中就存在十分丰富的道德认知，大学生可以通过这些认知来丰富自己的知识，这样也能为道德修养的养成打下基础。

1. 奠定道德知识的基础

道德具有继承性。人们在长期的生活实践中逐渐凝聚出了道德文化，并成为文化的一个重要组成部分。传统文化中包含着十分丰富的道德知识，建设社会主义道德需要从这些传统文化催生出的道德知识中汲取养料，因此我们一定要继承这些道德知识，并且作为培养人们道德修养的基础。在传统文化中，产生了很多关于道德方面的格言，学习这些道德格言不仅可以提升知识量，还能够帮助人们更加深入地了解道德。无数中华儿女是从"天下兴亡，匹夫有责"这句话获得了保家卫国、为祖国奋斗的力量。中华民族每一代人的身上都凝聚了道德理念，折射出来的现实就体现在道德习俗、道德心理和民族的性格，并且在各个领域的文献中都有记载，包括哲学、史学、文学、医学等等。我们的祖先经过几千年的实

践积累形成了道德的经验和道德知识，到了今天这些经验和知识仍然指导我们的社会和个人发展。

2. 提供理性精神

斯宾诺莎曾经说过："绝对遵循德性而行，不是别的，只是依照我们固有本性的法则而行。但唯有当我们能理解时，我们才能主动。所以遵循德行而不是别的，即是以理性为指导而行动、生活、保持自己的存在。"[①] 德行和理性具有一致性，并且这种一致性会对人们发出按照理性的原则去生活的要求。大学生只有在拥有理性精神之后才能对道德有一个清晰的认识。中国的传统文化属于理性精神的文化，因此中国传统文化在理性精神和道德认识上都具有坚实的基础。对于人类的理性精神，在中国传统历史上，如果能够摆脱对神明的崇拜，不再封建迷信，可以客观地认识世界，利用客观认知去改变世界，就是理性精神的体现，也体现了中国传统文化确实是一种十分具备理性精神的文化。另外，在中国传统文化中，我们的社会和政治并没有被宗教所控制，宗教在我们国家没有发展成主流文化，中国人可以说没有很重的宗教负担。像西方国家那样让基督教掌控国家和社会整个中世纪的时间，成为超级宗教，这在中国是不可能出现的情况。辜鸿铭认为"中国人没有感到需要宗教的原因，是他们拥有儒家学说这一哲学和道德规范的体系，一个能够取代宗教位置的人类社会和文明的综合体。"[②] 如果按照西方国家的宗教意义来说，儒家学说并不属于宗教。但是由此我们反而能够看出儒家学说的影响力，虽然儒家学说不属于宗教，但是却担负着宗教的一部分职责，发挥出的作用和宗教是差不多的，同时，儒家学说让中国人摆脱宗教的控制。中国传统文化中体现出来的理性精神能够从理性主义传统中体现出来，我国在古代时期就出现了唯物论和辩证法，并且讲究实事求是，从客观的角度认识世界、认识自己。

① ［美］莫蒂默·艾德勒等：《西方思想宝库》，吉林人民出版社 1988 年版，第 599 页.
② 辜鸿铭：《中国人的精神》，李晨曦译，上海三联书店 2010 年版，第 11 页.

3.培养共同的道德意识

中国传统文化可以帮助个体达到一定的道德认知，并且还可以在不同的个体之间形成相同的道德意识。文化的产生出自集体，个人并不能形成文化，因此文化是群体的文化。对中国传统道德的弘扬会帮助人们在彼此之间形成道德共识，将道德认识和行为协调起来。

（二）陶冶大学生道德情感

中国传统文化帮助大学生加深对道德的认知，还能培养大学生对道德的情感。情感是一种道德力量，因为提高道德修养不仅仅要有道德认识，还需要将所认识的道德形成道德情感，这样才能让道德认识发挥出应有的作用。感情是一切道德行为的重要前提，感情可以鼓舞人心，是一种巨大的力量。因为人们失去了强烈的情感，也就会失去强烈的进取心，那就很难在事业上取得成功，也不会成为一个道德高尚的人。中国的传统文化帮助人们激发出崇高感和使命感，强化责任感。

1.引发崇高感

崇高是一种伟大的精神追求，也是一种高贵的道德情感。只有人才有崇高感。中国的传统文化可以帮助人们引发崇高感。哲学家孙正聿指出："中国传统哲学以'为天地立心，为生民立命'为己任，以'究天人之际，通古今之变'为内容，以'修齐治平''内圣外王'为门径，去构建人类生活的精神坐标和确认人类社会的'安身立命'之本。"[①] 在中国古代，人们就已经开启了对崇高的追求，并且这种追求延续了几千年，而且还在发展。人类只有在拥有了崇高感之后才能追求道德。就像康德所说的，只有天上的星空和心中的道德律才会使人产生崇高感。如果失去了崇高感，并且内心没有什么底线，玩世不恭，将会对道德产生破坏。现代社会要想将道德建设推动起来，就首先要建立起道德的崇高感。中国传

---

① 孙正聿：《孙正聿哲学文集》第 4 卷，吉林人民出版社 2008 年版，第 35 页.

统文化中有很多引发崇高感的因素，可以帮助大众文化消解无根性。在传统文化中，到处都充满了对崇高的追求，比如道家追求"自然无为"，儒家追求"君子人格""家国情怀"等，这些都是崇高感追求的体现，激发人们的崇高之感。

2. 激励使命感

中国传统文化能够激励使命感。在拥有了崇高感之后，大学生就会自觉产生一定的使命感，拥有了献身崇高的理想。我国的传统文化中在使命感上也有很明显的体现，拥有十分浓厚的家国意识。在《三字经》中就有讲到"少不学，老何为"，这句话的意思就是让人们对自己的人生负责，积极获取人生的价值。顾炎武的感叹"天下兴亡，匹夫有责"就是将人们对国家的使命感激发出来，要主动担负起建设国家、为国为民的担当。张载说"民吾同胞"，意思就是让人们团结起来，将他人都当作自己的同胞一样维护、负责，促使人们为他人服务。孔子说："见义不为，无勇也。"孟子说："舍生取义。"这些也都是教育人们培养道德的担当。大学生有了道德的使命感，才会主动承担道德的使命，才会践行道德行为。

3. 强化责任感

使命感激励人们主动担当起道德的责任，是从正面的角度来践行，责任感是对一些可能出现的不道德行为的关注。在现实生活中，到处充满不道德的行为。中国传统文化在正面激励弘扬道德的同时还会从反面来防范人性的恶，要对道德行为充满强烈的责任感。中国传统文化中出现了很多的名言警句，比如"嫉恶如仇""见不善如探汤"等等，都是属于对道德行为的责任感体现。从对己和对他人两个方面去加深道德的责任感，对己"防意如城"，要将不道德思想的萌芽预防并扼杀，这样也就不会产生不道德的行为，对他人要从劝谏的角度帮助别人树立道德责任感。

（三）激励大学生道德意志

道德行为需要依靠坚定的道德意志才能践行，如果失去了道德意志，道德行为就很难完成下去。道德人格的形成的关键因素就是要有道德意志。如果一个人失去了道德意志，在面对道德实践中的各种困难和挑战时也就不会顺利通过考验，更不要说选择道德的一方，人们大概率会选择满足自己的私欲，无法坚持正确的道德原则，更不要说形成崇高的道德品质。传统文化帮助大学生树立起坚定的道德意志，其激励的方式主要是采用外部强化、环境熏陶以及榜样示范等各种途径。

1. 砥砺顽强性

大学生在克服外部困难的时候需要顽强的品质。在中国的传统文化中，中华民族的顽强奋斗精神是其重要组成部分，大学生的顽强品质的养成正是需要这种奋斗精神。中国传统文化中有很多体现人民群众顽强品质的故事，比如夸父逐日、精卫填海等等。气节是中华民族精神中十分重要的一项内容，气节在当今社会大学生中的体现就在于无论外部的环境怎样变化，大学生都不能轻易改变自己的道德品质，要坚持自己的道德追求。传统文化熏陶出来的革命志士都有特别顽强的毅力，不管什么样艰苦的环境都能够克服，方志敏、夏明翰等革命烈士宁死不屈的精神正是来源于传统文化中头可断、血可流、主义不能改的大丈夫品格。没有传统文化中威武不屈精神的激励，不可能造就中国共产党人顽强的毅力。中国共产党人作为中国传统文化的继承者和发扬者，正是继承了传统文化中顽强的奋斗精神才在艰难的环境中生存下来取得革命的胜利。

2. 炼砺自制性

顽强的品质帮助大学生战胜外部的困难，但是对于自身障碍，战胜自我就需要自制性了。一个人如果能够克服自己的弱点，将自己当成客体进行管理就说明这个人有自制性。自制性并不是单一的一种品质，是由多个方面的因素组成的综合的意志力，其中就包含了专注、自我克制和忍耐等。中国传统文化中就有很多体现自制力的成语，比如"心无二用""专心致志""一心一意"等。

在我国的传统文化中就对自我克制十分推崇，"存天理，灭人欲"这一说法虽然是一种极端的禁欲主义，但是也可以看出中国传统文化中对欲望的克制十分明显。古人提倡"克己复礼"，这就要求人们要有极强的自制力，要在生活中严格按照道德的要求。在中国的传统文化中出现了《忍经》《劝忍百箴》等著作，这些著作甚至还对忍耐进行了分类和专门的研究，可以体现中国传统文化部中的忍耐文化，提倡人们遇事忍耐。纵欲是绝对反对的，传统文化中反对自我放纵，要将自己的欲望控制好，甚至还要将自己的欲望进行升华，这和弗洛伊德的超我超越本我具有相同的内涵。

3. 锤砺果断性

果断的构成因素包括判断力、抉择力和决策力，这是一种良好的意志品质。道德品质中也要求人们要有果断性，如果一个人缺乏果断性，在面对道德选择时就会犹豫不决、无所适从，也就很难养成道德的品质。在我国的传统文化中果断的意志品质也是十分受推崇的，用古话来说就是"言必信，行必果"。孔子三思而后行，孔子说："再思可矣。"这句话的意思就是在面对选择的时候不要犹犹豫豫、瞻前顾后，如果想通之后就要立刻采取行动，否则陷入纠结之中就什么也做不好。中国传统文化反对畏首畏尾，提倡果决坚定，这些内容和精神在培养大学生果断性的过程中起到不小的作用。我们可以从传统文化中找到很多关于果断的英雄故事，当然也能从中看到很多因为犹豫不决、反应迟钝而产生严重不良后果的惨痛教训，大学生要从中要吸取经验和教训，帮助自己塑造果断的意志品质。

第二节　中国优秀传统文化的文化自信教育价值

一、以弘扬优秀传统文化坚定文化自信的意义

（一）有利于先进文化的弘扬与传播

青年大学生是国家的未来，是社会主义的建设者，是民族发展的希望。

大学生肩负着实现中华民族伟大复兴的重任。"青年强则国强"，这句话不能

只当成一句口号，要付出实际行动，高校在培育大学生的过程中除了将他们的专业技能培养出来，大学生的人文精神更加应该受到重视。中国传统文化在高校的教育中起到十分重要的作用，大学生要学习中国传统文化，传承优秀的传统文化，从中吸收养分，形成自信的文化底蕴。

进入 21 世纪，经济全球化不断深入，信息技术等也在不断发展，在市场经济和不同文化的冲击下，社会上出现了各种思潮和声音，大学生的思想没有完全成熟，很容易被各种思潮带偏，怎样才能使大学生免受"拜金主义""享乐主义"等不健康思想侵蚀？

其实应该在高校加强思想方面的教育，对先进文化大力传播，将大学生的文化自觉性提高，也加强他们的文化安全意识。这个阶段，我们应该看到将马克思主义思想和中华优秀传统的思想和精神结合起来是一条必要且重要的途径。虽然在近代，我国的传统文化出现了一些断层，但也只是暂时的，在建国之后，我们需要让人民群众获得文化的信心，这就需要寻找出一条适合中国文化发展的道路，同时也要顺应时代的潮流。要将马克思主义中国化和优秀的传统文化结合起来，形成中国特色的社会主义文化，并且采用百姓喜闻乐见的方式在社会推广，促进民族文化自信的产生。

（二）有利于防止西方不良文化的影响

在经济全球化的背景下，要对多元文化和全媒体时代所带来的挑战有一个清醒的认知，这样才能在面对这些挑战时从容应对。大学生的文化自信需要首先辩证地对待西方的文化，从理性客观的角度看待，并且提高对中国传统文化的兴趣，主动了解和学习中国优秀传统文化，才能从容面对多元文化的冲击。

学生文化自信的树立离不开中国优秀传统文化的支撑，优秀的传统文化为中华民族贡献了源源不断的精神力量。我们要不断继承和发扬优秀传统文化的独特性，并且结合时代的发展特性，根据现实的需要，对传统文化进行创新和融合，这样才能建立起牢固的文化自信，延续我们几千年的灿烂文明。

二、大学生文化自信教育的现实困境

（一）学生缺乏文化自信培养的观念与意识

学生对文化自信培养认识不充分，缺乏相应的观念、意识，主要表现在以下几个方面。

1. 价值观有偏差

我国大学生在当前经济全球化和互联网的发展背景下容易受到享乐主义和个人主义的影响，如果没有成熟的思想和坚定的信念，大学生就很容易被功利主义以及利己主义等侵蚀，这明显和我国的优良传统相背离。甚至一部分学生产生了攀比心理，更加追求物质生活，花钱大手大脚，这也就导致了无数校园借贷的案例。还有一部分学生在进入学生会等学生团体中学会了官僚思想，认为自己比别人高人一等，没有丝毫的服务意识。

2. 缺乏独立自主精神

随着我国普通高等院校改革力度的普遍提升，普通高等院校对大学生文化自信教育水平的提高愈发地重视起来，并且纷纷对进行课堂改革，改变传统的授课方法，加强对大学生文化自信教育手段和方法的创新，将学生放在主体地位，不断致力于提高大学生的思想道德素养。但是受到传统教育模式的影响，很多学生依然将教师的教学作为主导，没有学习的主动性，依赖教师的安排，不能独立完成自己的学习计划。由于学生已经习惯了传统的教育方法和手段，在课堂上只一味地听课，从来不会自主思考问题，也不会反思教师的教育内容。即使教师在课堂上使用了新的教学方法，也很少会给教师积极的回应，不会主动和教师交流互动，思维异常懒惰。教师提出的思想品德要求，一部分学生从来不进行自我反思，整体处于一个被动的、消极的状态，更不要说发挥出创造性了。

3. 理想信念层次不高

我国自从改革开放以来，社会的利益格局发生了巨大的变化，人们越来越追求自身的利益。这种变化是不可避免的，但是，在社会的各个群体中，大学生的身份是更加需要关注的，因为大学生的思辨能力不足，知识储备和社会经验也不丰富，很容易受到周围环境的影响，将对自己的利益定位在个人的物质利益上，对国家和民族的发展不关心，更谈不到对高尚理想的追求。大学生在学校中学习专业技能和知识大部分也是为了毕业之后找一个好工作，是为了自己的利益和发展，这种理想属于低层次的理想，也达不到为社会主义事业而奋斗的标准。

4. 缺乏网络法律观念

高校大学生网络素养的核心就是网络道德素养。依靠网络进行的信息传播，基本是虚拟的、匿名的，因此在网络上每一名高校大学生的思想和行为无法被严格地规范，这就需要高校大学生们自觉提升网络道德素养，在思想和行为上自律，以助力网络社会的健康发展。互联网具有开放性和共享性的特点，使我们十分容易就获得各种信息。互联网是一个虚拟的空间。大学生在这个虚拟的空间里，将自己的真实身份隐藏起来，用虚拟的身份发表各种信息，也可以在这个平台中学习，给大学生的学习和生活带来很多便利。但是我们也应该看到，事物都有两面性，互联网相关的法律法规都还不够成熟健全，很多大学生认为造谣没有风险，不需要承担法律责任，因此会随意发表各种不负责的言论。

（二）教师对文化自信培养的教学能力不强

传统的普通高等院校大学生文化自信教育过程中，一般教育采用的思维都是封闭型和被动型的思维。但是现代社会已经新入了高速发展的信息化社会，互联网在其中扮演着十分关键的角色，互联网信息平台让我们进入了全面开放共享的时代，但是高校的一部分教育者仍然停留在传统的封闭型思维模式中，对互联网＋的教育理念产生抵触的心理，继续采用传统的教育理念教育学生。

受自身信息筛选能力限制，不能充分利用互联网。现代互联网平台上充斥着各种负面的信息，鱼龙混杂，这些不良信息也让教育工作者对互联网有了不良的印象，消极应付。有的年纪比较大的教师对互联网上的信息不能充分利用，也不会使用互联网平台来编辑教学内容，更不用说要使用互联网信息平台来开展思政教育了。很多教育工作者跟不上时代的发展，不了解新一代的大学生流行着的网络语言，也就不能和大学生良好沟通。

（三）高校文化自信教学模式相对落后

我国大部分高校在面对新时代的变化和国家教育改革的要求时纷纷开始了课堂改革，并且取得了不小的成绩，研究出了新的教学方法，但是我们也应该了解，还有一部分学校并没有跟上时代的步伐，仍在全面使用传统的教育方式。大学生的文化自信教育需要教师和学生共同参与，自由互动。因此，在高校的课堂中，教师和学生要利用这部分时间相互沟通、交流起来，但是我们也看到，很多教师在课堂上更多的还是采用"满堂灌"的方法，即使采用了多媒体等多种新的教育工具和设备，也只是把这些工具当作辅助，没有将教育方式的内涵改变，教师只知道一味地输出，学生机械地记笔记，学生的学习自觉性和主动性无法发挥出来。

很多高校建立了大学生文化自信教育网络平台，但是还有一些学校在这方面的做法十分落后，并没有建立起相应的网络平台，甚至有一些高校的管理者和教育者没有感受到网络教育的重要性，更不用说去接触网络教育，因此采用传统的课堂教授模式仍然是这些学校最主要使用的教学方法。在思政教育上使用传统的教育模式很难激发出学生的学习兴趣，因此，这些高校要更新自己的观念，与时俱进。目前，"翻转课堂""微课"教学、"慕课"教学等都在其他学科上得到了积极的运用，同样在大学生文化自信教育上也应该得的适当运用。其中就存在一个"度"的疑难问题。思政教学内容的特性、教学科目的特点、学生年龄特点和学习能力等决定了应该使思政教学有针对性地进行改进式发展，而不应该盲目仓促开展新的教学模式。目前普通高等院校大学生文化自信教育课程内容相对独立，大学生文化自信教育模式还未健全，未能全方位将大学生文化自信教育的相关理论融入普通高等院校教育教学过程当中。

（四）文化自信教育机制不够完善

健全且良好的机制是普通高等院校大学生文化自信教育工作达到最佳成效的有效保障。可见，健全的机制对于普通高等院校思政工作的重要意义。

部分普通高等院校对于教材的更新和最新政策、最新会议精神传达不是很及时，这就造成了大学生文化自信教育内容以及会议精神内容传达的延时。

普通高等院校思政教师是对大学生进行大学生文化自信教育的主力军，但目前普通高等院校对于思政教师的考核重点依然是科研项目以及论文发表数量等学术方面的内容，而真正作为思政教师核心工作内容的育人成效考核以及自身思想素质、知识理论水平的考核却没有明确的制度规定。

普通高等院校协同育人机制不完善。当前普通高等院校大学生文化自信教育队伍的主要力量来自思政教师以及辅导员老师队伍，并未做到全员育人。协同育人机制流于形式而未能切实贯彻。普通高等院校教育教学与大学生文化自信教育的衔接度和配合度不高。

三、高校推进大学生文化自信培育的有效途径

（一）注重理念优化，提升文化认同

高校在对大学生进行文化自信的培育过程中，要始终坚持从科学角度处理中外文化的关系，从整体的角度对待文化的传承，培育的过程也应该落实到方方面

面。文化自信培育过程的方向和性质受到培育理念的影响。当前，高校在进行大学生文化自信培育的过程中出现了不少问题，比如方式单一、内容简单、环节缺失等等，迫切需要改革。

1. 树立整体观念，正确对待文化传承发展

文化自信是历史和现实在文化层面的融会贯通，体现了文化的发展规律。培育文化自信，要立足于现实的需要，并且和历史经验与未来理想有机结合起来，这也从辩证的角度对历史文化和当代文化的理解。

在高校中进行文化自信的培育，需要做到以下几点。

（1）将文化自信丰富的理论内涵和它一以贯之的内在逻辑展现出来。将我国的文化从最早的古代时期一直到今天的演变过程展现出来，并且将其中的客观发展规律也清晰地阐述出来，要说明我国的社会主义特色文化并没有将传统文化和当代文化割裂开来。

（2）明确对待中国优秀传统文化的态度。在培育的课堂上，为了让学生了解文化的发展要以创新性和创造性为指导，可以分别采用古代和现代的不同方式来对同一段材料进行解读，让学生明白要对中国优秀传统文化进行现代创新的必要性，也要学会用现代的理念去解释民族文化的传承。

（3）要让学生了解以何种态度对待革命文化。在培育课堂上可以给学生讲解一些真实的、动人的革命先烈故事，要让学生知道，传统文化和马克思主义的有机结合是依靠革命文化实现的，要让学生将革命文化重视起来，以培育学生的新时代革命精神，鼓励新一代青年勇往直前。

（4）指明以何种态度对待社会主义先进文化。为了让学生将社会主义先进文化的核心地位明确起来，可以在课堂上展示一些近几年我国优秀的文化作品，这样学生也能对文化在现在社会中的重要作用有一个更加深刻的印象。从整体的角度将文化自信的内涵和意义阐述出来，让学生自觉担负起对中华文化的批判继

承与创新发展的使命，高校的文化自信培育工作也就达到了目的。

2. 树立科学观点，正确处理中外文化关系

当今时代，在世界范围内，文化价值取向趋同与民族文化个性张扬之间的矛盾逐渐加深。在面对文化价值取向趋同的过程中，我们要始终坚持以本民族的文化为本，对人类文明优异的成果要积极吸收，但也要坚决抵制文化殖民主义。在面对民族文化个性张扬的特点时，我们要明确中国始终站在维护世界和平的一端，要利用本民族的文化促进人类文明进步。在高校的文化自信培育工作中，也要将上述两者体现出来，既要有包容的世界性，也不忘弘扬自己的民族性，这样大学生就能够以广阔的视野来对待世界文明，同时对中华文化发展的立场坚决守护。在高校的文化自信培育课堂上，可以利用多种手段，包括多媒体、录音等让学生将自己的提升文化自信的经验分享出来等各种方式，坚持马克思主义文化观，将全球的文化交流交锋的必然性和交锋的根本原因解释出来，让学生对此有一个更加深刻的认识。

将中外文化的差异性和共同点通过对比的方式展现出来，当然，在对中外文化的关系进行讲解时要突出中华文化发展的过程。始终将科学的观点和整体的观念贯穿于大学生文化自信的培育过程，让学生明白科学观点和整体观念是相互促进和交织的关系。

（二）注重资源挖掘，丰富文化自信培育内容

1. 以中国特色社会主义文化涵养民族精神

民族精神还是一个民族赖以生存并发展的基础，中华民族拥有五千多年的历史，在如此长的历史长河中我们经过积淀形成了中华民族精神。爱国主义是民族精神中最核心的思想。中国特色社会主义文化包含了各种精神，比如爱国主义、人文精神等。民族精神寓于中国特色社会主义文化当中。

中华优秀传统文化是中华民族的"根"和"魂"。在我国的传统文化中，儒家有很多思想和精神都体现了传统文化的精髓，包括"天行健，君子以自强不息""言必行，行必果""协和万邦""天下兴亡，匹夫有责"等等，这些思想也都体现出仁爱、民本、诚信、和合、正义以及大同的愿望和理念。中国特色社会主义的文化精髓就包含了爱国情怀、责任担当以及奉献精神等。高校在培育学生文化自信、道德修养以及丰富他们的精神世界的过程中就要将中国特色社会主义的文化思想精髓融入教育，铸魂育人，让每一位学生都受到爱国主义精神的洗礼，让学生学会热爱自己的祖国，立下远大的志向，为社会主义建设事业贡献自己的力量。

2. 以中国特色社会主义文化涵养时代精神

一个民族只有敢于创新才能不断进步，创新是一个国家不断发展的动力，中华民族拥有这种创新的禀赋。不断进取、不断发展的中华优秀传统文化还拥有不竭的创新精神。正是因为这份进取和创新的精神，中华民族的文明才能绵延五千年。中国共产党拥有史无前例、做别人不敢做或不能做的事的首创精神，并在历史和现在的前进中不断发挥出强大的力量。在革命时期，中国共产党人坚持从实际出发，理论联系实际，凝聚而成毛泽东思想。中华人民共和国成立以后，中国共产党人坚持创新的理念，不断从实践中摸索前进，形成了习近平新时代中国特色社会主义思想。社会主义核心价值观作为习近平新时代中国特色社会主义思想的重要部分，将中国特色社会主义文化的特质体现出来，并且形成了改革创新精神，促进中国特色社会主义建设不断发展。

（三）注重队伍建设，形成文化自信培育合力

新时代高校文化自信培育保障体系中包括队伍的建设，要在高校内建立起一批批不同职责和作用的队伍来满足文化自信培育的要求，这一系列队伍包括管理队伍、教师队伍、服务队伍，还包括学生文化社团骨干队伍。这些队伍为高校的

文化自信培育在人力上和智力上提供保障。

1. 管理队伍

管理队伍的主要组成成分是学校的党委、行政人员以及院系的管理人员。管理队伍的职责主要是对学校的文化自信培育工作在整体上进行统筹规划，制定和建立各种制度和考评机制，监督和规范学校的文化自信培育机构及个人。管理队伍在整个文化自信培育的体系中担任了组织者的角色，谋划文化自信培育的方法和决策，统筹和协调各方的能力和职责，最终确保高校的文化自信工作顺利推进。

2. 教师队伍

教师队伍可以说是新时代文化自信培育中最主要的队伍，同时也是整个体系的主体，因此一定要将教师队伍建设起来，并且提高队伍的素质。教师队伍的建设首先包括"文化素质"的提高，加强队伍中教师的文化意识，教师要明白文化自信培育的重要性，在日常的教学过程中将文化教育渗透其中；同时也要培养教师队伍的文化发掘能力，从所教授科目专业中不断挖掘文化自信教育的资源，肩负起课程思政的教学责任。要将教师队伍的文化开发能力建设起来，针对文化自信培育专门开设课程。

3. 服务队伍

服务队伍的构成人员主要是高校中的教育教学辅助单位人员、工勤服务人员等，一般情况下，看起来这部分服务人员和高校的文化自信培育工作没有太大联系，但是服务人员也会通过服务的态度、服务的质量来对学生起到影响，且这种影响也是潜移默化的，因此服务队伍的建设也应该重视起来。

4. 学生文化社团骨干队伍

这一队伍的职责就是将社团结合各专业的特点形成具有文化特色的社团，这种学生文化社团在学生群体中十分具有号召力，可以鼓励他们多参与文化活动，多进行文化的实践，将大学生的文化自觉的自信提升起来。

（四）注重教学改革，丰富传统文化教育内容与形式

为了将中华民族的精神延续下去，就要推动传统文化在高校中的融入。大学应该是一个充满知识和好奇的象牙塔，不能充满功利性，大学的使命就是在传授学生知识和培养学生精神的同时让大学生学会渐渐融入时代，肩负起传承和发展民族文化的使命。

要不断根据时代的发展需要更新教学的理念，将学生的特点和传统文化的特点都在教学体系上体现出来，并且坚定学生的中心位置。可以根据学校的现实条件开设国学选修课，打造出新的课程体系。一方面，确定好学生的专业学习情况，然后根据情况开设适合本专业的国学课程，学生既不耽误自己的专业课程学习，又能学到新的国学知识；另一方面，开设中心文化对比课程，拓宽学生的文化视野，这样从更加宽阔的角度学习传统文化就会有更加全面的认识，中西文化的对比帮助学生拥有应对多元文化冲突的能力，让高校的传统文化的教育在内容上更加丰富和全面。

在校园活动中增加传统文化的因素，并且制订相应的计划，有意识地去推行，比如知识竞答、辩论比赛、话剧表演、学术讲座等，让传统文化更加"接地气"，学生接受度更高，让大学生加深对传统文化的理解和兴趣。

（五）紧跟时代步伐，推动传统文化的创造性转化和创新性发展

传统文化有着非常丰富的现实价值，大学生培养文化自信就要从传统文化中汲取养料，所以，要不断根据时代发展的情况对传统文化进行创造性转化和创新型性发展，大学生也可以尽快从文化自觉的阶段转向文化自信。

第一，积极学习和吸纳世界先进文明的优秀成果，根据时代的发展将传统文化向着"现代化"转变。文化的"现代化"就是给传统文化赋予时代的特征，这样传统文化在每个时代就都有了现实存在的价值。促使传统文化的表现形式更加

丰富，并且其内容也体现出时代性，这就需要我们在转化的过程中融入现代的科学技术，以最先进的形式呈现在人们面前，符合时代群众的审美和接受的方式，符合他们的思想和习惯。另外，还需要我们以"为我所用、以我为主"的态度来吸纳外来优秀文化成果以促进传统文化的发展，这些都是从"量"的层面考虑。如果从另一个角度，也就是"质"的角度来看，要将传统文化和现代主流价值观的共同点挖掘出来，挖掘传统文化的现实意义。让学生在潜移默化的环境中增强文化的自信。

第二，促进传统文化和社会主义先进文化结合起来，社会主义先进文化充满了时代的进步性，可以利用这一点将传统文化的生命力激发出来。社会主义先进文化体现了人们对时代发展的要求，并且可以将民族文化的优势和特点展示出来，人民的、大众所喜爱的文化都包含在社会主义先进文化中，同时又具有前瞻性、科学性，体现了现在的社会性质，也包含了主流的政治文化理念。将社会主义先进文化的先进性体现出来，让传统文化融入校园生活，培育学生的文化自信。

第三，要以传统文化为基点、以社会主义核心价值观为引领，促进传统文化向着正确的方向转化。社会主义核心价值观和传统文化之间有着稳定的、内在的且必然的联系，这有助于帮助传统文化的发展。大学生要对传统文化的内在意涵做出正确的认识，加强理论基础知识学习，让传统文化向着正确的方向转化。

（六）注重课堂教学，进行价值引领

将课堂教学这一渠道抓在手里，让大学生在课堂上加深对中华优秀传统文化精髓的领悟，除了培养学生的三观，还可以帮助学生滋养心灵，让大学生充满文化自信。在课堂教学上，要想使得课堂发挥出自信培养的作用，就必须让教师本身拥有较高的文化素养和教师魅力，可以用理论征服学生，无论是思想政治理论课、人文类专业课还是相关选修课的教师，都要从生命之重、人性之善、爱国之识、天人之合四个维度培养大学生的文化自信，将这些知识和理论讲明白、讲透彻，更加生动形象地让学生领悟到中华优秀传统文化的魅力。

另外，需要在高校中建立起中国优秀传统文化的课程体系，设置课程可以包括《论语》解读、《道德经》讲读、中国传统文化、道家生命智慧等，还可以根据学校的现实情况定期聘请相关的专家、学者在学校进行传统文化方面的讲座。大学生可以通过这些课程和活动加深对生命之重、人性之善、爱国之识、天人之合四个维度的理解，得到中国传统文化的洗礼。让中国优秀传统文化走入校园，使大学生近距离接触传统文化，感受优秀传统文化的魅力，提升大学生的文化自信。

（七）引导经典阅读，追求文化育人

现代大学生阅读的书籍内容还是倾向于和自己的专业有关的，或者自己找感兴趣的书籍来阅读，很少去阅读经典，在进入大学之前，学生在中学阶段只是偶尔从课本上或者其他途径去接触一些碎片化的经典知识，是属于一种被动的了解。因此，高校应该引导学生去多阅读经典，这有助于培养大学生的文化自信。

首先，高校的思想政治理论课、人文类专业课以及相关的选修课程的教师可以利用线上和线下的模式，或者两者结合起来的混合模式为学生布置一些关于经典阅读的任务，提供一些经典阅读的书目供学生参考，让学生分享阅读的心得。教师引导学生，在课余的时间利用好网络、学校图书馆等各种渠道去借阅书籍，当然纸质版和电子版的形式都是可以的，让学生主动阅读经典，学会从经典中悟出人生的道理。

其次，上述三种课程类型的教师除了要让学生阅读经典书籍，还要让他们学会学以致用，通过经典阅读悟出的人生哲理和品质思想要融入自己的人生中，用经典的哲理去面对生活。比如，学生读了《论语》《孟子》等儒家经典著作，就

可以将其中提倡的人性之善的观念深入内心，养成善良的品格，无论什么时候都要向着真善美的方向出发，以个人的良好品德为和谐社会贡献一分力量，提高自己的文化自信。还比如，在学生阅读了《道德经》和《庄子》的经典著作之后，更加具体和形象地认识了天人之合的理念，对社会上出现的各种现象和新闻能够更加开放、自由、理性地看待，约束自己的行为，更加追求修身养性，更加向着绿色、健康的生活方式发展。大学生阅读经典，并从中悟出人生的哲理，可以坚定自己的信念，帮助自己解决生活和学习的困惑，锤炼自己的品格。

最后，学校、学院以及图书馆都可以针对文化经典举办各种活动，比如读书沙龙、优秀传统文化经典校园行等等。采用的形式也都是多种多样的，比如阅读打卡、知识竞赛、经典诵读、感悟共享等等，让大学生通过这些活动养成阅读经典的习惯，培育文化的自信。

（八）营造校园文化，倡导知行合一

大学生平时主要活动和学习的场所就是校园了，因此大学生受到校园文化的影响也十分深刻，校园文化对大学生起到导向的作用。高校要将校园文化利用起来，培养学生的文化自信。

1. 开展以中国优秀传统文化为主题的系列社团活动

学校的共青团组织要发挥好自己的作用，组织学校开展各种和传统文化有关的各种活动，比如国学大讲堂、国学大讲堂、中国传统节日知识大赛、国学知识大赛、太极拳大赛、书法比赛等等，让大学生在校园中能够时时感受到中国优秀传统文化的魅力，激发大学生对传统文化的兴趣，通过这些活动让大学生感受到传统文化中的四个维度，促进大学生的各方面发展，使之成为德智体美劳全面发展的合格的社会主义接班人。

2. 利用校内宣传渠道弘扬中国优秀传统文化

利用好校园内的宣传渠道，比如利用校园广播、宣传栏、电子屏、展板、食堂等都可以用来宣传中国传统文化，贴上各种名言警句和宣传标语等。大学生每天都要在校园中活动，潜移默化地就会受到这些优秀传统文化的熏陶。

第三节　中国优秀传统文化的心理教育价值

心理教育也被称为心理健康教育，其目的在于提高受教育者的心理素质。人生在世难免遇到各种各样的问题和困难，尤其是在现代社会，市场经济竞争日趋激烈，社会转型期矛盾日益突出，人们面对的生活压力越来越大。许多心理素质不够强大的人面对巨大的心理压力无所适从，很多人饱受心理压力乃至心理疾病的摧残，痛苦不堪，心理疾病的高发警示人们加强心理健康教育刻不容缓。加强心理教育，培养健康的人格、乐观的情绪、积极的情感体验、顽强的意志品质是思想政治教育的重要任务。文化与心理健康息息相关。中国传统文化影响着人们的心理体验和心理素质发展。中国传统文化中的一系列心理思想有着独特的心理健康教育价值。

一、高校心理健康教育的界定、现状及意义

现代社会生活压力巨大，生活的节奏也在不断加快，无论哪个领域都面临着各种各样的竞争与合作。人们生活在这样的环境中自然会增加其心理上的压力，如果心理压力得不到排遣，就很容易引发各种心理问题，严重的还会产生心理疾病。大学是社会的重要组成部分，大学生主要就是在学校里生活和学习，也同样会产生各种各样的压力，比如考试压力、就业压力等，同时由于大学生这个群体比较特殊，本身就承担着巨大的社会责任，所以，社会各界也都对大学生的心理

健康状况给予了高度的重视。学校的相关教育工作者要采取积极的应对措施，客观分析，根据学生情况采取教育的对策，帮助大学生消除心理障碍，让大学生在校园中能够以健康积极的心态面对学习和生活。这样也能让大学生不管是在校园生活中还是将来步入社会面对各种压力时，都能以正确的价值观来应对。

（一）高校心理健康教育的界定

高校心理健康教育指的是，按照规定的心理健康要求，对大学生进行心理卫生知识和技能的教育，通过这些教育帮助学生培养出良好的心理品质，健全大学生的个性，让大学生在今后面对各种压力和冲击时有一定的适应力，让大学生的心理健康发展。高校心理健康教育的目的就是将大学生的心理潜能开发出来，提高整体的公民健康心理素质。

高校心理健康教育，要使大学生树立心理健康意识，增强维护心理健康的自觉性；要使大学生丰富心理卫生知识，提高他们自我心理保健的能力；要使大学生养成良好的心理卫生习惯，形成优良心理品质。同时，创造有利于大学生心理健康发展的良好环境，充分重视大学生的主体地位，发挥其自身调节作用，全面提高心理健康水平。

（二）高校心理健康教育的现状

1. 对高校心理健康教育内涵的理解比较模糊

我国高等院校中大部分学校都针对学生设立了心理咨询机构，并且在学校开展了心理健康教育的课程和各种活动，但是大部分学校的心理健康咨询和教育的定位都出现了偏差，只重点关注那些有心理问题的学生，只知道加强咨询和治疗，没有意识到心理疾病预防的重要性。

2. 对高校心理健康教育的重要性缺乏足够的认识

高校的教育者没有在心理健康教育上对其科学性和规律性有一个清晰的认

知，学校的心理健康工作有自身的缺陷，在管理上也出现了认识不足的问题，只追求短期的效应，这就会让心理健康教育在高校中得不到重视，没有实施途径的保障。

3. 对高校心理健康教育现状认识评估存在偏差

随着社会压力的增大，教育领域周边的环境也在不断变化，新的问题层出不穷，这使大学生的心理问题不断增加。虽然各个学校都开设了心理健康咨询机构，也设置了心理健康教育的公共课程，但是因为不同的机构在大学生心理健康问题上的采样标准和范围都不统一，评估结果也不相同，因此不同高校的心理健康教育的方式和途径也不一样，这也无形阻碍了心理健康教育的发展。

这就需要我们从学校的实际出发，扩大考察范围和研究的深度，对大学生的心理健康状况的考察要采用科学的标准，这样提供的数据才有参考的价值。

（三）高校大学生心理健康教育的目标和意义

1. 高校大学生心理健康教育的目标

大学生心理健康教育的目标是：普及心理健康知识，增强大学生的自我心理调适能力，帮助大学生解决身心发展过程中的心理问题，提高大学生的心理健康水平和综合素质，促进大学生健康成长、全面发展。心理健康教育必须以优化大学生心理素质为起点，以促进大学生的全面主动发展和顺利社会化为归宿。概括起来可以归纳为以下三个目标：

（1）初级目标——防治心理疾病

大学生心理健康教育的初级目标就是预防好心理疾病，同时将心理健康维护好。只有实现了初级目标才能实现其他等级的目标。当代大学生所处的环境具有变革迅速、压力大的特征，尤其是大学生正处在人生发展的关键时期，如果这些心理压力在大学生心里积压了太长时间，外界有没有人能帮助他们的话，那么很有可能就变成了心理上的和生理上的障碍，如果更严重一些，还会出现各种心理和生理方面的疾病，甚至出现害人害己的行为。初级的目标就是要让这些学生的心理问题及时被发现，然后抓紧采取干预措施治疗。

（2）中级目标——完善心理调节

中级目标是教育指导大学生加深对自己的了解，同时也对他人和社会有一个更加清晰的认知，能够针对各种心理状况掌握各种自我调节的方法，让自己面对挫折有更高的承受能力，更好地适应社会，提高整体素质。大学生在生活中无论是学习还是择业、恋爱还是交友经常会遇到各种各样的挫折，再加上大学生的心理发展还没有成熟，没有足够的自我调节能力，这个年龄阶段本身的心理特点中就带有不稳定性，有很强的心理波动，因此大学生也比较容易受到这方面的困扰，影响这个群体的正常生活和成长。

（3）最终目标——促进心理发展

对大学生进行心理健康教育，其最终的目标就是健全个体，让学生早日适应社会，将其发展的潜能开发出来，另外，还要让大学生的适应性长期保持，既有自己的个性，又不脱离社会，两者实现统一。对大学生进行心理健康教育就是能够让大学生加深对自己的认知，认清自己有哪些发展的潜力，拥有良好的心态，不断发展自己，完善自己的人格。

2.高校大学生心理健康教育的意义

大学阶段，人生进入了发展的关键期，这个阶段的学生会面临着各式各样的问题，包括学习、就业、成长、交友、恋爱等等，大学生也一直怀着进取的心态，渴望成才成功。大学生如果想要成才，首先就要有良好的心理素质，身心健康才能促进个人发展。因此，要让大学生认识到心理健康教育的重要意义。

心理健康教育是一种制度化的育人活动，有其特定的工作范围，也就是心理领域。只有将"育心"作为心理健康教育的立足点，才能让学生和社会认可这一科学。人的心理健康状态是一种连续的过渡状态，从有严重的心理疾病和心理障碍，到心理的亚健康、健康，整体呈现多个层次。高校心理健康教育的过程就是促进大学生心理健康的水平不断提高的过程。我们可以将心理健康的基本功能按照层次划分，包括了由低到高的三个功能层次，分别是初级功能——预防心理疾病，缓解心理压力；中级功能——优化心理品质，提高调节能力；高级功能——充分开发潜能，促进人格完善。心理健康教育帮助学生重塑正确的三观，形成良好的思想道德素质。

二、中国传统文化与心理健康的关系

（一）以人文精神提升生命的意义感

人们一生的追求都是在追寻一种意义，这也是人和动物不同之处。如果这个世界没有意义，那么人感觉生命也就没有意义了。所以，人们总会给自己的人生设定各种意义。中国的传统文化中充满了人生的哲学意义。优秀的传统文化可以为人提供意义感，这也有利于帮助人们形成健康的心理。

1. 启发生命的价值感

首先，生命的意义最先来自生命的价值感。人首先要认识生命本身。有的人认为，生命是一种纯粹的自然过程，人体就是一种机器，这种看法虽然有一定的道理，但是却没有看到生命的价值，是一种机械的、呆板的解释，贬低了人的尊严，自然也就不利于心理健康。我们的传统文化给予了人们生命的价值感。人们正确认识生命的意义，明白生命的可贵性，才会学会珍惜生命。在传统文化中，"人贵论"就是对人生命意义的体现，还有《孝经》说："天下之性人为贵。"同时，老子也说："域中有四大，而人居其一焉。"

2. 激发人生的使命感

人生的使命是一种重要的生命意义，激发人生使命感可以赋予人生意义。生命本是神圣的、有意义的，这只是人生意义的一个来源。生命的意义还来自人生使命。不同的文化赋予人们不同的人生使命。人生使命感的灌输确实可以起到提高生命意义感的作用。我们要给大家灌输的人生使命感是"为人民服务"，我们的人生使命不是为了个人享乐而是为了人民大众的幸福。中国传统文化"天下为公"的价值理念有助于人们树立为人民服务的使命感。另外中国传统文化也会给人一些重要的人生使命感。如佛家所说"人生为一大事而来"。

3. 启迪对真善美的追求

对真善美的追求同样能带来生命的意义感。文学家、音乐家、美术家沉浸在对美的追求里，科学家陶醉于真理的世界里。这些对真善美的追寻会让人感到人生无限的乐趣，这种精神的乐趣同样是生命意义感的来源。中国传统文化通过启迪对真善美的追求也能提升生命的意义感。人的一生可以说十分短暂，但是也可以说又十分漫长，如果整天无所事事，长期下来就只会摧毁人生的意义感，滋生人生的虚无感。人生活在这个世界上，总要有一点精神追求，才不算白活。中国传统文化里有许多追求真善美的人生榜样，他们并不在虚无中度过人生，而是在追寻真善美的过程中享受人生，实现人生的艺术化。孔子发奋向学、乐以忘忧是求真求善的表率。王羲之、怀素等人毕生研究书法，忧乐以系之，其求美之心无以过之。真善美是中华民族一以贯之的精神追求。继承传统文化对真善美的追求能够让人的生命更有意义。

（二）以乐观精神培育积极的心态

积极的心态帮助人们有一个更加健康的身心。俗语说"笑一笑十年少，愁一愁白了头"，这就说明积极的人生态度利于身心健康，而消极悲观的心态不利于身心健康。现代心理学中出现的积极心理学就是专门研究积极心理态度对人的身心影响的学说。积极心理学用科学的手段通过实验证明了积极的心态能够给人带来好运，因为心态积极就会增强人体的免疫力和身体机能，使人感到更多的快乐和幸福，使人更加精力充沛、头脑灵活，当然就会获得更多的机会。消极的心态会损害人的身心健康，使人反应迟钝、免疫力下降。中国传统文化利于培养现代人积极的心态。

1.培育积极的理性

积极的态度属于理性的态度，这种态度并不盲目。积极的思维模式根植于真理，不是那种盲目的乐观。对事物有着理性的认识才能真正对未来的发展有一定的把握，也有了前进的信心。我国的传统哲学其实就属于乐观哲学，人们就是依靠这种思想渡过了一个个生活的难关。在中国的传统辩证法中，认为矛盾的对立面不是永恒的，是会相互转化的，事物的发展过程虽然有曲折、有反复，但是事物向前发展的趋势是不变的，这种规律也就为积极心态找到了理性的根源。"艰难困苦，玉汝于成。"在我国的传统辩证法中，看事物要从对立转化的角度来分析，也就是"祸兮福所倚"，不能因为祸患就消沉痛苦，还要从中看到转机，看到福气，在消极的事情中尽量寻找积极的方面，给自己信心，相信事情会向着好的方面发展。

2.引导积极的情绪

有了积极的理性认识，接下来就要将之转化为积极的情绪。我们不能认为积极的理性认识就等于积极的情绪，因为即使人们在认识上是理性的，但是却没有办法从情绪上回转到积极方向，总是带着消极的情绪去面对。比如说，刚毕业的大学生找工作参加面试，第一次面试失败，虽然理性认识上知道面试失败是很正常的事情，并且面试的单位也不是自己梦寐以求的公司，仍然在情绪上十分低落。积极的情绪让人随时保持高昂的激情，就算面对更多的失败，也会调整过来，以热情、积极的心态面对未来。中国的传统文化中有很多思想都教育人们要有一个积极的情绪，有了消极的情绪就通过各种方法将心中的郁闷发泄出来，比如古代文人遭遇不公或消极的事情，就是通过写诗、作画、写文章来发泄自己的不满，将负面的情绪排解出去，带着积极的情绪来重新面对生活。

（三）以超越精神化解心理压力

影响现代人心理健康最大的因素就是心理压力。现代社会的竞争压力太大，并且生活的节奏加快，工作的强度也比以前高很多，人们时刻生活在这样的环境下，自然会在心理上产生问题。心理的问题一般表现为抑郁、沮丧、烦躁、焦虑、消沉、不安、愤怒等，长期下去就很容易让人失去自信变得提不起劲、消沉。过大的压力也会让人们在生理上出现反应，比如心跳加快、血压升高、出汗、呼吸困难等。压力本身是一把双刃剑，人要有适度的压力，这样才有前进的动力，但是压力过大人们承受不住，就会让人在心理和生理上出现疾病。现代社会中比较受人关注的就是压力问题。我国传统文化中包含了一种超越的精神，这种精神就有助于帮助人们化解、降低心理压力。

1. 学会笑看人生

不管什么样的心理压力，如果能有个思想上的准备，在真正面临状况的时候就会缓解很多压力。就像罗斯福说的那样，让我们恐惧的其实就是恐惧本身。想要将心理的压力化解掉，就要先认识压力，然后从理智的角度看待压力。我国的传统文化中有很多对心理压力的看法，并且和现代的心理学有很多看法相似的地方。在古代，人们就认识到人生的压力是不可避免的，压力到处都有。《庄子》中说道："人之生也，与忧俱生。"人生下来就会面临着各种压力，人生的常态就是这样的，古人还说"人生不如意十之八九"，我们知道了压力是人生的必然经过，那么就要以平常的心态去看待它，不用过于忧愁。其实，我们害怕压力本身也就是一种压力，一定要转变思考的角度，既然压力是正常的，害怕压力更加会加重压力，就要放下压力，学会和它共存。孟子曾言"穷则独善其身，达则兼济天下"，我们总有面对压力的方法。

2. 学会放松身心

面对巨大的压力，有的人采取吸毒、飙车、暴力等极端方法来缓解。这在新闻报道中屡见不鲜，但是这些极端的方法并不能起到真正的作用，往往是一时的身心放松，过后会带来更大的痛苦，还会反噬身体的健康，使问题更为严重。要化解压力必须找到正确的放松身心的办法，比较常用的、也有一定成效的是通过一些活动来转移注意力，使身心得到放松。传统文化中有许多可以借鉴的生活方式和活动方式有助于放松身心，尤其是传统文化中的休闲方式对于调节现代人紧张的情绪很有帮助。想要使自己的精神放松，可以养花、钓鱼、读书、抚琴等等，如果想要让自己的身体放松，就可以尝试抚琴、练武术、打坐、练书法、练太极拳等等。我们说的这些方法都不是带着功利性的方法，看似"无用"，但是却可以帮助我们休养生息、保存机体的活力。

（四）以人伦精神构建和谐的人际关系

人始终是在一定的社会关系之中生活，人际交往是永远无法避开的。可以说，人类的心理适应，最主要的就是要适应人际关系。人类的心理病态，往往是由于人际关系的失调而来。如果人际关系十分和谐，那么能使人变得身心愉快。相反，人际关系十分紧张，人就会陷入人际关系处理问题的痛苦之中。想要维护心理健康，必须建立和谐的人际关系。中国传统文化是一种讲求人伦人道的文化，传统文化中的人伦精神可以促进和谐的人际关系的形成。

1. 促进积极沟通

沟通是人本性的需要。因为人只有通过和他人沟通，才能得到新的信息，更新认知，发展自己的心理和智力，形成自我意识。人际关系只有经过沟通才能形成。另外，沟通不仅让人们增长见识，还可以满足自己的各种情感需求，让自己对自身的认识更加深刻，形成完善的个性。在我国的传统文化中，有很多思想都是关于人际沟通的意义方面的，比如说，在《易经》中说："上下交而泰。"意思就是上下通过沟通交流才会吉利。《礼记·学记》说"独学而无友则孤陋而寡闻"，就是说独自一个人学习没有人交流就会孤陋寡闻，只有大家一起学习，交流心得才会共同进步。《孟子》指出："一人之身，而百工之所为备，如必自为而后用之，是率天下而路也。"这句话的意思是社会的发展需要人们相互沟通，才能形成推动社会发展的动力，如果人们都将自己封闭起来那么社会也不会发展。

2. 化解人际冲突

冲突是人际交往双方由于思维方式、价值观念、利益需求等不同而引起的互相反对的交互行为。只要有人的地方就会有人际冲突。人际冲突会破坏和谐的人际关系。要想将人际关系的质量提升，就必须化解冲突。传统文化中，有很多关于冲突的言论，帮助人们化解人际问题和矛盾。比如说"久而愈敬"，《论语》中提到："晏平仲善与人交，久而敬之。"这句话的意思是晏平仲十分擅长和别人交际，也十分喜欢与人结交，时间久了人们也对他更加尊敬。这句话的内涵也在于人际关系可以通过交流得到改善。在传统文化中，化解矛盾冲突的方法大致可以分为三类。第一是"求同存异"，人与人始终都是不一样的，要在这种不同中寻求平衡的方法，和谐共处。第二是"忠恕为本"，要学会宽恕他人的过失，这样也是放过自己，将自己的重点放在未来的发展上，对自己负责。第三是"以直报怨"，对仇怨不能故意给别人使坏，别人怎样对待自己，自己就怎样对待他，要有做人的原则。

3. 营造和谐氛围

如果想要和谐的人际关系必须要有和谐的社会氛围和群体氛围。比如在一个法西斯残暴统治的国家中或者是在一个过分强调人与人之间竞争的社会，整天活在竞争和争夺的残酷环境之下，根本不会有和谐的人际氛围，有的只是人与人之间的相互猜忌、相互提防。中国传统文化讲究和合，倡导人际关系要遵循五伦，这样才能营造出和谐的人际关系，创造和谐的氛围。孔子所说的："君君、臣臣、父父、子子。"虽然今天的社会和古代已经不一样了，但是延伸到现代社会，还是要求每个人将自己的人生角色扮演好，互相尊重，互相关爱。人是具有社会性的，和其他动物不一样。孔子说："鸟兽不可与同群，吾非斯人之徒与而谁与？"作为人，自然要讲究人伦，学会人际和谐的思想和方法。

总之，维持个体的心理健康所需要的主要因素——生命的意义感、积极的心态和思维、有效的心理压力化解技术、和谐的人际关系等，中国传统文化在这些方面都能提供有效的指导，因此中国传统文化有利于大学生的心理健康。为了增强心理健康，我们应该加强中国传统文化教育。

三、中国优秀传统文化心理健康教育价值的具体体现

（一）内省：心理自我调节的方法

中国古代医书《诸病源候论·虚劳候》中说："七伤者……二曰大怒气逆伤肝……五曰忧愁思虑伤心……七曰大恐惧不节伤志……"[①] 这段话的意思是如果人们的情绪波动十分激烈，就很容易生病，对心理健康也会带来很大的危害。我国的传统文化十分重视人们的自我内省，这属于一种心理修养。比如儒家思想中，讲究采用"内省"的方式来调节人的情绪。儒家认为，在面对个体的心理问题上，应该从正面去控制、缓解，学会发挥自己的主观能动性，在面对生活的压力和困惑、发生心理上的冲突时，要通过控制自己的心理，从正确的认识方面理性看待，积极提高自己的修养，这样就能自己化解心理问题。这种传统文化中应对心理问题的说法和现代的心理学有很多相似之处，人们要学会控制自己的情绪，学会自

---

① 丁光迪主编. 诸病候论校注［M］. 北京：人民卫生出版社，1991：88.

我暗示，不断地反省自己，这样才能避免产生心理问题。

（二）中庸之道：保持心理平衡的依据

心理健康的标准中有一项是要保持心理的平衡。平衡的思想在我国的传统文化中与之相契合的思想就是"中庸之道"。儒家提出的"中庸"是处理万事万物的总法则，这一思想中包含了内心世界动态平衡的深刻内涵。中庸是什么？用现代的话语来解释就是"适度"。适度原则是明智的生活态度，现代人生活如果能够时刻保持适度的原则就能帮助自己应对生活中遇到的各种问题。现代人要借鉴"防止偏倚，保持适度"的原则。中庸之道在现代社会发挥出越来越重要的作用，要学会利用适度原则，保持平常的心态。

（三）修心养性：内圣外王理想人格塑造

"内圣"即进行道德修养成就圣贤人格，"外王"则是从事道德实践以建功立业。加强道德修养形成正确的人生观、世界观和价值观，养成高尚的道德人格，是做人的根本，是建功立业的条件，也是一个人心理健康的重要标志之一。这种内圣外王的思想对中华民族的文化心理产生积极影响。首先这种修身养性内圣外王的人格体现中国人自强不息的入世精神，它有助于克服现代人的消极悲观情绪。其次传统文化的内圣外王人格可以克服现代人的精神危机。在"工具理性"猖獗的现代社会，人际关系冷漠，利己心膨胀，社会风气每况愈下，从而导致人们精神家园的丧失。针对这些弊端更需要弘扬传统文化的精髓来调整当今人们的心态。

（四）仁爱：和谐人际关系的法宝

现代心理学把是否具有和谐的社会关系和人际关系看作衡量一个人心理健康的重要标准之一。中国传统文化的精髓以儒家为主体，儒家的核心范畴是"仁"。"人者仁也"，"仁"字由"人"和"二"字组成即表明与人交往之道是儒家的重要内容。孔子提出"仁者爱人"的主张，将"爱人"作为正确处理人际关系的主要手段和最高道德原则。孔子将"仁爱"思想置于伦理道德体系中，将道德规范的"礼"与道德情感的"仁"结合起来，为"礼"的认同遵守找到内在动力，实现道德他律向道德自律的转化，体现道德主体性的思想。在儒家看来仁义道德是人类社会得以存在和发展的根本原则，是人类生活的最高原则；失掉仁义道德人类社会必将陷于混乱，人类的生活就无法正常运行。随着我国市场经济的建立和发展，人们的经济意识强化，仁爱精神缺失；网络社会的发展使人们沉浸在"虚拟世界"，情感冷漠、人际关系冷淡、仁爱精神匮乏，这应引起我们的重视。

（五）修身克己，是实现自我超越的手段

"超越自我"既是心理健康的一种境界，也是获取心理健康的一种方法。而要使自己能实现对"自我"的"超越"，修身克己是最为有效的手段。被奉为儒家经典的《四书》，一开始就讲"正心、修身、齐家、治国、平天下"。所谓的"修身"，就是提高人们的德性，而"克己"则是控制自己的情感与欲望。实践证明，很多的心理问题都来自意志的薄弱和自我控制能力的低下。"修身克己"作为自我超越的有效手段，在超越的过程中是相互促进的。"修身"能提高人们的自我控制能力，保证心理的平衡与健康；而积极平衡的心理状态同样会促进修身效果的提高。因此，"修身克已"对于当今的人们能够认识自己，不断完善自己，超越自己，并同时保持心理的健康是十分重要的。

（六）消愁怡悦，是进行心理调适的方法

中国传统文化中有很多心理治疗的方法，像消愁怡悦法、移情变气法、义理开导法、以情胜情法等等。其中消愁怡悦法是很有借鉴价值的。它是通过怡情移志帮助有心理疾病者调节消极情绪的一种心理治疗方法。清代吴师机在《理瀹骈文》中说："七情之病，看书解闷，听曲解愁，有胜于服药者矣。"这种方法的机理是通过对山水花草的游玩与欣赏，以及文艺、清谈、琴棋书画的爱好，茶酒的适当品用，使环境发生变化，令人赏心悦目、怡情移志，从而达到对抑郁、焦虑、紧张等心理疾病的调适。这种方法与我们今天的音乐疗法、娱乐休闲疗法基本一致，这种方法对一些心理疾病患者较有疗效，值得推广借鉴。

第四节　中国优秀传统文化的创新教育价值

创造力是现代人必备的重要素质。信息化时代需要有高度创造力的国民。要培养创新型人才就必须开展创新教育。从推动人的智力发展来看，创新教育属于智育，然而从国家和社会的迫切需要以及人的自由全面发展需要来看，创新教育又属于德育，因为它体现了国家和社会对个体思想品质的要求。一方面，任何教育都必须具有培养创造性的作用；另一方面，思想政治教育尤其需要开展创新教育。一个人即便有好的道德素质而没有创造力，也不是国家需要的优秀人才，在国际竞争越来越激烈的今天更是如此。中国传统文化可以为创新教育提供很好的基础，具有重要的创新教育价值。正如教育哲学家石中英指出，不论是对于个体还是时代，创造力的获得都离不开人类已经积累的文化成果，对于传统文化（传统思想、传统知识、传统制度）的轻视只能导致创造力的低下和面对复杂问题时的手足无措，继承和发扬中国传统文化对于培养创造性人才具有不可替代的作用。

一、创新教育概述

（一）创新教育的含义

创新教育，顾名思义，就是教育者在教育过程中不断改变自己的教学方式，为教育改革提供方向，并将创新作为教育发展的基础，不断为社会输送创新人才，并为人的全面发展提供优良的条件。我们在理解创新教育时，也可以将其看成一种教育实践，这种教育实践是服务于人的创新精神与创新能力的。

高校在进行创新教育时，必须要注重对学生创新精神的培养，不断提高学生的创新能力，帮助学生构建自身的整体素质，实现学生的全面、协调发展。人们的创新精神与创新能力都不是天生的，有些人在创新方面存在一些天赋，但没有创新天赋的人也能够通过后天的教育与培养来实现自身创新能力的提升。高校在对学生进行创新教育时，不能够对他们进行被动的塑造，而是要在这个过程中不断激发学生的主观能动性，承认学生在教学活动中的主体地位，使学生在教学过程中提高对自身的认识，不断探索自身、完善自我，这也是对学生独立思考与学习不断培养的过程。因此，教师只有在教学过程中不断培养学生的创新意识、创新能力与实践能力，才能够源源不断地为社会输送有用的人才。

21 世纪是创新教育的世纪。"不能创新就意味着死亡。""不创新学习的人是新一轮的文盲"。未来的中国能否屹立于先进国家之列，取决于创新人才的数量与质量，因此在未来的教育中，创新型人才的培养将会是最重要的。

（二）创新教育的基本特征

1. 特异性

创新教育具备特异性，虽然从社会与科学的角度看，学生的创新并不是真正意义上的发明或发现，但在相同水平的学生群体背景下，其创新还是具有一定开拓与前进意义的。从某种意义上来说，他们进行创新的目的并不是发现一些世界上从未有过的事物，而是为了培养自己的创新精神与创新能力，不断完善自己的人格。创新教育的特异性还表现在不同的学生在不同的阶段都有其特点，因此，高校在进行创新教育时，必须要注重学生个体差异，最大程度地保留学生的创造性头脑。

2. 探究性

学生对问题进行探究就是创新教育的核心，高校与教师应当认识到，为了提升学生对创新学习的积极性，必须在教育教学活动中培养学生对问题的探究能力，也只有这样，才能够帮助学生更好地进行独立思考，或在其小组合作中帮助学生完成他们之间思维的碰撞，使学生真正实现思维能力与创造能力的提升。由此可见，创造性的学习与应用是经过探究能力来实现的，在创新教育中，探究性学习的地位不可替代。教师在培养学生创新意识与能力的过程中，必须不断鼓励学生进行独立思考与探索，并让他们在学习过程中对于某种观点提出自己的见解并付诸行动，督促学生完成具有个人标志的创造性作业，帮助学生不断开阔他们的知识视野，培养他们探究问题的兴趣与进行创新性思考的习惯，健全创新人格。

3. 宽泛性

创新教育具备宽泛性，这表明创新教育是一种开放的、具有合作性的行为，而不是只在课堂上利用教材进行的教育。创新教育非常看重学生的实践能力，因此，创新教育要求教师要在教学过程中突破传统教学中自我封闭与自我孤立的做法，注重将教学内容与学生的生活实际与社会实际联系起来，也要将教学内容与当代社会、经济、科学技术与文化发展的实际联系起来，这样就可以使教师在教学过程中不断吸收新信息与新知识，充实自己在课堂中的教育内容，还可以鼓励学生将学习到的新知识运用在实际生活中，在实践中解决具体问题，提升自己对知识的理解能力，并将知识真正内化为自己的能力。在对学生进行创新能力的培养时，要不断提升学生学习的开放性，教师要根据学生的个性特点来帮助学生挑选课外阅读物与筛选课外活动的种类，以便学生能够不断突破课堂教学的局限，扩充自己的知识。只有这样，学生的创新意识与创新能力才能不断提高，发挥自身的创新潜能。

4. 包容性

教师在对学生进行创新教育时，要注重教育环境与氛围对学生的影响。为了让学生能够充分进行自由与自主的思考与探究，以及不断提出有依据的假设与自己的见解，进行自主决策与实践，实现自己创新能力的提升，就必须将教学环境建设成宽松、融洽、自由的形式，使学生在这个环境中感受不到压抑与强制。如果学生在一个学习环境中只能够感受到压力，在与教师相处的过程中也无法敞开心扉，安全感匮乏，久而久之就只会抑制自己的聪明才智与激情，使自己出现较为严重的依赖性，因此，也就无法进行创新活动。通过上述分析，我们可以知道，创新教育的特征之一就是具有较强的包容性。

二、创新素质的内涵和构成

创新素质是一项人们在创新活动中必须具备的心理品质与特征，这种素质既可以通过先天遗传获得，也可以通过后天的培养和环境的影响获得，具有稳定性。

创新意识、创新能力与创新个性这三个要素共同构成了创新素质。要全面地对学生的素质进行相关的培养必须注重对右脑的开发、加强双基教学、营造宽松和谐的教学氛围以及促进学生在创新性方面的学习。

我们在前文中提到，创新素质由创新意识、创新能力与创新个性三个要素构成，在创新素质的形成与发展过程中，这些要素缺一不可。

1. 创新意识

创新意识从本质上来说，是一种随着人脑的发展不断变化的新的观念，人们能够在产生并形成新观念的过程中接受外界事物的刺激，从而激发起他们渴望改变现状的欲望。

创新素质形成的一个必要条件就是创新意识。具体说来，就是人们先在自己的脑海中形成了一种非常强烈的想要改变现状的意识，随着这种意识的不断扩张，人们就自然而然地产生了行动，对于创新的机会学会适当地把握，尽全力把自身的创新潜力发挥出来，努力取得创造性的成果。拥有足够的自信是创新意识的一个必要前提，要有自己独到的见解和思想，不盲目地迷信前人的一切，不盲从权威，对自己的能力进行充分肯定。

2. 创新能力

一个人创新素质能够从他的创新能力中观察出来，对于创新素质来说，创新能力是非常重要的。观察能力、思维能力和实践能力这三种因素共同构成了创新能力。

3. 创新个性

创新个性也可以叫作创新人格或创新品质。创新素质在形成的过程中，创新个性占据着举足轻重的地位。从某种意义上来说，创新潜能是每一个人都具备的，而人们是否能够真正具备创新能力，取决于人们是否能够将自身所具有的创新潜力应用在实践过程中。

经过相关的研究表明，良好的创新个性有以下特点：

（1）敢作敢为；

（2）勇于冒险；

（3）幽默；

（4）独立性强；

（5）有恒心；

（6）一丝不苟。

创新素质在形成的过程中，创新意识、创新能力与创新个性都起着不同的作用，它们之间的关系是相辅相成的，缺一不可。创新能力的形成基于创新意识的培养，创新意识能够不断支配个人的创新能力，使个体的创新能力不断优化，在人们发挥创新能力时，并不能够抛却创新个性单独谈论创新能力，同样的，在人们形成创新能力的过程中，创新意识也会在其中起到非常重要的作用，这种创新意识能够不断促使人们进行创新。

因此，高校在培养学生的创新素质时，必须要将创新意识、创新能力与创新个性结合起来看待。

三、培养大学生创新素质的重要性

（一）培养大学生的创新素质是实现国家发展、民族振兴的需要

最能够体现出综合国力的就是一个国家所具备的创造力，在当今社会，创新是一项非常重要的能力，在国家发展中具有非常重要的促进作用。为了更好地实施创新驱动发展战略，实现民族振兴与推动世界科技发展，就要不断培养创新人才。

习近平指出："创新的事业呼唤创新的人才。实现中华民族伟大复兴，人才越多越好，本事越大越好。知识就是力量，人才就是未来。"[①]从这段讲话中我们可以看出，培养符合社会发展需要的创新型人才是当前社会最主要的任务。当代大学生拥有非常优秀的政治思想与道德素质，在这个基础上，创新素质就是非常迫切需要培养的一项素质。在日益激烈的国际社会竞争背景下，高校要将培养大学生的创新素质放在重要位置，不断加快实现我国"科教兴国"与"人才强国"战略目标，为实现中华民族伟大复兴，实现国家富强、民族振兴提供不竭的发展动力。

（二）培养大学生的创新素质是高等教育发展的需要

李克强强调："高等教育要着力围绕服务国家创新发展，促进大众创业、万众创新，培育更多创新型人才。"[②]国家的创新发展离不开人才，而高校就是为社会不断输送各类创新人才的基地，在为社会培养创新人才的过程中，高校在教育教学环节要将培养大学生的创新素质作为自己教学任务的重中之重。对于大学生创新素质与能力的培养，逐渐成为教育大众化的必然要求，这也是新时代高等教育的一大重要任务。在高校教育教学过程中，不断秉承"立德树人"的根本任务，

---

① 习近平.在中国科学院第十七次院士大会、中国工程院第十二次院士大会上的讲话 [N].人民日报，2014.6.10.

② 李克强.在高等教育改革创新座谈会上的讲话 [N].中国日报，2016.4.17。

有利于使高校教育不断满足社会发展需要，促进高等教育进一步发展。

（三）培养大学生的创新素质是大学生全面发展的内在需要

人们在发展自身的综合素质时，是为了满足全面发展的内在需要。而创新人才的培养需要教师具备较高的创新素质，只有这样才能培养出知识、能力与素质共同协调发展的创新型人才，这也成为新时期大学生思想政治教育的重要一环。大学生要想具备优良的综合素质，就必须要具备创新意识、创新精神、创新思维、创新人格与创新能力。高校为了不断提升学生的综合素质，不断为社会输送创新型人才，就要时刻重视对学生进行创新素质的培养，使学生内在的发展需求得到不断满足，提升学生参与社会实践的自信心与积极性，使学生具备成为创新人才的发展潜力。

四、中国传统文化的创新性

中国传统文化中对于创新的高度推崇以及独特的思维方式和价值原则都有助于创新型人才的培养，否则就不能说明为什么中国古代有那么多伟大的科技成就和文化成果。文化自卑不利于创新型人才的培养，不利于我们继承和弘扬传统文化，不利于发扬中华民族的创新精神。树立文化自信，弘扬中华民族生生不息的创造精神是当今时代的要求，是学校教育的历史使命。

（一）否定中国传统文化创新性的原因

任何一种文化都是富于创新性的，中国传统文化也不例外。那种认为中国传统文化没有创新性，中国传统文化阻碍创新的思想是一种很大的偏见。著名学者韦政通认为中国文化的第一大特点就在于其独创性，并指出："能证明中国文化富有独创性的一个最有力的证据，是中国的文字。中国有一套独立发展的文字系统，是绵延达数千年的事实。"① 中国传统文化的创造性无论从哪个角度来说，都是成立的，中华民族如果不具备创造性，那么就无法将五千年的历史延续至今。某些人之所以产生了一些不认可中国传统文化思想的想法，主要有两个原因。

第一个是近代中国的落后。近代中国经历了许多战争，这正是由于国家的落后，但有些人将落后的原因归结于中国传统文化，进而形成了对自己国家文化的全盘否定，导致了人们的文化自卑。但如今的中国，经济总量位居世界第二，中国在国际上的影响力不断提升，国际竞争力也在不断加强。因此，我们要逐渐找回文化自信，要认识到中华民族并不低劣，中国传统文化也值得我们为之自豪。我们曾经拥有的那些民族自卑心理与崇洋媚外心理正是由于对我们自己国家文化的不断否定而产生的，因此，我们在如今要重新认识中华民族的传统文化，不断树立民族自尊心。只有树立了民族自尊心与自信心，才会拥有源源不断的创造力。中国共产党人在传承中国传统文化方面有着不容推辞的义务，因此，只有共产党人树立起民族自尊心，才能带领中华民族屹立于世界民族之林。在不断的摸索实践中，马克思主义从世界众多理论中脱颖而出，中国共产党人坚信，只有在马克思主义指导下发展出来的社会主义才能救中国，实现中华民族的伟大复兴。

第二个是中国没有产生西方式的科学。认为中国传统文化不利于创新、阻碍创新的主要论据就是中国古代没有产生西方式的科学。这其实也是不公允的。西方式的科学仅仅产生于西方，这是一种带有偶然性的历史必然现象。西方独特的历史文化条件才产生了西方式的科学。但我们需要认识到，西方科学虽然是在西方产生的，但并不能仅仅将它看成是西方人的文化成果，而应该将它看成全人类的文化成果。在西方科学的产生过程中，中国传统文化、阿拉伯文化与希腊文化都在其中起着举足轻重的作用。因此我们可以看出，虽然中国古代无法直接产生现代自然科学，但是也在某种意义上促进了现代自然科学的产生。因此，我们在

---

① 韦政通：《中国文化概论》，吉林出版集团有限责任公司 2008 年版，第 23 页。

看待中国传统文化时，并不能片面地看待它，以是否直接产生了西方科学作为评判标准非常不准确，因为不仅古代中国没有产生西方式的科学，世界上许多国家与地区也并没有直接产生西方式科学，但我们并不能因此否定他们的历史与文化。每个人都尚且不同，何况文化呢？因为中国古代没有产生西方式的科学而否定中国传统文化，就好比因为和人家相貌长得不一样就否定自己的爹妈。中国古代并不是没有科学，而是没有西方式的科学，实际上中国的科技曾经长期领先于世界。如果继续否定传统文化，继续把整个民族的精神世界荒漠化，我们的科技永远只能是二流的模仿者、山寨者，一味学习西方做西方的学生没有前途，我们必须走自己的路。

（二）中国传统文化的创新实践

在中国的传统文化中，我们能够从中看出非常丰富的创新实践成果，这一点体现在中国文化发展的方方面面。下面，我们将从政治、经济、思想文化与科技这几个方面来分析中国传统文化创新。

第一，政治创新实践。首先，创造了中华民族。中国传统文化的第一大政治创新实践就是创造了一个统一的中华民族，这个民族的体量如此庞大、地域如此广阔、人口如此繁多、民族构成如此复杂，实在超出想象。中华民族在中国历史上是一个非常伟大的创造。钱穆是我国的历史学家，他认为中华民族源远流长的文化是比西方科学更为耀眼的成就。“因为民族可以利用科学，科学却不能挎成民族。民族融凝，科学发明自然是利多于害。民族分裂，则科学发明有时将害过于利。人类文化本体，必然以扩大民族为主，不能以发明科学为主。”[①] 其次，政治制度创新。为了适应时代发展的需要，中国古代创造了许多不同的政治制度，这些政治制度保证了中华民族的统一和繁荣，在历史上出现许多的盛世。西周实行封建领主制度，到了秦以后则实行封建地主制。隋朝开创了三省六部制，尤为

① 钱穆:《中国文化丛谈》，九州出版社 2011 年版，第 74 页。

重要的是创立了科举制。随后，科举制度被西方借鉴，成为其文官制度的前身，由此我们可以看出，科举制度对中西方的发展都具备非常重要的促进作用。对待少数民族，采取羁縻制度，保证了少数民族对中央政权的服从。最后，政治改革创新。中国历史上还有许多的政治改革实践，这也是一种重要的政治创新。齐桓公任用管仲实行改革成为春秋五霸之首，以后各国纷纷效仿，掀起了春秋战国改革变法的序幕。战国时期出现了一批改革家，先后有李悝在魏国的变法、楚国吴起改革、赵韩齐燕改革、秦国商鞅变法。在中国的历史上，变法与改革随着朝代更迭也不断多了起来，如王莽改制、王安石变法、张居正改革等。在历史的一系列改革变法中，有些成功了，有些失败了，这就证明在中国传统文化中，对政治的态度非常灵活，当社会发展遇到瓶颈，第一个想到的解决方法就是在政治上进行改革创新。

第二，经济创新实践。在古代中国，出现了许多值得一谈的经济方面的创新。首先，经济制度的创新。西周时期，井田制是最主要的经济制度。到了春秋战国时期，经济制度开始变更为土地私有制，实行初税亩制度。战国时期，商鞅变法为经济的发展起到了非常重要的促进作用。秦统一六国后，土地私有制度开始在全国展开，在经济方面，提出了统一货币、统一度量衡等有利于经济发展的制度。北魏时期，开始实行均田制与户调制；唐代开始实行租庸调法、两税法；明朝实行一条鞭法；清代实行摊丁入亩等。我们从这些不同时期的经济制度中可以看出，中国古代的经济制度在不断改革创新。

第三，经济流通手段的创新。在商代，我国就出现了货币与商业体系。西周时期，金属货币的出现大大促进了经济的发展。到了宋代，世界上最早的纸币"交子"也出现了。

第四，思想文化创新实践。在思想文化的创新实践中，分为轴心期文明与轴心期以后的文明。轴心期的文明出现在中国先秦的诸子时代，在这一时期，中国的先人为中华文化的灿烂辉煌作出了非常重要的贡献。在世界文化史上，中国的轴心期文明与世界其他轴心期文明一样，都占据着非常重要的地位。虽然现在有人提出所谓第二轴心期的理论，但是第二轴心期是否成立还是一个有待研究的问题。我们通过分析轴心期的思想，能够得出这个时期的学术创新已经代表着世界上非常先进的水平。轴心期以后，中国开始流行佛教，佛教在传入中国之后迅速与中国传统文化融合，产生了新儒学，这种儒学的内容包含逐渐中国化的佛教与宋明理学，具备十分显著的创新性。此后中华文化不仅包含中国轴心期的文化成果还融汇了印度轴心期的成果，这一沟通两大文明的实践在世界历史上是少有的，居功至伟。唐宋变革代表着中华文化的重要转型，是中华文化创新的重要体现。在东亚国家，中国文化一度非常盛行，产生了东亚儒家文化圈。在东亚各国，儒学的影响非常深入人心，这也就很好地证明了中华文化在不同国家、不同民族与不同地区的较强适应性与创新性。

第五，科技创新实践。在古代中国，科技创新具备两个非常显著的特点。第一是那时的科技创新在世界上名列前茅，科技水平也位于世界的领先水平。有人通过研究发现，在3—13世纪，中国的科技水平远远超过了西方。古代中国的科学技术创新性非常强，英国科技史专家李约瑟曾将中国在世界上排名第一的科技创新列举了一个明确的清单，这项清单上记录的创新成果多达上百项。中国古代科技创新的第二个特点就是在世界范围内，这些科技成果都具有举足轻重的地位，这些科技成果对世界的影响力是不容忽视的。其中，中国的四大发明有力促进了世界文明发展进程。

（三）中国传统文化的创新思想

中华民族非常看重创新，也正是因为中华民族创新思想的发展，才令中华民族取得了非常丰富的实践创新成果。在先秦时期，我国古人就已经提出了"周虽旧邦，其命维新"的创新观念。在中国古代的著作《周易》中，变易之理非常盛行，法家在《周易》的指导下，创新性地实行变法。在历史上，受中国传统文化创新思想的影响，产生了丰硕的创新成果。

第一，创新是生活的常态。在中国传统文化中，变易与维新都是与创新有关的词汇。这就表明，中国传统文化观念中创新是非常常见的。世新则事易，这是说，生活的本质是不断变化的，这世上唯一不变的就是变化。在古代的财产关系上，有"千年的田地八百主"一说；在古代的政治关系上，则是"一朝天子一朝臣"。由此可见，世界上的一切事物都是在不断变化着的，在不同的地域，也会存在不同的发展情况。在中国古代的名著《易经》中，阐述了"万物总是处于不断变化中"的道理，这表明，"新"是推进社会发展的不竭动力。当人在一定的环境中，必须要随着环境不断变化创新，只有创新才能不断发展。

第二，创新的质量高于数量。创新的质量是中国传统文化最为重视的。中国传统文化中的传统谚语就能够表明这样的态度——"宁吃仙桃一口，不吃烂枣半筐"。在古代文人进行文学创作的过程中，"但得流传不在多"也是在强调创新的重要性，创新是需要时间的，"十年磨一剑"就是希望人们能够沉淀下来，在长时间的实践中，取得一些开创性的创新成果。中国传统文化中的创新注重质量，这就是我们如今社会急需的东西。一些低层次的成果占据主要位置，而真正具有独创性的科技或文化成果并不多，这就是由于现阶段的人们过于追求速度而不追求质量，会导致欲速则不达的情况出现。

第三，人才是创新之本，应高度重视人才。中国传统文化中把创新与人才紧紧地联系起来，创新靠人才，只有人才才能创新。传统文化中许多格言都论述了人才的重要意义，如"三军易得，一将难求"。历朝历代的君主都高度重视人才，历代开科取士都是为了选拔人才。

关于创新中国传统文化中还有很多的宝贵思想，都值得我们学习和继承。以上仅仅是其中几条，因此我们可以推断出，中国的传统文化之所以如此源远流长、灿烂辉煌，正是因为创新思想与创新意识是其重要组成部分。

第五节　中国传统文化的思想政治教育价值

一、高等院校思想政治教育的理论内涵

思想政治教育就是通过为大众灌输相应的思想、政治、道德观念与规范，在社会中形成一种有目的性与计划性的积极的影响，从而使受到教育的社会成员的行为符合社会发展需要，为社会的发展起到积极的促进作用。现阶段，国内高校在对学生进行思想教育时，有着非常鲜明的理论体系，如马克思主义、毛泽东思想与中国特色社会理论体系等，利用这些理论提升学生的政治素养，有利于健全学生的人格，使他们明白自己在社会中的位置，承担自己应当承担的责任，为社会的发展作出力所能及的贡献，为实现中华民族的伟大复兴提供自己的力量。在高校开展思想政治教育，有利于学生坚定文化自信、道路自信、理论自信与制度自信，不断强化大学生的爱国情怀。

作为我国所有高校的公共必修课程，大学生思想政治理论课在高校中开设的时间为前两个学年，主要就是为了不断加强大学生的思想道德素质，实现大学生身心健康全面发展。首先，教师在进行课程设置时，永远遵循一条原则，那就是"先讲重要课程"。其次，教师也能够通过对学生进行思想政治教育为学生建立正确的职业道德观念，为学生进入社会打下坚实的理论基础。

现阶段，我国高校开设的思想政治理论课分为两个阶段。第一阶段是教师在课堂上向大学生传授思想政治理论知识，让大学生初步了解课本知识，并在期末时以试卷检测的方式掌握学生在这一阶段的学习成果；第二阶段是在学生学习完书本上的理论知识之后，教师督促学生利用课余与假期的时间进行社会实践，在社会实践中将所学知识不断内化为自己的能力，使在课堂上所学的思想政治理论内容成为个人综合素养的一部分，教师也可以让学生在社会实践完成后撰写实践

报告，教师要仔细对学生所上交的实践报告进行评价，检验学生的实践成果。

2016 年，在全国思政工作会中，习近平总书记指出："高校思政工作的开展，与人才培养目的、主要手段、标准等方面之间具有较大关联，思政教育工作的进行，就需建立在人才培养的基础上进行，要做的以人才培养为中心。[①]"同时，我国在发展过程中所形成的历史与文化都具有非常高的辨识度，因此，我们在教育学生时，就需要充分考虑这些情况。思想政治教育就是一种育人的方式，其目的是将人培养成具备较高综合素养的社会所需要的人才。因此，教师在对学生进行思想政治教育时，就必须要围绕学生展开、为学生服务，不断强化学生素养，提升学生的思想政治意识，强化学生的思想道德品质，为社会培养身心全面健康发展的人才。

近些年，国家对于高校思想政治教育课程提出了更加细化的规定，高校的根本任务是立德树人，为社会输送各方面的人才，在实现这个根本任务的过程中，思想政治教育课程发挥着非常重要的作用。党的十八大以后，国家不断提升对于学生思想政治教育的培养力度，同时，为了更好地落实国家对高校思想政治课程制订的一系列实施方案，各地有关部门必须督促高校认真落实实践方案，不断提升思想政治教育工作的实效性。

二、高校学生思想政治教育的目标

（一）思想素质目标

要坚定贯彻马列主义、毛泽东思想、邓小平理论"三个代表"重要思想、科学发展观、习近平新时代中国特色社会主义思想，明确辩证唯物主义的思想，树立正确的三观，在生活中不断运用马克思主义思想进行思考和判断；培养集体至

---

① 出自 2016 年 12 月 7 日《习近平在全国高校思想政治工作会议上的讲话》。

上的三观，批判享乐主义和拜金主义，明确个人利益与国家利益的关系，对建设富强祖国充满信心和力量，为祖国燃烧才是青春最好的正途。

（二）道德素质目标

以集体利益为最高荣誉，个人利益要服从于集体利益，坚信团队合作的重要性和必要性；吃苦耐劳、勤俭节约，在生活学习工作中做到艰苦朴素，享乐在后；遵守法律，热爱国家，懂礼貌，讲诚信，为人团结和睦；积极进取，思想要具有正能量，用乐观豁达的心态面对生活，对于事业和学习要充满干劲，秉持着严肃认真的态度，能听进各方的意见和建议，吸取批评中的精华，努力完善自己的道德修养。

（三）政治素质目标

对于我国的国史和国情要了然于胸，对于我国传统文化的优秀之处要加以发扬和继承，不忘初心，坚持共产党领导，继承先辈的革命斗争精神和传统，坚决维护祖国统一和团结，将祖国的利益和荣誉放在心中首位。具有献身祖国、报效人民的思想觉悟，坚定拥护党的领导和国家的政策方针，做忠诚的爱国主义者。

（四）法纪素质目标

要致力于弘扬全民民主法治的风气，自发学习我国宪法，能够做到正确行使公民权利，维护公民利益，履行公民义务。要从根本上培养高校大学生的法律意识，教导学生做到自我约束、自我管理，能够运用法律武器做出正确的判断和决策。培养学生的勇气和承担挫折的能力，在内遵守校规校纪，在外遵守社会公德和法律法规，自觉主动帮助维护学校和社会的正常公共秩序，深刻领悟法治社会的建成需要每个人来努力，要让法治变为信仰融入高校大学生的思想道德教育，才能让思想转化为实际行动，让法纪素质教育贯穿始终。

（五）心理素质目标

心理素质是一个人心理过程和心理特征的体现，是衡量每个人在情感、意志、性格、行为等方面的综合标准体系。要培养高校大学生形成坚强、自爱的性格，增强他们的抗打击和受压能力，使他们具有比较好的自我调节能力，这将有利于高校大学生未来步入社会时处理好与各方面的关系，保证他们在遇到挫折时可以不丧失勇气和信心，不断努力去改善困境，拥有良好的心态，从而拥有良好的人生。

三、中国传统文化融入高校思政教育的价值

教育以育人为本，道德修养是立身之本，思想政治教育以培养全面发展的人才为教学目标，提升学生的道德修养是其中的重点。儒家、道家十分重视个人道德情操的修养，在几千年的传承中，形成了非常完善而系统的道德观念和修养方法，这些思想在高校思想政治教育中的回归，对学生道德情操观念和自我修养的提高有着巨大的作用。

（一）引导高校学生学会自我反省

传统哲学思想注重个人道德的自觉自律，孔子提出了"见贤思齐""克己内省"等著名的道德自我修养方法，认为个人道德水平提高的根本动力在于个人的自觉性，在于个人的反省能力。《中庸》一书中记载有"反求诸其身"的反省方法，也即孟子所要求的在道德实践中要多从自己身上找问题、找原因，认为"行有不得者"都应该首先做到"反求诸己"，在《孟子·公孙丑上》中，他举了一个例子说："仁者如射：射者正己而后发；发而不中，不怨胜己者，反求诸己而已矣。"这和曾子"日三参省乎己"是一个道理，儒家的这些自我修养理论对于当今高校学生有着重要的意义。马克思认为在事物的发展过程中，内因起着决定性的作用。个

人在追求自我道德水平提升的过程中，同样应该首先注意到内因起到的决定性作用，不能一味地依赖外部环境的教育而被动接受。在思想政治教育中应该融入儒家自我反省、自我提升的道德实践方法，增强高校学生在道德教育中的主体意识，激励他们的道德实践积极性，从而实现由道德的他律转为自律。

儒家对于道德的自我修养并没有止步于简单的反省，反省的目的在于找出不足进行改过和升华。在这方面，孟子说自己"善养浩然之气"，他提出了"存养"和"扩充"的理论。认为人的天性本来是善良的，但事实上后天的生活环境中存在邪恶的影响，"存养"和"扩充"的修养方法能够保持人的本性不受染污，通过不断的努力，最终达到"圣人"的完美境界。高校学生在自我修养中应该充分借鉴这些理论。道德的提升不是一蹴而就的，一方面应该注重加强自身的反省，见贤思齐，见不贤而思改过；另一方面也应该在自省的基础上不断改过向善，将道德理念不断内化为自己的人格，实现道德的真正提升。

（二）为高校学生树立正确价值观

孔子说"三军可夺帅也，匹夫不可夺志也"，一旦确立起追求理想人格的志向，便拥有了无穷的精神力量，在"臻于至善"的道路上以圣人为楷模、以贤人为师友，即使是在困境中，也依然是上下求索，九死不悔。颜回是千古留有贤名的孔门弟子，一生信守老师传授的"善道"，重道德重精神而轻物欲轻享受，获得孔子的称赞："贤哉回也，一箪食，一瓢饮，在陋巷，人不堪其忧，回不改其乐。"对于中西文化激烈相撞的今天，再加上社会经济正处在转型时期，资本主义的拜金主义、享乐主义等精神糟粕也应势而起。高校学生身处在这个复杂而多元化的时代，他们一方面接触到一些西方进步的理念，自身也得到了相应的发展；但另一方面由于自身的不成熟而容易受到一些负面思想观念的影响却又不自知，在日常生活中面对一些价值判断和选择的时候会出现与道德的偏离。针对这些问题，无论是儒家践行的重义轻利的君子风范，还是"饭疏时饮水，曲肱而枕之，乐亦在其中矣"的安贫乐道精神，都有着积极的作用。在高校学生树立正确价值观的过程中，应该注意多借鉴儒家思想的有益内核，多用儒家积极向上的思想砥砺自己。"富贵不能淫，威武不能屈，贫贱不能移"，树立起远大的志向，即使在生活中遇到价值观动摇的情况，也能从儒家思想中获取坚定信念的精神力量。

（三）帮助高校学生建立良好的人际关系

儒家重视和谐的精神，认为"君子和而不同，小人同而不和"。"和"的精神实质是儒家提倡的中庸思想，所谓中庸就是不偏不倚，凡事不走极端。儒家"和"的理念运用在人际交往中就是"以和为贵"，即使是交战双方也能做到只是分出胜负为止。在高校学生之间的交往中，儒家重"和"的理念有益于良好的人际关系的建立。青年人血气方刚、激情四射，难免冲动。"和"的本质有助于消解人的争斗之心，从而促成人与人之间的和睦相处。

儒家对高校学生在建立良好人际关系方面的帮助还在于"仁爱"思想，孔子说"己所不欲，勿施于人""己欲立而立人，己欲达而达人"，如果在人际交往中，高校学生都能互相体恤对方，用仁爱之心去真诚待人，那么一定能形成一个和谐的校园环境。孟子说过"老吾老以及人之老，幼吾幼以及人之幼"，在人际交往中，儒家提倡每个个体都要做到"推己及人"。如果每个人都能做到由己及人，由家及国，那么整个社会就和谐了，这种和谐的人际关系也正是儒家心目中大同世界的写照。

总的来说，传统文化特别是儒家思想对于高校思想政治教育实践来说有着非常的价值，无论是教学活动本身还是对学生的塑造。以上所述及的儒家思想在当代高校思想政治教育实践中的价值仅仅只是管中窥豹，随着研究的深入和对儒家经典的深刻挖掘，一定能发掘出更多的益于思想政治教育的丰富内容。

四、中国传统文化融入大学生思想政治教育的有效途径

中国优秀传统文化是中国人的精神源泉，在高校德育中起着非常重要的促进作用，也能够为高校提供宝贵的育人资源。因此，高校为了不断提升思想政治教育的实效性，就要积极探索思想政治教育在高校学生中传播的有效路径，树立学生的理念道德信仰，帮助学生提升自身道德素质，使高校的德育工作顺利展开。

（一）将中国传统文化融入思政课课堂教学

在英国，有关部门通过在课程中加入有关传统文化方面的教育，不断促进学生生理与心理的成熟发展，这都得益于英国学校的课程设置将传统文化摆在了重要位置。因此，我国高校思想政治教学工作也可以借鉴英国的课程体系，充分发挥课堂教学的功能，提升思政教育课堂教学的亲和力与针对性。在实际教学过程中，教师需要做到以下几点，第一是要增加思政类课程的课堂教学比重，第二是要不断优化自身的教学方法，第三是使用新颖的教学手段为学生进行思想政治教育教学。只有这样，教师才能够在实际的课堂教学中看到成效，使学生深入了解并认同我国的传统文化，实现德育的最终目标。

1. 增加课堂教学比重

目前我国为高校学生开设的思想政治理论课程主要有马克思主义基本原理概论、毛泽东思想和中国特色社会主义理论体系概论、中国近代史纲要、思想道德修养与法律基础、形势与政策，这些课程中中国优秀传统文化内容较少，并未系统地为学生普及这方面的知识。为了提升高校思想政治教育与中国优秀传统文化的融合度，除了要将马克思主义与我国的实际国情相结合外，还要使马克思主义不断与我国的传统文化相结合，不断实现教育与传承的共赢。

2. 加强传统文化与教学内容的深度结合

教师为了较好地完成学校分配的教学任务，就必须不断对学生进行新时代的

思想道德教育，还要使思想道德建设与传统文化进行深入的融合，这就要求教师要对自身的专业知识有着非常深刻的理解，同时也要不断学习中国优秀的传统文化，这一点对于教师来说有积极意义。

3. 优化教学方法

教师在对自身的教学手段进行优化时，必须要根据学生的实际情况进行。在这个过程中，教师要注重学生道德素养的提高，并使学生从内心认可中国优秀的传统文化，从而使学生能够不断发扬与传承这些文化精神。在传统的教育教学中，教师更多会使用"理论灌输式"与"填鸭式讲授"的教学方式，这就会使得学生在学习主动性方面较差，而现阶段出现的新型的教学模式中，有许多新颖的教学方法，如互动讨论、案例分析等，这类的教学方法就能够不断激发学生对于学习的积极性。教师可以利用混合式教学的方法，督促学生在课下主动搜集与思想政治课程相关的传统文化主题资料，并在课上将自己所搜集到的内容分享给同学们，供同学们一起讨论。在这个过程中，教师也可以引导学生对自己所搜集的资料发表自己的看法。此外，教师不仅要在课上掌握学生对于学习内容的了解程度，还要在课下也督促学生进行学习，并对其学习成果进行相应的评价，提升思想政治教育的实效性。

（二）将中国传统文化融入思政教育特色活动

我国高校在教育学生传承、发扬传统文化时，必须要认识到活动载体的重要性，高校要在校园中开展丰富的文化活动，使各类文化活动向着品牌化发展，将中国传统文化在思想政治教育中的比重逐步增加，使高校思想政治教育富含中国传统文化要素。目前，我国各高校都在努力拓展思想政治教育课程的文化载体，旨在使用活动的手段不断弘扬传统文化，提升学生的精神品质，丰富学生与教师的文化生活。

1. 重视传统节日，组织特色活动

中国人非常重视传统节日，在几千年的历史长河中，人们的生活丰富多彩，产生了许多节日习俗，我们从这些习俗中就能够看出古代劳动人民的生活智慧与历史积淀。高校在对学生进行思想政治教育时，可以通过将传统节日融入其中的方式，在学校为学生举办特色化、精品化的文化活动，让学生从内心认可中华民族优秀的传统文化。在这个过程中，高校也要不断创新自己的文化活动方案，为学生设计他们感兴趣的活动，高校要在活动中不断激发学生的兴趣，让学生在活动中学习新知识。

2. 重视历史事件纪念活动，传播爱国精神

高校要重视重大历史事件的纪念活动，培育学生热爱祖国、艰苦奋斗的优良品质，为学生树立民族精神与时代精神提供有利条件。高校只有将重大历史事件的纪念活动充分利用起来，才能在大学生群体中不断弘扬爱国精神，增强学生对中华传统文化的认同感，使他们更加坚定自己的理想信念。每年的 9 月 18 日，为了让人们铭记历史，我国各地都会在上午 10 点响起防空警报。辽宁省沈阳市的大学还会在这一天组织学生前往九一八历史博物馆，让学生通过实地参观激发出爱国情怀。

3. 以红色旅游为载体，共建爱国教育实践基地

高校教师在对学生进行思想政治教育时，可以通过组织学生参加红色旅游活动来实现对学生爱国情怀的培养。在这个过程中，学生也能够在一定程度上学习革命斗争知识。因此，高校要想提升思想政治教育的实效性，就应该积极组织学生前往历史博物馆、爱国教育基地、英雄纪念馆等观看相关史实资料，培养学生的民族自豪感与自信心，在时间的不断推移中使学生形成正向的思想观念。此外，各类历史博物馆与高校应该加强合作，共同建立爱国教育实践基地，这就能够督促学校为学生的学习提供丰富的社会资源，为培育学生的爱国主义精神提供良好

的条件，不断向着实现立德树人的根本任务进发，并在此过程中引导学生树立起正确的价值观念。

4. 加强社会实践，构建社会实践教学体系

学生只有积极参与社会实践活动，才能真正将自己在课本中学习到的知识内化为自己的能力，并使用这些能力指导自己的生活。学生在参与实习与实践活动时，能够在很大程度上突破学校课堂教育的局限性，深入了解社会，提高自身的社会实践能力，在一次次挫折中锻炼自己的坚强意志。学校应该积极鼓励学生利用寒暑假进行社会实践，督促学生在校外了解我国的国情，不断培养学生优良的精神品质，使学生在社会实践中充分感受中国传统文化的魅力。

（三）将中国传统文化融入校园文化建设

通过继承和发展优秀传统文化所蕴含的深厚底蕴来推进校园文化建设，使学校成为学习环境幽雅、学术氛围浓厚的殿堂，在更大范围、更深层次上丰富校园文化内涵，增强校园文化底蕴，进而营造浓厚文化氛围，以文化繁荣助力民族复兴的伟大事业。通过传承优秀传统文化来助力校园文化建设，不仅需要我们转变校园文化建设理念，准确定位优秀传统文化，同时还需发挥优秀传统文化的显著教育功能，唤醒学生这一校园文化建设的主体，引导他们主动投入校园文化建设中去，这是实现优秀传统文化思想政治教育功能的另一路径。

1. 加强校园物质文化建设

校园物质文化建设，就是学校整体环境中基础设施和环境布置等，直接展现出一所高校的校园文化特色。将优秀传统文化因素渗透到这些硬件设施当中，可以使全校高校学生和高校教师更加直接感受到来自传统文化的感染和熏陶，无形之中增强他们对于优秀传统文化的认知和了解，潜移默化地提升他们的品位。高校可通过将教学楼、寝室楼以及办公楼加入传统建筑的元素或者建成中式建筑风

格，还可以在学校内修建中式亭台楼阁、长廊等，使学生能够通过古代建筑风格来感受其中的魅力。除此之外，在板报、宣传栏、草坪、路牌、标识语中宣传传统文化内容，向学生展示传统文化节日的来源以及习俗等，增进他们对传统文化的了解。最后，还可以在教室和宿舍楼道、阅览室和自习室中悬挂名言警句以及名人事迹。

2. 增强校园精神文化建设

校园精神文化建设则是校园文化中最重要的内容，折射出高校学生和高校教师的整体精神风貌。校园精神文化是无形的，良好的校园风气能够在约束学生不良行为的同时激发他们努力向上、积极进取的精神动力。因此，必须大力加强将我国的传统文化内容深度嵌入校园精神文化建设当中，构建校园整体积极向上的精神风貌。

一方面，借"有形"传"无形"。高校应加强民主制度管理，改进德育工作，制定符合学校办学特色的校风校训，逐渐将校园精神文化渗透到每位高校学生和高校教师的心中，营造良好的校园氛围。教师应严格遵守学校制定的规章制度，努力做到"传道授业解惑"，为人师表、无私奉献，关心爱护学生，注意因材施教，引导学生塑造良好品行从而实现自己的个人价值和社会价值。对于学生而言，则应遵守高校学生行为规范准则以及学校的相关规章制度，使自己的行为规范符合社会及学校要求。同时发扬刻苦努力、不畏艰难的学习精神，在生活中互帮互助、团结友爱，同时提升与老师和同学之间的友好关系，进而营造良好的学习氛围。另一方面，以"无形"塑"有形"，即通过无形的精神文化潜移默化地熏陶和感染，塑造良好的教师形象、学生形象以及学校整体形象。这种无形的校园精神具有强大的感染力、凝聚力和约束力，能够使教师和学生的情操得以陶冶、行为习惯得以规范。除此之外，高校学生和高校教师共同努力建立平等尊重的高校学生和高校教师关系，能够形成强烈的集体协作和凝聚力，建构团结、和谐、平等、有爱的学校氛围。

3. 强化高校制度文化建设

制度文化建设在确保学校各项工作井然有序运转的基础上，能够对全校高校学生和高校教师产生积极的约束和激励作用，有效协调学校各部门以及高校学生和高校教师之间的关系，从而实现学校科学管理、教师恪守本职、学生健康成长。学校制度文化建设要求高校学生和高校教师按照学校规章程序办事。高校应深刻意识到加强中国优秀传统文化在校园建设中的必要性和紧迫性，结合新时期学校自身的发展，逐步改变教育观念，逐渐改变原有教育体系，实施制度创新，形成一套完整的规章制度，最大限度发挥中国优秀传统文化的教育作用，使学校管理工作最大程度实现有章可循、有矩可蹈，进而不断提升高校的办学层次，提升人才培养质量，构建符合高校自身建设的制度体系。

第四章　高等职业教育概述

本章为高等职业教育概述，先对高等职业教育的概念进行阐释，包括高职院校的定位以及高职院校人才培养的目标，而后介绍高等职业教育的发展历程，最后分析高等职业教育的发展现状。

第一节　高等职业教育的概念

一、高职院校的本质

高等职业院校属于高等学校范畴，从形式上看，其职能与普通应用型本科教育职能相比差异不大，但由于高等职业教育具有异于普通本科教育的职业性、实用性、实践性等特征，从本质而言二者职能仍旧有所区分，因此，高职院校的定位有着其自身特点，即根据国家政策要求、社会经济发展需求，针对专业知识与技能方面对在校生进行培训，最终为社会发展输送一线高水平应用型技能人才。

二、高职院校人才培养目标

（一）高职院校人才培养目标的构成

高职教育服从政治和社会安排是一项基本规则。但这一基本规则从来不排斥高职教育发展的自身规律。高职教育的顶层设计者，在设定高职教育目标之时，一定遵循并保持着逻辑关系上的正当性。判断逻辑关系上的正当性主要依据高职教育所主张的人才培养要素是否为社会之需，人才培养结构是否有益于人才培养要素的全面形成，结构和要素之间有无取向上的矛盾和冲突，是否可以融合，是否可以形成正向的推动力等。现在高职教育工作者们所耳熟能详的高职教育人才培养目标被表述为培养"高素质技术技能人才"，这对高职教育人才培养目标的这一表述是具备正当性的，包含"高素质"和"技能技术"两部分，二者缺一不可。

1. 培养"高素质"人才

到目前为止，"高素质"这一概念多为一种广义理解和衍生理解。之所以没有进行理论上的框定和内涵上的设定，主要意义在于，顶层设计通过提供"高素质"这一泛化的目标取向，推动职业教育通过实践过程来进一步丰富和解读有利于特定时期高职教育发展之需。首先只确定"高素质"这一基本内涵，让高职教育发展的各个层面进行内涵拓展，分别进行有益于高职教育改革发展的深化解读。

"高素质"虽未被明确地给予内涵，但如果结合职业教育的工具性价值和职业教育的内生规律，可以把"高素质"做扩大解释，意指良好的社会认知、正当合法的社会行为、优良的职业素养等；如果从人的自然性和职业教育的社会性分类来看，"高素质"还可以理解为良好的道德品质、良好的社会和职业责任感等。所以，无论按照何种分类与何种层次去理解"高素质"，都必须抓住"高素质"的本位，即经过系统教育和引导后自然生成的内在能力。这一内生能力构成了一个人的本质，决定了一个人的思想维度、意识层次和行为方向。所以，"高素质"的取向性价值非常明确，在人才培养要素的整体构成中居基石与核心地位。高职教育人才培养所意指的"高素质"，就是一种人才的先导性要求，它的本质在于把一个人塑造为良好公民视为首要。

2. 培养"技术技能"人才

"技术技能"是附着于人身之外的技艺之能，可分别代表科学技术和职业技能。科学技术和职业技能有其自身的价值追求，它们的运作方式是进入自然，融入社会，并对自然规律和社会规律进行理性探索，把自然之物和社会发展运行规律作为学习和认知的指向和准则。一般而言，科学技术解决自然规律背后的客观性问题，就是通过一定的原理对某种客观现象和规律进行再现和总结，在此基础上寻求更加适应与匹配或生成便捷有益于社会生活的方法。职业技能解决社会关系运作背后的实在性问题，就是围绕社会成员的自然分工和职责，培养培训基于社会角色划分而来的个人职业能力和素养，旨在解决大学生社会化后，在社会关系各环节中的适应性和持续发展性问题。可见，科学技术和职业技能都强调自身的工具性价值和实用性价值。

（二）高职院校培养目标的价值取向

"高素质"人才要素主要是以高职教育对人的本质意识和意识支配下人的行为为教育与指导对象，它代表根本指向和价值尺度。也就是要求高职教育要把不断促进人的良好内在的养成作为人才培养的根本动机，通过人才培养的全部实践过程有层次、有步骤、有方法地促成教授对象良好内在世界的完善，以此引导自身发展并掌控外在行为。

"高素质"人才的培育更加注重"塑人"性，其本身不存在创造性价值，不可以生成直接的生产力。"技术技能"人才的培养主张，其主导点在于科学技术的快速性、效率性、便捷性，在于职业技能的契合性、技巧性，主要突出教育的"制器"性。

科学技术是改造世界的强大动力，但其工具性价值只能决定其改造世界的力量程度，至于这种力量是否正义、是否正当以及是否可以正义、正当地被应用，却只能由人的内生性条件来掌控与决定。

三、高等职业教育的角色定位

（一）我国高职教育的办学目标和规格定位

高职教育属于高等教育重要的有机组成部分，是主要培养技术应用型人才的高等教育。这是根据联合国教科文组织教育统计局编制的 1997 年 3 月版《国际教育标准分类》ISCED[①] 所作的规定。在这个分类里，高等职业学校教育属于全部 7 个教育层次从 ISCED0~ISCED6 中的第 6 个层次。它属于 B 型，代号为"ISCED5B"。与同一层次的高等普通学校教育的本、专科层次教育（代号为"ISCED5A"）相比，高职侧重于实用性知识和相应技能的培养与训练；也就是说，它是培养高等"知识 - 技能型人才"即高等应用型人才的。按照《中华人民共和国职业教育法》[②] 和《中华人民共和国高等教育法》的规定，也是认为高等职业教育是职业教育体系中的高等教育层次，是高等教育的重要组成部分。这一法律规定已经认定了我国高职教育的角色定位，之所以我们给出强调，主要是因为在现实的高职教育教学管理实际中，人们还是习惯于普通高等院校的思维桎梏，导致办学思想、办学理念、管理策略和教学常规大都沿袭普通高等院校，在实际上背离了高职教育的性质、规律和特点。因此，高职教学的管理，首先还是需要准确把握高职教育的办学定位、目标定位和规格定位。

就我国目前情况看，高等职业教育应以服务为宗旨、以就业为导向，坚持走产学研结合的道路；要主动为社会发展服务，特别是区域经济发展服务。这就是高职教育的办学定位。培养目标是人才培养的总原则和总方向，是开展教育教学的基本依据，高职的人才培养目标应定位于高级"技术型"人才。技术型人才是

---

① 联合国教科文组织 . 国际教育标准分类（英文本摘译）[J]. 机械职业教育，1997，（10）：41-45.

② 中华人民共和国职业教育法第二章第十二条 [A]. 中华人民共和国重要教育文献（1991—1997 年卷）[M]. 海口：海南出版社，1998.

将设计、规划、决策等转化为产品、工程，或对社会产生直接作用的人才。当前，我国产业技术结构发生了很大的变化，对高职人才的培养规格也产生了很大影响。技术结构的变化，不仅影响社会职业岗位的构成，而且影响相关职业岗位的内涵变化，使社会职业岗位的内涵与外延处于发展变化之中。这就给出了高职人才规格的定位。就当前来看，我国职业岗位变化的总趋势是：技术含量不断提高，要求从业者不仅要具备适应职业岗位的能力，而且还要具备创造职业岗位、发展职业岗位的能力。如果满足于初等或中等职业技术教育，显然已经无法满足区域经济发展和现代化建设的需要，我国高职教育的规格定位应该是培养高等职业技术人才，高职院校应该属于高等院校的范畴。准确的角色定位有利于高职教育发展战略的制定，有利于教育教学管理的改革创新，有利于管理目标的实现。

（二）我国高职教育角色定位的依据

我们作出上述的角色定位，主要是基于下面一些考虑。

第一，高职教育的角色定位有个内涵认定的理论渊源问题。

从哲学思辨的角度来看，高职教育既有上层建筑的属性，又有经济基础的属性。就上层建筑的角度而言，高职教育的办学理念和人才培养具有鲜明的社会制度性质，主要服务于国家当前社会，具有鲜明的社会性，这就决定了高职教育的办学性质和办学目的；从经济基础的角度来看，高职教育产生并服务于经济建设和社会生产，具有鲜明的职业性，这主要决定了高职教育的办学方式和人才培养模式。中国特色高等职业教育应该是职业教育共性与个性的辩证统一。共性主要是指中国特色高职教育应该遵循并符合职业教育的内在发展规律，能和其他国家职业教育的发展寻求平等对话与沟通，在教育这个大范畴里具有普遍性意义。例如高职教育应该具有区域性、地方性和行业性，培养的人才应该服务于区域经济发展和地方建设。

再比如，高职教育应该是终身教育的重要组成部分，注重受教育者生存能力、就业能力和创业能力的提高。个性主要是指中国特色职业教育在遵循共性的基础上应该注重自己的发展模式和办学经验，人才培养目标和培养模式都应该符合中国国情，而且应该具有中国独创的韵味。我们所说的中国特色高职教育主要就是指这种独创性。因此，中国特色高职教育就是指中国的高等职业教育在符合世界职业教育共同发展趋势的情况下回归本土、回归现实，在遵循职业教育内在发展规律的条件下超越现实、突破常规，办出符合中国实际的、人民满意的、和谐的、可持续发展的、独具中国特色的高等职业教育。

第二，知识经济的发展迫使高职教育必须定位于较高层次。

知识经济是以知识为基础的经济。在知识经济的社会里，社会财富的创造更加依赖以高科技为基础的知识信息在生产中的应用。因此，随着知识经济时代的到来，知识已成为重要资源，人力资本的开发在经济增长和发展中起着至关重要的作用。人力资本是指凝聚在劳动者身上的知识、技能及其所表现出来的能力。这种能力是经济增长的主要因素，它是具有经济价值的一种资本。随着社会的发展，人力资本的价值、价格、意义和作用，越来越明显高于其他资本。这可从马克思主义的剩余价值理论、舒尔茨的人力资本理论和科斯定理等找到经典理论根据，更可在现实经济发展实际中得出比照结论。人力资本和物质资本都是人类技术进步的载体，但人力资本更具能动性。知识经济时代，经济增长的根本动力源于技术创新与进步。在技术水平不变的条件下，实现经济增长只能靠增加投入，这时即使有高增长率也不意味着经济发展水平和效益的提高。当技术得到进步时，同量的投入能够带来更多的产出，经济能力与效率将同步改善。而人力资本既是技术进步的发动者，又是新技术的载体与传媒，会导致生产过程中物的因素与人的因素的效率全面改善。

据国外有关机构测算，教育带来的劳动者的知识增长与智力提高对经济增长的贡献已高达 52%，而传统资本的增长对经济增长的贡献仅占 5%。因此，人力资本便成为推动经济增长与发展的决定性因素。在这样的前提下，教育事业和培训事业作为人力资本投资的主要方式，还在低层次重复地培养初级技术人才，当然就无法满足我国工业化和现代化建设的需要。在区域经济发展、现代化建设进一步提速的前提下，在高等教育大众化形势下，把高职教育定位于高等教育层次，目的在于使高职教育顺应社会历史发展趋势，在知识经济社会里实现人力资本投资效益和价值增值。这既有经济学理论意义，也是形势发展所迫使。

第三，我国高职教育的角色定位基于高等教育大众化的推进。

不管是在西方发达国家，抑或是在我国，高等职业技术教育都在事实上已成为大众化高等教育重要的一翼。一般说来，高等教育大众化是指一个地区、国家为所有适龄青年提供高等教育的普及程度。根据马丁·特罗的观点，适龄人口中接受高等教育的占 15%~50% 为大众化教育阶段。我国正努力向高等教育大众化目标迈进。第三次全国教育工作会议提出大力发展高中阶段教育和高等教育，其中，高等教育发展重头戏就是高等职业教育的发展。这是我国在高等教育大众化上迈出的重要一步。从教育类型来看，普通高等教育与高等职业教育是多样化高等教育中最重要的两翼。当普通高等教育处于有限发展或相对饱和状态时，或者是社会人才需求的规格、性质、数量发生扩张变化时，高等教育大众化的任务就更多地落到了高等职业技术教育的肩上。从发达国家高等教育大众化的实际进程看，也主要是通过建立独立于传统普通大学系统之外的"第二种高等教育"（以高等职业技术教育为主的其他形式的高等教育）来实现大众化的。可以说，高等教育大众化目标的实现，有赖于高等职业教育的大发展。因此，深刻认识高职教育在现代化建设格局中的战略地位，准确把握其定位、属性、作用，有利于更好地促进高职教育的发展。

第四，国外高职教育的发展改革给我们提供了借鉴。

西方高职教育发展的形势是西方各国的高职教育都在争相改革，高职教育发展的基本战略不断调整。这不但成为后来者的借鉴，也为我国高等职业教育的发展与创新提出新的命题。俄罗斯《俄罗斯联邦教育法》中赋予俄罗斯职业教育全新的概念、组织方式和管理制度[①]。俄罗斯把建立国家教育标准体系的工作置于职教系统工作的首位，已推出 30 多种主要职业的国家标准。1994 年，德国教育部与科学部也推出了强化职业教育的五项重点措施。美国、日本、澳大利亚等国的高职教育发展迅猛，也各具特色，都对我们的高职教育发展具有借鉴的意义。20世纪 90 年代，世界银行以世界职教实践的经验教训为基础，提出了全新的职教发展战略：职教主要职能为"根据劳动力市场的实际需要组织培训，满足需要，适应于经济发展"；职教的主要办学模式，由原来的"学校为本的职业教育"变为"企业为本的职业培训"；职教与普教的关系由原来的"替代"变为"互补"，提出在扎实的普教基础上实施职业教育。西方发达国家高等职业教育的发展趋势是：强调职业能力职业素质的培养，重视实践教学以及高职院校与企业界形成质量契约关系，它们共同的基点是：如何使高等职业教育培养的人才满足企业界对职业人才的需求[②]。这些经验和案例都成为我国对高职教育的定位、发展战略构想和实践的重要借鉴。

综合上述，对高职教育的战略角色地位作出准确的定位，有利于对其性质的正确判断，有利于发展过程中的具体操作。

（三）高职教育的基本属性

我们认为，高等职业教育是国民教育体系中高等教育的一种类型和层次，是和高等本科教育不同类型不同层次的高等教育。它是按职业分类，根据一定的职业岗位（群）实际业务活动范围的要求，培养生产建设管理与社会服务第一线实

① 何红梅，赵伟.目前俄罗斯教育体系改革构想的基本立论 [J].教育与职业，1998（12）.
② 嵇小怡等.西方高等职业教育理念和模式发展趋势 [J].职教论坛，2005（2）.

用型（技术应用性或职业性）人才。这种教育更强调对职业的针对性和职业技能能力的培训，是以社会人才市场需求为导向的就业教育。《中华人民共和国职业分类大典》对职业、职业分类两个基本概念明确阐述："职业是指从业人员为获取主要生活来源所从事的社会工作类别。"[1] 因此职业的特征就表现为：目的性，即职业活动以获得现金或实物等报酬为目的；社会性，职业是从业人员在特定社会生活环境中所从事的一种与其他社会成员相互关联、相互服务的社会活动；稳定性，即职业在一定历史时期内形成，并具有较长的生命周期；规范性，即职业活动必须符合国家法律和社会道德规范；群体性，职业必须具有一定的从业人数。

职业的分类是以工作性质的同一性为基本原则，对社会职业进行的系统划分与归类。工作性质，是一种职业区别于另一种职业的根本属性，一般通过职业活动的对象、从业方式等不同予以体现。2015 年修订后的《中华人民共和国职业分类大典》把我国职业分为 8 个大类、75 个中类、434 个小类、1481 个职业，并列出了 2670 个工种，标注了 127 个绿色职业。我国职业标准一般实行五（四）级制，分等级对职业的活动领域、职业功能、工作内容、技能要求和相关知识水平做了明确规定，同时在结构、模式和内容方面对职业标准进行了改革，更加适应职业培训、职业技能鉴定和劳动就业工作需要。高职院校在培养目标、专业设置、培养计划和课程标准或教学大纲上，应该以国家职业分类为主导，以职业标准作为学校技能训练标准，为劳动力市场提供适销对路的人才。

基于职业、技术、高等教育等概念及其有机组合，我们分析，高等职业教育的基本属性也有如下几点。

（1）职业性

这是高等职业教育的本质属性，高职教育具有职业的针对性、就业性，同时

---

① 国家职业分类大典和职业资格工作委员会 . 中华人民共和国职业分类大典 [M]. 中国劳动社会保障出版社，1999.

也是它培养目标的基本内涵。职业性体现在：一是职业不等于专业，而是专业的综合、融合和复合。高职教育培养的应是能解决职业岗位综合的、复杂实际问题的人才。二是职业的具体化，即岗位。高职教育必须立足上岗、服务就业。三是要体现知识、技术的应用性，技术管理的综合性。所以，高职教育培养的人才除具备一定的岗位操作技能外，还掌握相当的理论知识、管理能力、发展潜能和创新能力。这就与普通高校毕业生重在理论知识的特点有了区别。

高职教育的职业性特征，是有理论依据的。从社会分工理论来看，现代职业教育的规定性与现代社会、现代职业、现代人的内涵共生和交织，表现为职业教育既要准确反映和适应现代职业对人的要求，又要为现代人的终身学习和可持续发展提供思想和制度保证。随着现代社会劳动分工日益专业化，现代人的发展在相当大程度上依赖于职业的形成和发展，并通过职业与社会及他人建立密切关系。从事某种职业成为人重要的社会化途径之一，职业性在某种意义上也就成为现代人的规定性。从这个角度来说，高职教育具有培养人的规定性，实际上在很大程度上体现为培养符合一定社会和经济发展要求的现代高级职业人。

从市场分割理论分析，高职教育的发展动力在于市场需求，这就规定了它的职业性特征。根据劳动市场分割理论，劳动力市场可分为普通劳动力市场、职业劳动力市场和内部劳动力市场三种。第一种被称为二级劳动力市场，后两者被称为一级劳动力市场。二级劳动力市场不要求任何特殊的知识技术和严格的准入条件。而一级劳动力市场则针对不同的产业及其中的不同职业，要求劳动力拥有产业需要的专门技术，进入此市场必须具备在经过认可的训练和实践中获得的相关知识和技术。一级劳动力市场的工人工资较高，工作条件相对优越，就业稳定，升迁的机会较多；二级劳动力市场的工人工资较低，工作条件较差，就业不稳定。可以说，适应劳动力市场的需求，是高等职业教育发展和改革的根本动力。

随着科学技术水平的提高和社会分工的逐渐细化，新的职业相应产生，旧的职业逐渐消失，各种职业的劳动者比例不断发生变化。职业结构变化总的趋势是，体力性、非技术性职业劳动者所占的比例不断减少，而脑力性、技术性劳动者所占的比例不断提高。职业结构的变化对劳动者的知识和技能提出了要求，要求劳动者在上岗前接受一定的职业技术培训。以往职业教育具有强烈的工具主义色彩，过分凸显职业教育的社会筛选与分配功能，而使其在一定程度上丧失了本质功能——育人。杜威曾指出："就是有一种危险，把职业教育在理论和实践方面解释为工艺教育，作为获得将来专门职业的技术效率的手段。"① 而当代职业教育新理念也开始反省，指出："现代的观念理所当然地认为，职业教育项目不能准确地对应某个特定工作进行设计。劳动力市场动态的和变化着的需求对思维能力越来越多地替代体力技能提出了要求，因此，职业教育计划应该人文化和宽基础化，以提高适应性，拓宽就业机会，提高教育和职业的能动性。"② 职业教育首先要保证受教育者能够掌握专门化的知识与技能，确保其在所学领域能够处于领先地位，以适应未来职业不断变化的要求。与此同时，要使受教育者在道德上健康发展，使其形成那种有望获得未来职业地位和对他有利的个性特征。笔者认为，现代职业教育必须遵循"育人"而非"制器"的原则，使学科教育与职业教育相通相融，共同建构具有一定人文精神和学术修养的专门化职业人才。

由此可知，高职教育的职业性就是培养符合社会和经济发展需要的高级职业人才；高职业教育建设和发展的根本动力就是适应劳动力市场的需求。高职教育的职业性体现了它的质的规定性。

（2）大众性

大众性是高职教育的一个重要特性，在高等教育大众化的情形下，更具有实

---

① 约翰·杜威著，王承绪译.民主主义与教育 [M].北京：人民教育出版社，1990.

② 曼萨，W·阿马斯瑞.21世纪变化着的需求：技术职业教育面临的挑战 [A].刘来泉选译.世界技术与职业教育纵览——来自联合国教科文组织的报告 [C].北京：高等教育出版社，2001.334−335.

际性意义。而且高职教育大众性特征的提法，是一个比较通俗的说法，也有叫人民性和群众性的。我们认为，大众性当然具有人民性的全部性质，而且更体现出教育的本质属性，还更具有亲和力。高等教育大众化的一个显著特点，是进入大众化阶段以后，高等教育的外延拓展，内涵也发生了深刻的变化，特别是人才培养目标，要求不一，跨度更大。高职教育顺应社会需求，培养急需的专门技术型人才，这就体现出它的质的规定性的第二个特性：大众性。

高职教育的大众性，是其办学方向所规定的。职业是谋生的手段，就业是民生之本。关注社会弱势群体的就业、谋生问题，为他们的生存现状、发展命运而忧，为最广大的人民群众谋取职业，这是职业教育大众性的根本体现。高职教育的大众性解决了"为什么人服务"这个根本问题。同时，高职教育的大众性，还为其办学目的所决定。也就是要以就业为导向，以创业为动力，解决"怎么服务的问题"。满足最广大人民群众广泛而充分地就业和终身学习需要，是发展有中国特色高职教育的根本目的。目前，我国正全力实施职业教育的"四大工程"，即国家技能型人才培养培训工程、农村劳动力转移培训工程、农村实用人才培训工程、成人继续教育和再就业培训工程，就是对满足人民群众终身学习需要的全面关注。《国务院关于大力发展职业教育的决定》中明确规定："职业教育要为我国走新型工业化道路，调整经济结构和转变增长方式服务。实施国家技能型人才培养培训工程，加快生产、服务一线急需的技能型人才的培养，特别是现代制造业、现代服务业紧缺的高素质高技能专门人才的培养。""建立职业教育贫困家庭学生助学制度。中央和地方财政要安排经费，资助接受中等职业教育的农村贫困家庭和城镇低收入家庭子女。"[①] 这就对高职教育服务的方向、服务的性质作出了规定。

---

① 国务院关于大力发展职业教育的决定 [R]，2005 年 10 月 28 日，见新华网：www.cinhuanet. com，2005-11-09.

（3）社会性

大力发展高职教育是当前我国经济社会发展的一个重要战略选择。国务院关于大力发展职业教育的决定指出：大力发展职业教育，加快人力资源开发，是落实科教兴国战略和人才强国战略，推进我国走新型工业化道路、解决"三农"问题、促进就业再就业的重大举措；是全面提高国民素质，把我国巨大人口压力转化为人力资源优势，提升我国综合国力、构建和谐社会的重要途径；是贯彻党的教育方针，遵循教育规律，实现教育事业全面协调可持续发展的必然要求。在新形势下，各级人民政府要以邓小平理论，"三个代表"重要思想，科学发展观、习近平新时代中国特色社会主义思想指引下，把加快职业教育、特别是加快中等职业教育发展与繁荣经济、促进就业、消除贫困、维护稳定、建设先进文化紧密结合起来，增强紧迫感和使命感，采取强有力措施，大力推动职业教育快速健康发展[①]。从这段话我们可以清醒地看到，发展高职教育不仅是一个重要的战略问题，也是一个涉及社会和谐与人民生活小康的政治问题、社会问题，因此，职业教育有着鲜明的社会性。高职教育的社会性主要体现在社会发展需要高职教育、高职教育要适应和服务于社会发展、改革和发展高职教育要依靠社会力量三个方面。

我国自改革开放以来，经济建设取得了令世人瞩目的成绩，现在正处于一个关键的转折点上，过去那种粗放型、高能耗、污染严重的经济增长方式已经发展到极致，很难再支撑未来的经济发展，必须改变经济增长方式，调整经济结构，走新型工业化道路。新型工业化需要新型劳动者和大量中高级技能人才，职业教育责无旁贷。这也由高职教育的角色地位所确证。

从就业的角度来看，社会劳动力的转移是目前一个不可回避而且必须解决的大问题。当前我国的就业大致有新增劳动力就业、下岗和离岗人员再就业或转岗

---

① 国务院关于大力发展职业教育的决定 [R]，2005 年 10 月 28 日，见新华网：www.cinhuanet. com，2005-11-09.

就业、农村劳动力转移就业等。城镇每年需要就业的劳动力达到 2400 万人，还有大批农村富余劳动力转移出来。2022 年年末全国常住人口城镇化率为 65.22%，比上年末提高 0.5 个百分点。每年大量农村劳动力转移进城。就业需要接受一定的教育和职业技能培训，发展职业教育成为社会的强势需求。

从社会稳定的角度来分析，发展职业教育非常必要。我国大部分地区还只是基本普及九年制义务教育，尤其在农村地区，辍学现象比较严重，初中毕业生升入高中的比例低，一大批青少年过早流向社会，就业很难，他们极易沾染不良习惯和行为，成为社会不稳定的重要潜在因素。

再从教育事业发展本身来说，我国人口众多，各类在校学生数以亿计，基础教育、高等教育、职业教育必须协调发展，不断完善教育体系。所以，大力发展高职教育，加快人力资源开发，是我国落实科教兴国战略和人才强国战略、推进新型工业化、解决"三农"问题、促进再就业的重大举措；是全面提高国民素质，把巨大人口压力转化为人力资源优势，提升综合国力的重要途径；是遵循教育规律，实现教育事业全面、协调、可持续发展的必然要求。

（4）服务性

高职教育的服务性，也是由其角色地位决定的。高职教育必须服务于广大学生和社会发展的要求。服务于广大学生，就是市场需要什么人才、学生需要什么技术，就开办什么专业、开设什么课程、强化什么技能，以及进行什么样的管理服务。

高职教育的服务性，是与高职教育的产品观有深刻联系的。为更好地理解高职教育服务性，我们有必要简单讨论高职教育的产品观问题。一般认为，高职教育的产品是学生。我们认为这种观点是失之偏颇的。它实质上忽略了教学管理过程中的学生主体地位。学生产品观认为，高职院校是教育工厂，学生是产品，教师是加工、营销人员。我们觉得这种学生产品观是有缺陷的。因为教育的本质功能是教育人、培养人，促进人的发展。学生产品观以满足高职教育产品（学生）

的社会需要作为教育教学的出发点，忽视了教育教学的本质功能。从经济学的角度分析，人才并不为高职院校或其他高等学校所有，人才即高素质的劳动力，其所有权属于人才自身而非学校，学校并不能像工厂、企业拥有自己的产品一样拥有学生，学校与用人单位之间也不存在真正的交换关系。人才在市场上，供求双方是学生与用人单位而非学校与用人单位，学校任何时候都无权将学生作为自己的产品进行变卖或奉送。同时，在校学生也不可能作为学校的"半成品"而抵押"贴现"。

如果把高职教育的产品理解为学生，那么我们就无法解释学生交费受教育这样的经济事实。学生交费的目的是购买教育服务。因此，"高职院校的产品是学生"的观点是不能成立的。我们认为，高职教育的产品是教育服务。理由是：在高职教育的成本支出中，学生或家庭自费部分已经占有相当的比例，高职教育产品的购买主体已经由国家转变为学生或其家庭，高职教育的费用小部分属于消费性支出，大部分属于投资性质的支出。从消费性支出来说，学生作为消费者自然有权利要求高职院校为自己的消费效用的最大化提供合乎标准的高职教育产品；从投资性支出来说，学生同样有权利要求学校为其投资行为或人力资本的积累活动提供必要的条件和保障。对于高职院校来说，学生是购买其服务产品的直接顾客，是教育服务消费的主体，他们有权选择学校、专业、课程及任课教师。这在多年的高考和高职教学实际中，已经成为不争的事实。高职教学的学分制、弹性学制的试行，也在一定程度上体现了高职教育服务的思想理念。所以，我们认为，高职教育的产品是向学生提供的高职教育服务，并且通过学生的理解消化而被接受和使用，以满足学生本人及其家庭的需要，进而满足社会和国家的需要。

第二节　高等职业教育的发展历程

自 20 世纪 80 年代确定发展高等职业教育，到发展中期的犹豫，再到确立在教育体系的重要地位，我国职业教育经历了多种政策调整，其生源、数量和质量有很大的起伏，接下来就其发展历程和生源状况进行梳理和归纳。

一、高职教育的开创发展期

（一）高职教育开创期的政策导向

1. 确定设立职业大学

我国的职业教育起步是从 20 世纪 80 年代国家教委批准成立首批职业大学正式开始。1980 年到 1990 年这十年期间，高等职业教育在培养目标、招生对象，管理政策等方面进行了初步的尝试和探索，笔者认为这一时期可以称为高职教育的开创期。

2. 鼓励设置职业院校

国务院在 1983 年发布《关于调整改革和加快发展高等教育若干问题的意见》，积极鼓励经济发展较快的地区举办各种形式的短期培训，形式有职业大学、电大、夜大等，满足在职人员的技能或者学历提升需求；同时还鼓励有能力的高等专科学校对有需求的人士提供职业培训服务。

3. 初步建构职业教育体系

早期的职业大学建立以后，国家在 20 世纪 80 年代中期出台政策指出：职业大学要优先招收中等职业学校毕业的学生，这是国家首次对职业大学的招生对象做专门的说明，这也是打通中职到高职体系的首次尝试。

高等职业教育是新出现的教育类型，不仅招收普通高中学生，也开始面向社会提供技能培训、学历提升等服务。在这一时期高职院校的发展非常困难，由于人们认知的局限和社会发展的困境，人们没有认识到职业教育的必要性和重要性，因此，职业院校的生源质量并不尽如人意，总体上学生数量很少。

（二）高职开创期的生源状况

高职院校主要形式有职业大学、夜大、电大等，职业院校的主要功能主要有以下几个方面：实施高等教育的功能，培养社会精尖人才；提升在职的社会工作人员学历；进行对口的职业培训，因此，函授、夜校形式的工读比较多，有一部分的全日制中职生源，高中生源数量也不多。

二、高职教育的探索发展期

1990 年至 1999 年，这 10 年期间，国家认真考虑了广大群众的求学意愿和社会经济发展的需要，出台了几项影响力较大的政策，对我国的职业教育结构进行了大调整。

（一）高职教育探索发展期的政策导向

1990 年，国家教委召开"全国普通高等专科教育工作座谈会"并出台了相关的文件，指出办学部门应根据本地区经济建设和社会发展的实际需要，一部分院校应办成以培养高级技艺型人才为目标的高等职业教育；另一部分院校根据需要，经过上级主管部门审定并报国家教委批准，可以明确为普通高等专科学校。

这一政策的出台，尊重了当时的国情，东部沿海经济发展迅速，需要大量的技能型人才，办学的积极性较高，高职教育发展迅速；而西部地区还没有享受到改革开放带来的发展红利，没有认识到职业人才的重要性，因此，办学的积极性及学生报考职业院校的意愿都不是特别强烈。这一政策也考虑到了很多受教育者的学习意愿，也尊重了部分院校以培养精英人才为办学方向的发展定位。

这一政策把发展定位的选择权交给了学校，因此高职专科体系中一部分院校走精英教育路线，另一部分院校走职业教育路线。接下来的几年，国家连续出台了一系列的规定，对高职教育的办学要求、办学方向和发展思路都提出了具体的指导和说明，同时也对高职院校的名称初步进行了规范。

1. 明确高职院校培养目标

1991 年国家出台《国务院关于大力发展职业技术教育的决定》要求高职院校在培养方向上要立足于现实，要满足经济发展的需要，满足企业的岗位需求；在培养人才的标准上明确指出要对受教育者进行系统的、严格的职业技术教育，使受教育者在完成学业后能胜任一些专业性、技术性要求比较高的岗位；明确高职院校的培养目标，划清职业教育与精英教育的区别。

为了体现高职院校的"职业教育"的特点，国家在这一时期也出台了具体措施：首先，改革职业教育课程体系，加大职业技能培训、实践课程比例；其次，改变现有专科层次的职业大学、成人高校、部分高等专科学校在培养目标定位模糊、专业方向不清晰的现状；最后，通过改建、合并现有的学校，尝试其他力量联合办学，拓展办学途径和模式。

2. 建构高职教育体系

国家有关部门根据当时的社会发展现状，正式设立对口招生考试，打通中等职业教育和高等职业教育发展晋升通道，并且强调职业教育要和职前与职后教育培训相互衔接。至此，我国就正式初步建立起了有中国特色职业教育体系的基本框架，也正式宣告职业教育是现代教育体系的重要组成部分，奠定了职业教育在现代教育体系中的地位，肯定了职业教育的社会价值。

我国高职教育经过了这 10 年的探索发展，在政策导向方面也经历了比较大的调整，从发展历程来看，这一时期在高职教育发展道路上进行了深入思考和实践探索，奠定了职业教育发展的政策基石，为职业教育发展指明了方向和道路。但是在探索发展期，由于人们的认知和社会经济水平发展的制约，人们对职业教育依然处于政策的消化期，还没有比较积极的行动反馈。投入少、见效快、学制短、办学活的短期职业大学和电大仍然是当时高职教育发展的重点。

（二）高职教育探索发展期的生源状况

在探索发展期，高职教育得到了快速发展，但在生源上没有太大的变化，由于电大、夜大等类型的学校在这一时期并没有独立出去，生源主要还是中等职业学校、职业高中、普通高中以及符合要求的在职人士。高职院校在这一时期在招生途径方面，主要有普通高考、对口招生、成人高考等。虽然这一时期高职院校的招生总体数量上没有太大的增长，但是生源质量确实提升很大，毕竟在当时的社会背景下，能考上专科学校或者通过成人高考、对口招生考试的学生比例还是非常低的，能通过正规的国家性考试就说明学生的学习能力还是比较强的。

三、高职教育的高速发展期

2000 年至 2009 年这十年间，高职教育得到了前所未有的发展，高职院校的发展规划更加具体明确，在学校数量、招生人数、生源质量等方面也得到了大幅的提高。

（一）高职教育的高速发展期的政策导向

高职教育的高速发展期，国家对于职业教育在政策方面既有宏观规划也有微观调整，既严格遵守前期职业教育发展政策，又在学制等方面有灵活创新。

1. 高职教育管理权的调整

国家把高等职业技术教育的设立权和管理权下放到省级人民政府，同时也设定了高等职业院校的设置标准，各省根据自己的经济发展需要，按照院校设置标准因地制宜地成立高职院校。同时，国家职能部门详细地制定了高职院校专业人才的培养标准，明确各种类型生源的招生制度，统一学校的名称等，例如：建议学校名称一般为："XX 职业技术学院"或"XX 职业学院"。

2. 进一步完善高职教育互通体系

在中、高职院校和本科教育等其他形式的高等教育的衔接方面也做了进一步的细节补充和指导。比如：提高中职毕业生进入高职学校继续学习的比例，适当增加高职专科毕业生接受本科教育的学生数量，此举打通了中高职业教育向本科生教育、研究生教育晋升通道。在学制方面也进行了初步的尝试和创新，在"适当地发展初中后五年制高等职业教育"政策的指导下，一些高职院校开始尝试开展高职3+2、五年一贯制等灵活、弹性的学制。采用多样化弹性学制，不仅丰富了高职学制，也增加了受教育者在职业教育体系内的流动性。

3. 科学规划高职教育的发展

高职教育的管理权虽然下放到省级人民政府，但是国家这一时期加强了宏观调控和规划，比如：分别在2005年和2006年颁布政策，对高职院校未来5~10年的发展做了比较详细的规划，并提出建设100所高水平示范院校。这些文件的出台不仅显示出国家发展职业教育的决心，对职业教育长远发展有了理性的规划，同时也把短期函授、不脱离工作岗位的工读等成人教育与职业教育分离开来，使职业教育真正地独立成为一种教育形式，强化了高等教育系统的分工。专注职业技能教育和技能培训，成为高等教育的一个重要类型。

此阶段，国家高职教育政策开始直面高职教育中现实问题，探索多方位、多渠道解决问题的方法，使得职业教育各项工作得以规范进行。职业教育经过了这一时期的发展，规模从小到大，从零星的分散状态到整个区域、专业整合，从小众的教育形式，到成为高等教育主要组成部分，至此职业教育最终确定了在整个现代教育体系中的地位。

（二）高职教育的高速发展期的生源状况

由于社会大环境的影响，高等教育大众化概念的兴起，高职教育在这一时期也得到了高速的发展，使得在高职院校的数量、生源质量和数量都得到了较大的提升。在高速发展期，高职院校的招生都经过严格的普通高招考试和对口招生考试，而且这一时期业余短期的职业培训划归到成人教育行列，从高职教育中独立出去，因此，高职学生来源主要是普通高中，有少量的来自职业高中、中等职业学校和初级中学。由于高职的招生人数远远小于报考人数，高职院校录取时可以优中选优，保证了生源质量。

四、高职教育的多元化发展期

2010 年至今，我们称之为高等职业教育的多元化发展期。此时，我国经济发展从粗暴消耗型的增长模式转向知识型经济模式，新兴行业和新型职业陆续出现，对人才需求从单一的技能型转变到知识技能型，同时技术含量高的工作岗位不断产生，高层次的技师和高级技师需求呈直线上升的态势。社会经济的发展对我国的教育体系提出了更高的要求，职业教育也顺势而为，在生源来源、招生形式、学制等多方面呈现出多元发展的态势。

（一）高职教育多元化发展期的政策导向

1. 根据时代需求，完善高职教育职能

首先，为了适应经济发展的需要，促进高职教育更快更好地发展，国家出台一系列政策完善高职教育体系。2010 年国家出台《国家中长期教育改革和发展规划纲要》；2014 年出台了《现代职业教育体系建设规划》。这两部文件，从国家战略高度对我国的教育进行了顶层设计与规划：一条是学术型的路线，从高中、本科到研究生；另一条是职业型路线，从中职、高职（包括本科、专科）到研究生。国家规划的教育体系中给国民规划了两条学业生涯通路，再次强调了类型院校的不同教育职能，打破了职业教育和普通高等教育长期暧昧不清的态度；同时又明确了两条学业路线也是互联互通的，鼓励职业院校晋升本科，打造研究型、知识型的职业教育，以满足不同的学习需求。

其次，转变高职的教育职能。《国家中长期教育改革和发展规划纲要》提出，

"职业教育要面向人人，面向社会"和"形成适应经济发展方式转变和产业结构调整要求，体现终身教育理念，中等和高等职业教育协调发展的现代职业教育体系"。这就要求高职教育要将学历与非学历培训结合，将由单一的职前学历教育逐步转向持续不断终身教育；强化职业技能培训、短期培训等为社会服务的功能。高职教育培训功能的增强不仅是适应职业多变的需要，更重要的是回归了技能培训的本质，当然也迎合了当下盛行的终身学习理念。

最后，把提高职业教育质量作为新时期的发展重心。教育部职业教育与成人教育司在 2018 年工作要点中提出，启动中国特色高水平高职学校和专业建设计划，坚持扶优扶强与提升整体保障水平相结合，建设一批当地离不开、业内都认同、国际可交流的高职学校。根据新要求，国家要集中力量建设 50 所左右高水平高职学校和 150 个左右高水平专业群，即所谓的"双高计划"，其主要目的是把高职教育质量提高到一个新的高度，让培养的人才能适应当下知识经济发展的需要，能够满足、支撑国家重点产业、区域支柱产业发展。职业教育"双高计划"每五年一个支持周期，2019 年启动第一轮建设；2022 年，列入计划的高职院校和专业群办学水平、服务能力、国际影响显著提升，为职业教育改革发展和培养千万计的高素质技术技能人才发挥示范引领作用；到 2035 年，一批高职学校和专业群达到国际先进水平，引领职业教育实现现代化。

2. 进一步拓展高职招生途径和学制形式

单独招生考试是指由高职院校组织文化和技能考试，并根据考生文化成绩和技能成绩，择优录取的一种招生方式。国家在 2010 年在有关的政策中肯定了当时正在试点的单独招生改革，认为单独招生政策是对当前高职招生政策的创新。2013 年国家出台《教育部关于积极推进高等职业教育考试招生制度改革的指导意见》认可和肯定了单独招生形式，至此高职单独招生模式便得到了更大范围的普及。同时，注册招生模式也应运而生，在各省市开始试点。2019 年《政府工作报告》

中指出，2019 年高职院校将扩招 100 万人，鼓励更多应届高中毕业生报考，也欢迎退役军人、下岗职工、农民工等社会人士报考；同时，中职毕业生报考高职院校不再有比例限制，往届中职毕业生在符合报考要求的情况下可以参加高职院校单独组织的招生考试。同时《高职扩招专项工作实施方案》也指出，将这 100 万招生计划将重点布局在优质高职院校、发展急需和民生领域紧缺专业、贫困地区。从招生政策可以看出，我国的职业教育不仅要满足社会经济的发展需要，同时也是高等教育大众化实现的重要途径，促进区域均衡发展的手段。

3. 高职教育培养模式的多样化

在高职教育的开创期，培养模式比较多样；在发展期，培养模式又趋于单一化；在多元化发展期，又出现了多种培养模式。在高职教育体系中出现最早的是工学结合模式，所谓工学结合就是指高等职业院校和有关行业相互合作，根据一线企业需求制定培养人才的标准，在学生的基本素养、知识储备、能力养成等方面的教育上紧跟社会需求。从 2019 年开始，在职业院校、应用型本科高校启动"学历证书＋若干职业技能等级证书"制度试点（也被称为 1+X 证书制度试点）工作。目前还有比较流行的"分层教学"模式，就是根据学生学业水平或能力或来源渠道有针对性地开展教学工作。

（二）高职教育的多元化发展期的生源状况

高职教育多元化发展期的生源来源渠道比较多：普通高招、对口招生、3+2 中高职贯通、单独招生、注册招生等。同时，生源类型也呈现多元化特征：普通高中生、职高生、中职生、初中生及符合招生条件的社会人员，比如退役军人、下岗失业人员、农民工和新型职业农民群体等。有学者通过研究认为，从高职开创期到多元化发展期，生源类型演进主要呈现三个特点：一是通过普通高考录取的生源比例不断下降，已由 2010 年前的 80% 以上逐年下降到 2016 年的 40% 以下；二是通过单独招生、对口单招、注册招生的生源数量与比例不断增加；三是增加了更多的生源类型。

五、高职教育发展的未来展望

目前，高职教育已经体格壮大，羽翼丰满，笔者认为在未来高职教育将会在向外发展和向内改革方面继续努力。其一，向外发展。社会的发展变化永不停歇，职业教育也会紧跟社会发展的脚步，不断完善其职能，为经济发展和创新提供智力支持。其二，向内改革，目前的高职教育体系招生途径多样、生源来源多样，不同群体的知识储备、学习需求、学习能力等差异较大，因此，在未来相当长的一段时间内，高职院校要对已有管理方法、培养模式等做出调整和改革，以适应目前的多元化需求。

第三节　高等职业教育发展现状

一、新形势下高等职业教育管理体制的现状

（一）高等职业教育管理体制的概述

体制是体系、制度、方法和形式等的总称，高等职业教育管理体制是指高等职业教育的领导管理系统与机构设置，既包括宏观的政府对职业教育、学校的行政管理体制，也包括微观的学校内部管理体制，根据职业教育管理体制的实际，具体内容可分为三大部分，即管理元素、管理组织以及管理文件。管理元素中教学管理是相关工作人员采取特殊的管理方式，设计、组织和丰富校园活动，使之能够符合人才培养和学生发展的标准和目标。教师管理从本质上来看是以集中化

方式呈现和表达的，如教学主体、教学目标以及教学环境等。其次是管理组织，如果说将管理要素作为客体组成的话，那么教学管理组织就是主体形式，它们两者的区别在于前者着重分析管理内容，而后者则是分析管理的实行者。在高等职业教育中，管理组织是由人员、任务以及职位等多个层次组合而成，通过有效的组织、分工和融合，最终达成建立相对完善的教学管理体制的目标。管理文件则是指相关人员必须统一遵守的行为规范准则，结合相关的管理制度，规范相关人员行为方式，既能凸显自身的特征，又能为彼此设置相应的结构体系。

（二）高等职业教育管理体制的现状

目前，我国高等职业教育与普通教育具有同等重要地位，成为高等教育的"半壁江山"，但高等职业教育管理体制无论是宏观层面的行政管理体制，还是微观层面的学校管理体制以及教师管理体制都存在一系列突出的、亟待解决的问题。

1. 行政管理体制

第一，基本制度不健全。首先，教育部印发的《关于停止使用〈全国普通高等学校毕业生就业派遣报到证〉和〈全国毕业研究生就业派遣报到证〉以及启用的〈全国普通高等学校本专科毕业生就业报到证〉和〈全国毕业研究生就业报到证〉的通知》等文件，这些所释放的信号就是高等职业教育顶层设计层面的变革诉求和方向，体现的是国家对现行高等教育体制所存在问题的态度，也为地方及院校高等职业教育体制改革提供了空间和可能。在这样的时代背景下，反观具象的高等职业教育形态就能发现，原生传统高等职业教育成本过大、体制陈旧、自主生存、发展和造血功能弱，且类似恶性循环环环相扣，严重阻碍了高等职业教育的发展质量和未来可持续发展能力的提升。其次，从升学政策来看，高等职业教育的生源主体基本上都是本科落榜生，因为历史传统等客观因素，本科落榜生并不会优先选择高等职业院校，而以就业为导向的中专、职高和技校学生进入到高职院校规模较小，这也间接导致高职院校的招生等问题。最后，高等职业院校的专业建设、人才培养以及实习安排等缺少宏观的规划，模糊的办学定位和缺失高等职业教育鲜明价值导向的特征，势必影响学生对高等职业教育的认知和选择。另外，从社会资源对高等职业教育的支撑和供给情况来看，力度不大、实效不够。如以典型的校企合作项目来看，政、校、企缺乏政策和制度层面的保障，没有形成政府引领、企业主导、学校参与的良性共振机制，育人、用人脱节，校企合作更多时候是纸上谈兵，学校就业难、企业用工难、社会经济发展难成为一种现象，严重折损了高等职业教育的社会价值和经济价值。

第二，管理理念缺乏创新性。高等职业教育是以政府办学为主导，借助市场和社会资源，呈现的是政府为主、民办为辅、企业参与的多元化的办学力量交错共存的局面。而在这种办学体系中，民办和企业合作办学作为高等职业教育重要组成部分，缺乏宏观的制度保障和具体的政策帮扶，学校专业设置与企业用人的契合度、政府对多种办学形式的具体分类聚焦施策程度的缺失，制约了这些办学类型的积极性和主动性，民办、企办高等职业教育的效益和价值受到影响。其次，政府层面管理过于行政化，缺乏创新精神，在日常的工作中基本上以行政命令为主，缺乏科学合理的统筹，最终产生的结果便是办学质量、效益及水平不高。

第三，职责划分不清晰。地方政府关于高等职业教育管理组织架构尚不能充分适应职业教育的发展需求，管理部门分工职责模糊，自身任务十分冗杂，以至于存在效率不高、任务重叠等情况。再加上职业教育业务管理部门和地方政府相关部门联动协调机制不健全，例如业务管理部门和财务部门未能统一规划，那么在规章制度的制定、实际操作上或多或少存在职责划分不清楚，层层审批，甚至有越权管理、越位开展工作等现象。

2. 学校管理体制

首先，管理模式过于守旧。我国大多数高等职业院校是通过中等职业学校升格或其他院校转型而来，依旧在沿袭传统老套的陈旧管理机制。随着社会的发展，市场对高等职业教育赋予的责任越来越大，若还是以传统管理模式为主，不加以变革创新，则会影响管理质量和效率。

其次，管理制度有待完善。人事、分配、评价考核机制等方面尚未形成与现代高等教育相适应和匹配的管理机制和手段，甚至还有管理机制重复、人员分配不合理、管理模式僵化等问题。在这样的管理机制影响下，不仅会降低管理效率，也会对学校人才培养质量的提升形成制约。

再次，院校落实管理主体责任不明显。长期以来，院校均按照政府、教育主管部门等制定标准或规则进行管理，已形成固化的对照标准、规定等执行与管理习惯，发挥学校自身的主体作用不明显，缺乏持续推进和提高自身治理能力或管理水平的动力。

3. 教师管理体制

受限于传统体制及用人机制，学校编制不足，进人、用人问题突出，进而导致教师队伍年龄结构存在不合理现象。部分年龄偏大的老教师深受传统思想的影响，自身的教学水平和能力与时代发展存在一定的差距。虽然年长的教师教学经验非常丰富，但实践操作能力却无法进一步提升，同时也不能将理论知识与实践操作相结合来缓解教学压力、丰富教学氛围、激发学生的学习热情。而这也是教学枯燥乏味、学生毫无学习积极性的原因之一。其次，一些高等职业院校缺乏足够的办学经费，不能为学生和教师准备符合现代职业标准和要求的现代化教学设备，实操环节和实践教学严重受到影响。

二、我国高等职业教育国际化发展现状

近年来，全国各地高职院校的国际化发展在持续推进中，这与全球化发展有密切关系。国际化发展促使全球教育资源的交流合作，提升学生培养的全球视野，

扩展学生的眼界，做好教育资源的优化配置，提升办学实力。在新冠肺炎疫情暴发前，已经达到一个高峰。

（一）中外合作办学

在高职教育国际化发展方面，首先，可以开展中外合作办学，发挥中外高职教育资源价值。我国高职教育积极地开展海外优质教育资源的引入，提升高职教育本身内容、形式、模式的丰富性，促使教育改革工作的持续推进，让人才培养水准得到持续优化。这种合作，可以促使有关专业建设领域得到扩展，合作项目也不断丰富化，整体的合作院校数量也在持续增多。尤其是之前"一带一路"倡议的发展，有关国际双边贸易工作的推进，让高职院校有了更多的中外合作沟通交流机会，有关沟通互动的能力也持续提升。具体在中外合作办学的模式上也在从传统量的变化到质的飞跃，合作模式出现了根本性的转变。最初的国际化发展，更多地注重与发达国家的交流合作，强调发达国家教育资源的引入。但是随着发展战略的调整，也逐步地开展全球发展中国家的合作，尤其是中国周边国家的教育合作，甚至让中国成为高势能教育资源的输出方。有关中外合作教学的开展，让中国教育资源在当地备受关注，也逐步地实现了我国文化与教育资源的推广宣传。海外分校与有关研究中心的构建，在一定程度上可以有效地优化我国高职教育在国际范围内的影响力，为我国高职教育资源走向国际化打下基础。

（二）师资队伍的国际化趋向

在师资队伍国际化建设方面，可以进行海外留学生的招募，也可以让学校骨干教师到国外去进修深造、访学，进行国际化教师队伍的交流学习。在新冠肺炎疫情暴发前，每年我国各地的高职院校会定期派教师展开出国学习，同时也会积极地吸纳有出国学习与工作经验的人到学校任教，甚至展开外籍教师的聘用。在一线城市高职院校中，有 85% 甚至更多的教师人才拥有国外考察、学习的经历。

这个数据在一定程度上反映了我国高职院校教师人才队伍在国际化发展上所做的付出与努力。即使受疫情影响，大部分高职院校暂停了教师外派的业务，但与国外的联系并没有切断。

（三）学生国际化

目前大部分高职院校，都在积极地开展海外留学生的招收工作，具体规模依据自身办学水平条件而定。一般分为短期学习培训与长时间的学历教育两大类。各高职院校依据所在城市自身发展情况开展多边合作平台的构建，召开各专业的国际培训班与研讨会，为有关合作国家输送对应的人才资源。尤其随着是"一带一路"倡议的推进，招收"一带一路"沿线国家留学生来我国高职院校学习，为沿线国家输送专业人才，提供我国优质的教学资源条件，促进了国与国之间的交流合作。同时我国高职院校也开展本国高职院校学生到合作国家的高职院校留学、培训学习，短期或者长期的学习交流等活动。在完成学习经历并通过考核之后，可以获得学习证明与证书，大多能获得两国互认。

（四）教学内容与模式的国际化

高职院校在当下的教学内容与模式上，也纷纷学习国外优秀经验。进行国际上优质课程的引入，同时结合本土情况进行具体细节上的调整。在执行上注重教育内容与模式上与国际标准衔接，构建国际化的高职课程体系。注重学生在专业上能拥有国际交流能力、竞争能力以及国际视野水准，看重学生朝着国际化的复合型人才方向发展，提升人才的应用技能水平。具体执行中，大多在建设全外语课程或双语课程内容，同时进行对应的教师队伍建设，保持同步化标准。具体教学课程上，一些高职院校已经可以做好项目定制化培养，结合有关实训实习安排，通过"实训＋实习"的模式操作进行教学工作的运行。学生在一年的时间内，半年时间运用在专业理论课程学习上，半年时间进入合作企业做顶岗实习。依据情况展开针对留学生的特色现代化的学徒制培养活动，部分优秀留学生到我国优秀企业中顶岗实践学习，让理论与实践结合，提升了学习的整体成效。

三、我国高等职业教育国际化发展问题

（一）国际化办学理念无法落到实处

虽然国家在提倡我国高等职业教育的国际化办学，但是各高职院校在实际操作中，会因为自身资源条件的局限性，导致国际化标准很难落到实处，整体的执行效果打折扣，有关教学体系没有得到科学合理的设计，进而影响后续执行工作的开展。

较多的高职院校为了自身学校的经济效益以及有关主管部门的考核检查，容易出现教育国际化发展的形式化的情况，缺乏实质性的全球化教育的大格局理念。在国际化教育规划方面，缺乏有关的执行动力。虽然遵从有关方面的倡导，但是没有建立对应的国际教育合作中心，也没有对应的国际教育学院的设立，在境外也没有对应的办学机构，没有展开深度性的境外学校资源合作。除了引入相对少的留学背景师资人员以及课程，并没有开展深入性的国际化发展执行。对于有关部门积极倡导的中外合作办学以及"走出去""引进来"双方面的国际化缺乏对应的执行积极性，甚至导致教育国际化成了有关院校应对上级考核的门面工作。虽然国家以及教育行政主管部门都给予了较多的优惠政策，但是高职院校之间的发展实力不均衡，导致有关工作的开展速度慢。同时政府给予的资金和资源的支持也相对不均衡，导致部分院校在执行上缺乏足够的实力支撑。甚至因为合作办学整体收益不佳，导致有关院校在国际化发展上缺乏实质的动力。

（二）整体的教育国际化形势相对单薄

缺乏双向互动的高职院校国际化发展是目前的一种局限。国际化教育发展是一项"走出去""引进来"的双向发展，在其互动之中开展多元创新。在过去

较长时间内，高职教育工作的国际化发展主要倾向于让发达国家的教育资源为我们所用，提升本国在有关专业建设上的水准。例如德国的双元制、澳大利亚的TAFE模式、美国的社区学院制等，积极展开有关办学经验交流活动。同时本地高职院校的学生进行出国留学以及游学的互动逐步增多，教师也可以积极地参加国外进修活动以及教学考察。但总体来说，我国师生到国外学习的频次较多，国外师生来华的频次相对较少；我国承办的有关国际会议相对较少、国际化课程引入较多，我国的优质课程输出的情况较少。整体处于一种教育国际化发展不平衡的状况。

（三）国际化师资力量上相对不足

高职院校国际化发展中，师资队伍的建设非常重要，直接影响着国际化办学的水准。师资建设包含两个方面，一方面是本土自身的师资力量到国外去进修学习，另一方面是国外的师资资源引入到国内。国内高职教育的方向主要注重实践性以及应用性，因此在对师资队伍建设上更加注重教师自身的专业技能水准以及实践经验情况，而不同于本科方面的学术方面的发展。一般情况下，本科院校会将海外留学以及有关工作经验作为有关教师考核的参考指标，但是在高职院校工作中该考核指标相对弱化，进而导致高职院校本土师资力量的国际水平相对不足。甚至较多教师在外语水平上相对较低，无法达到实际性的双语教学水准，也没有对应的国外留学经验以及工作经历，整体的外语教学应用能力相对不足。但是在本科院校中，相关情况则会有明显的改善，总体可以反映出高职院校在师资队伍国际化标准建设上的能力相对不足。

第五章　中国优秀传统文化与高职教育人才培养的融合

中国的教育理念以传统文化为基础。如果按照中国传统的教育理念来考虑，以中国优秀的传统文化为代表的传统思想对世界的影响很大，并且对教育起到了很大的引导作用。目前，部分高职院校还未意识到优秀传统文化对人才培养的重要作用，部分高职院校虽然意识到了，却未能充分发挥优秀传统文化的作用。

这一章是中国优秀传统文化与高等职业教育的结合，着重探讨了中国优秀传统文化对培养高等职业技术人才的影响、中国优秀传统文化与职业技术人才培养相结合的必要性以及新媒体环境下高等职业教育的实施对策。

第一节　中国优秀传统文化对高职教育人才培养的影响

一、高职院校人才培养存在的问题

目前，我国高等职业技术学院有着越来越好的发展势头，全国各地的高等职业学校的数量不断增长，报考职业技术学院的学生数每年都在上涨。

但在高职教育人才培养方面，高职院校仍然存在一定的问题，其中较为严重的就是缺乏对"高素质"培育的重视。

很多高职学生走入工作岗位后，会发现自己的工作能力较难适应企业的发展需求。一方面，这可能是由于他们缺乏工作经验，工作技能不够娴熟；但另一方面，这也可能是因为他们工作态度不够端正严谨，或是心理承受能力较差，无法适应工作带来的一定压力。

实际上，一个人的"工作能力"受到很多方面影响，然而高职院校在对学生进行培育时，往往只看到了前者，而忽视了后者。

当前的职业教育理念，甚至是当前高职教育的现实状况，都未能很好地处理好"高素质"与"技术技能"之间的关系。"立德树人"是我国教育的重要内容之一，"良好的道德素养"是"高素质"人才的基本保证和必备条件，但现实中人们对"高素质"人才的培养却缺乏理性的认识。部分高职教育专家认为，只要坚持以"以知识、理论"为核心的"专业本位"思想，以"以用人单位需求"为导向，以"胜任企业的职业要求"为出发点，训练能力的技能本位思想，并付诸实践，并能够适应国家和区域经济社会发展需要，高职教育就算完成使命。从部分高职院校的培训计划和教学过程中也可以看到，存在过分重视实证性和实践性的专业课程，过分重视基于职业、岗位要求和适应性的技术技能培训的问题。

而在学生管理方面，多数高等职业学校还停留在传统的管理模式，未能充分利用中国优秀传统文化的优势来培养学生，缺乏以优良的传统文化为基础来培养学生的价值观念，造成校园内的文化缺乏、学生对中国优秀文化的理解不够，影响了整体教学和综合素质的提高。

培养人才是教育的中心工作。从社会化的视角来审视人才的培养过程，高职教育是为了大学生适应社会生活，让大学生逐渐拥有各种能力的培训过程，也就是所谓的"社会化"。从根本上说，大学生自身能力的社会化的进程就是由高职教育推动的，就是要在高职院校中逐步提高大学生的各项素质与能力，进而推动我国经济与社会的可持续发展。

二、高职院校人才培养问题的解决方法

"高素质"是培养高素质的根本和核心，但是，"高素质"是怎样产生和培育的，这是一个必须要仔细研究的问题，也就是"高素质"是怎么形成的。培养学生，尤其是培养"高素质"的学生，是一个复杂的过程。

"高素质"的基本构成，应该是一个立体的结构。在垂直影响因素上，包括思维、认知、判断、取舍等，而在横向上则包括思想、道德、品质、行为等方面，二者相互联系、相互影响。因此，高等职业技术学院应根据我国优秀传统文化思想和价值观，结合新时代党和国家有关素质教育的新思想、新要求、新部署，开展适合社会发展要求的大学生素质教育，形成一套符合实际、易于评价的大学生素质教育评估体系。

三、高职院校优秀传统文化育人功能

（一）规范和约束功能

优秀的传统文化在对人们进行"教化"的同时，能够使人自觉遵守道德规范，进而达到学会自律的教育目的。在良好的文化理念的熏陶下，职业学校的学生对自己的行为进行了进一步的规范和约束，道德意识不断提高，从而为他们的成才奠定了良好的基础。

（二）导向和引领功能

中国优秀传统文化能够为高职学生指引正确思想方向，避免他们在良莠不齐的文化浪潮中迷失自我，受到不良思想的侵袭，使他们在成长过程中能够不断辨别是非对错、善恶黑白，形成正确的世界观、人生观、价值观，从而拥有良好的道德修养、高尚的人格。

（三）支持和保证功能

文化育人的根本目标就是培养社会主义合格建设者和可靠接班人，归根结底还是通过"以文化人"，使人成为社会主义建设中最活跃的因素，而优秀传统文化将始终是可靠而有力的支持和保证，在潜移默化的教育过程中，它不仅对高职学生起到培养作用，还能够在高职校园甚至全社会营造良好的育人氛围，凝聚人心，统一思想，提高社会整体道德水平。

第二节　新媒体环境下高职院校传统文化育人的有效策略

在"互联网＋"时代，高职院校要抢占网络思想教育主阵地，积极借助网络新媒体的优势，改变单一传统的课堂教学模式，创新中国优秀传统文化教育网络传播方式，激发生机与活力。利用互联网传播速度快、交互性强等特点，以新载体、新方式、新内容实现中国优秀传统文化元素和新媒体技术的跨界融合，不仅成为时下传播和发展中国优秀传统文化的一个重要突破口，而且满足了广大师生多层次、多样化的文化需求。高职院校要把握网络教育主阵地，积极开展"互联网＋优秀传统文化"的思想政治教育活动，构建优秀传统文化教育网络平台，形成网络思想政治教育育人合力，也要加强校园网络监管，净化网络舆论环境。

一、构建优秀传统文化育人网络阵地

（一）利用互联网新媒介阐释中国传统文化深厚底蕴

大学生的文化自信来自于国家的强大以及对传统文化的高度认同。中华民族优秀的传统文化在漫长的历史长河中沉淀，是对中华民族风俗习惯、思维方式、文化传统和情感认同的集中体现。它不仅培养了勤劳的中国人民，更丰富了中华

民族的精神世界，促进了人类文明的进步，是大学生文化自信的源泉。在互联网时代，面对国内外各种文化的冲击，无论是积极的还是消极的、先进的还是落后的，我们都必须有效地利用互联网这一新的传播媒介，创造丰富的文化作品，展现中国传统文化的卓越灵活性。通过创新，让传统文化更贴近现代生活，让更多的青年学生了解传统文化，并基于其文化根基建立文化自信。

1. 以探索优秀中国传统文化的深层内涵为出发点

尊老爱幼、仁义礼智信、忠君爱国、道法自然、厚德载物等，是我国优秀传统文化的重要价值观。它们代表了中国人对待家庭、社会、国家乃至自然界的独特理念，既符合自然界的客观规律，也教导人们遵循积极进取、尊重长辈、关爱下一代的道德理念。为了更好地传承和弘扬这些价值观，我们可以探索将传统方法与互联网相结合，培育新的文化符号。通过互联网技术，以一种更具创新性的形式，加深对我国优秀传统文化的深刻理解，并使之更好地融入现代生活。

2. 以在线媒体传播优秀传统文化为重点

互联网是当今时代不可或缺的一部分，具有强大的传播能力。通过互联网，人们可以迅速获取各种信息，使信息传播的速度和范围都大幅提升。在这个背景下，高职院校可以利用互联网建立相关平台和网站，激发大学生的积极性，创新传达方式，以更好地传播和弘扬中华文化，促进民族团结。

高职院校教育工作者可以采用"互联网＋优秀传统文化"模式，利用官方微博、微信、QQ、抖音公众号等新媒体平台进行文化传播。根据大学生对网络内容的需求，定期推送优秀传统文化的历史人物、经典故事等内容，以文字、图片、短视频、动漫等形式展示。通过这些双向互动的平台，教育工作者可以准确地了解大学生的意见和反馈信息，掌握其思想动态，积极研发和制作贴近学生生活和实际需求的优秀传统文化内容，并定向推送到高职院校的网络平台上。

此外，还可以建立优秀传统文化主题教育的专栏平台，根据学生的文化需求和社会热点新闻，实时更新动态和信息，使学生及时了解相关文化讯息，全面展示优秀传统文化。通过网络信息技术，构建线上网络平台育人模式，使中国优秀传统文化教育不受时空限制，实现线上线下全方位、多领域的弘扬和推广，增强其传播力和感染力。这样，学生可以在潜移默化中接受文化熏陶，不断提升思想境界。

3. 通过优秀传统文化激发高职学生的文化自信

高职院校的传统教育需要与时俱进，更新传统中国文化教育形式，并将之融入到学校的日常教育中。

首先，可以通过校园文化活动来创建具有传统文化特色的教育品牌。例如，举办中国文化摄影大赛、短片大赛等学生喜爱的活动，让学生在参与中感受传统文化的魅力。

其次，可以利用互联网的交流传播优势，加强对我国传统节日和重大事件的宣传。例如，推广汉服文化、传统礼仪、中式婚礼等，重点强调文化时代的礼仪感、尊严感、荣誉感和价值观。

最后，应持续开展寒暑假期间以体验优秀传统文化为主题的社会实践活动。让学生穿汉服、行汉礼、颂古诗，体验古人的生活方式，深刻感受中国五千年文化的底蕴，领悟古人的智慧。通过这些实践活动和理论宣讲，增加中国传统文化的吸引力和影响力，进一步增强学生的文化自信。

通过以上方法，高职院校可以更新传统文化教育形式，让学生更好地了解、传承和弘扬中国优秀传统文化，并培养学生对传统文化的兴趣和热爱，提升他们的文化素养和文化自信。

4. 实现优秀传统文化网络教育的归真式传播

传统文化教学需要教师具备较高的专业素养。教学过程本身是对传统文化的二次加工，教师会将自己的学术观点融入其中，但这种加工创作需要高度严谨的态度。高职院校的传统文化教育承担着重要的使命，要尽可能使传统文化回归原典，避免误传。由于时代差异、语言障碍和价值观变迁等原因，传统文化的研究和学习存在一定困难。观众很容易接触被改编和虚构的传统文化。网络充斥着虚构的历史网剧和网文。为了迎合受众的娱乐心理和获取流量，很多自媒体也对传统文化进行了面目全非的改编，甚至断章取义、主观臆断、偷换概念。由于符合人们的娱乐心理，更易在网络上传播，对于知识和专业修养不足的网民来说，真假难辨。这也在很大程度上影响了青少年对传统文化的认知，引发了传统文化在网络传播中的冲突。尽管我们强调在传承的基础上发扬传统文化，要与时代元素相结合，但这种创新应该尊重传统文化，并具有高度的文化价值，而不是迎合受众的娱乐心理，随意改编和戏谑传统文化。因此，高职院校的传统文化教育应摆脱娱乐性和商业性，使传统文化能够真实地传播。高职院校作为高等教育机构，承担着教育和培养人才的使命。在这个快速发展的社会中，教育模式也面临着创新和改革的挑战。互联网为传统文化教育带来了新的机遇，同时也带来了新的挑战。为应对这个机遇和挑战，经过时代洗礼的传统文化可以融合时代的特色，展现出璀璨的光芒。

（二）培育高职学生主体自觉性

1.提升个人媒介素养，加强自我约束

当前社交媒体成为新媒体的重要组成部分，传统的媒介素养教育需要与新的传播特点结合。高职学生的媒介素养表现为合理划分和选择使用媒介时间的能力，具备具体且批判性的媒介使用能力，善于分析和质疑媒介架构及信息生产的能力，以及深入分析和思考信息背后原因的能力。

高职学生的媒介素养应以网络伦理的基本原则为基础，其中无害原则是伦理道德的最低标准和网络伦理的基本规范。为了提高当代高职学生的媒介素养，一

方面学生需要主动学习媒介素养培育课程，另一方面学校应将新媒体知识和信息教育融入思想政治教育课程，提升学生网络信息辨别和筛选能力。高职学生还应加强自己对社会问题的思考。同时，学生还应增强对信息的判断能力，不轻易对网络信息下定论，不被虚假信息所迷惑，养成信息搜索和归纳的习惯，并结合个人判断和认知，积极进行文化知识的学习和收集。通过学习文化理论和基础知识，能够辩证地分析和看待问题，成为中国文化的传承者和践行者。在日常生活和新媒体使用中，要自觉践行社会主义核心价值观，注重道德修养，成为有素质的中国公民。

2. 增强文化传承使命感，提升网络信息甄别力

在快速发展的新媒体环境中，高职学生需要增强自身对网络文化的鉴别力，以正确辨别信息的真实性和价值取向，不被不良信息所影响。同时，还应在基于对本民族文化了解和认同的基础上，自觉地实践和传承民族文化，承担起传承文化的使命和责任。高职学生应树立民族文化认同感和使命感，实现文化自信和自强。

高职学生自身应具备独立思辨的能力，正确运用传播资源，参与社会进步。他们需要增强对网络热点问题的研究和思考，锻炼分析和解决问题的能力。高职院校需积极引导学生，通过开展文化活动提升学生文化思考能力，激发文化创造活力。党性教育也应加强，引导学生正确理解党的理论和方针，并树立正确的入党动机。

当代高职学生应发挥文化传承主体作用，通过参与文化实践活动，增强文化参与感和获得感。学生应意识到自己是文化传承的一员，积极发挥主观能动性，为保护民族文化、抵制不良意识形态作出贡献。青年群体在互联网领域具有优势，应展现出文化创造性和自主性，为中国未来文化创新发展贡献智慧，成为推动网络强国建设的主力军。

（三）提升高职院校师生的媒体应用能力和媒介素养

1. 提高教师新媒体应用水平

现代教育技术是指在现代教育思想和理论的指导下，运用现代信息技术和系统方法促进教育效果优化的实践活动。在进行新媒体环境下的高职校园文化育人时，为了达到最佳效果，我们需要进行一些改变。

首先，教师们需要转变自己的理念。他们应该意识到新媒体等信息技术不仅仅是课堂教学和专业技能发展的辅助工具，同时也是校园文化传播的主要渠道。因此，教师们应该更加重视新媒体的作用和影响力。

其次，在新媒体环境下，教师对新媒体的重视程度和使用水平将直接决定学校能否有效利用新媒体进行校园文化建设。为了提升教师的新媒体素养，可以组织专题培训、讲座等活动。此外，在班主任的选拔中，也应该将新媒体运用水平作为一个标准进行评估。教师们也应该主动学习并掌握最新的新媒体技术，积极利用新媒体进行校园文化建设。

教师可以利用不同新媒体平台的特点，采取一系列措施来在校园文化育人中起到积极的作用。首先，教师可以通过写博客、在 QQ 空间或微信朋友圈发表评论、转发教育资讯等方式，利用这些信息共享平台来影响学生。这种潜移默化的方式，可以在日常生活中传递正能量、给学生带来启发。其次，教师可以通过校园 BBS、QQ 群等平台与学生平等地交流。这些平台可以提供及时互动的机会，教师可以与学生实时地进行交流。通过网络，教师可以倾听学生的心声，了解他们的关注和需求。因为现在许多学生不愿意直接面对面地向老师表达自己的想法，而更倾向于通过 QQ 或者学校的 BBS 平台来与老师对话，这种方式可以帮助学生更加自由地表达自己的想法和意见。

2.提升学生的新媒体素养

高职院校的培养目标是培养适应社会经济发展需求的技能型人才。随着新媒体在社会的普及，对新媒体的认识和应用已成为高职学生必备的基本技能。学生的新媒体素养提高也能促进高职院校校园文化建设的成效。

学生的新媒体素养包括对新媒体使用和操作的技能，以及对互联网信息的辨识能力。为此，高职院校应将新媒体等信息技术能力培养纳入课程体系，通过相关课程让学生了解和掌握新媒体。另外，高职院校可以通过举办讲座、演示会等活动，鼓励学生主动参与新媒体的运用和体验，培养学生信息传播和信息辨识的能力。同时，要加强对学生新媒体使用的引导教育，通过案例分析、个别谈话等方式引导学生正确使用新媒体，防止网络沉迷。

综上所述，高职院校应重视培养学生的新媒体素养，将之纳入课程体系，鼓励学生主动参与新媒体运用和体验，并加强对学生新媒体使用的引导教育，以达到优化校园文化建设的效果。

二、运用信息技术手段完善文化管理体系

新媒体环境下的高职院校校园文化建设是一个系统工程，需要清晰认识到新媒体和校园文化的发展规律，制订合理计划，组织和管理得当，才能实现健康稳定的发展。为了达成这个目标，必须抓住高职院校的特色，积极完善各项管理制度，并建立科学的管理体系，使校园文化建设工作有章可循、有规可依，最终形成一套科学合理的新媒体环境下的高职院校校园文化建设管理体系。

（一）完善管理制度

校园文化建设的核心要素之一是制度建设及运用，它贯穿于整个校园文化建设过程。然而，一些高职院校的规章制度已经滞后于信息时代的发展需求。例如，

禁止学生在校期间使用手机或与新媒体发展脱节的校园网络管理方法。这些落后的规章制度严重阻碍了校园新媒体的发展。因此，在新媒体环境下，高职院校需要创新和完善相关制度，以推动校园文化的发展。在新媒体环境下，校园文化建设的管理制度应包括：有效的工作制度、科学的管理制度、合理的运行制度。这些制度的建立和优化将有助于适应新媒体的发展，促进校园文化的蓬勃发展。

（二）加强人员管理

学校应加强对新媒体管理人员和用户的日常管理。在管理过程中，首先需明确人员的分工，确保信息发布和用户管理的责任落实到个人。其次要确保校园文化在新媒体环境下的稳定运行，要重视对学校新媒体用户的统一管理。

由于高职院校的学生在识别信息真实性和自我控制方面的能力较为薄弱，学校应推行学生实名注册，特别是对于开放型的校园 BBS 等互动交流平台。同时，相关新媒体平台必须配置专门的管理员，及时发现并处理不良信息。各类校园新媒体可以成为高职院校了解学生学习、生活和思想状况的重要途径。

（三）加强校园新媒体舆论管控

移动互联网的开放性使得任何人都可以随意发布信息，并且无需审核或严格监管即可传播。这种情况下，一些不良信息可能通过网络进入校园并扩散，严重影响高职学生的健康发展。因此，在移动互联网环境下，加强对网络舆情的引导和监测，有效防止社会不良信息进入校园，以保证校园网络信息服务的健康有序发展，成为高职院校制度文化建设的重要任务。

为了防止不良信息传播造成危害，高职院校应在校园新媒体管理方面综合运用技术和行政手段，努力创造一个优良的校园新媒体环境。可以通过运用信息技术手段加强校园新媒体管理。例如，利用校园舆情监控系统对新媒体信息内容进行积极监控，学校管理者可以及时引导热点事件舆情，避免突发事件的发生。此外，还应加强校园新媒体信息管理系统的建设，利用新媒体技术为学校管理和信息安全提供支持，并建立完善的权限管理机制，管理员应对校园新媒体公共平台的用户进行权限设置，根据权限的不同，进行信息的交流和发布。

同时，还应运用规范的规章制度加强校园新媒体管理。学校的校园文化领导小组应根据国家网络新媒体监管条例和校园新媒体管理制度，结合高职院校学校和专业发展的实际情况，制定适应本校实际的《校园新媒体管理制度》。具体来说，应做到以下几点。

第一，学校要加强管理监督。制定校园文化传媒管理制度，明确信息发布主体的责任和义务，塑造教师和学生的政治、文化意识，确保网络行为的规范化。加强对校园网络的安全维护、信息过滤、检测和追踪，确保网络环境的安全性和健康发展。对使用校园网络的人员进行实名制注册，加强对网络行为的监管，防止匿名发布不良信息。建立对不当言论和不良信息发布、转发、传播的惩罚制度，并与学生的学分、毕业档案挂钩，与教师的职称评定、奖金挂钩。通过细节上的管理，提高教师和学生的政治文化素养，强调言论自由不代表传播信息不负责任。

第二，学校可以成立学生组织监控机构，让学生主动参与对网络舆情的监控。他们可以对学校的贴吧、BBS实时监控，将上面的不良信息向管理人员反映，要求及时清理，确保学校的网络平台成为一片净土，构建积极向上的网络空间。

第三，建设主流校园网络舆论阵地，建立网络新闻发言人制。网络新闻发言人是由政府指定的，就网络媒体和公众关心的相关问题进行答复。他们的回答是具有官方性的，学校可以让他们定期在校园网络上就学生关心的社会热点以及学校政策进行专业解答。

第四，高职院校教师要有效引导网上的舆论，对于学生关注的热点话题从正面主动撰写评论，起到意见领袖的作用，形成正面舆论。

第五，高职院校要加强网络道德教育，定期对学生进行移动互联网相关的道德教育和法律教育，要求学生自觉遵守国家有关法律法规，端正上网行为，传播积极向上的网络信息，对于网络上的有害信息、网络滥用行为和低俗之风要自觉抵制。

总体来讲，高职院校要密切关注各类网络教育资源，加大对网站传播内容的审核和监督检查力度，减少负面影响，为中国优秀传统文化传播提供保障。对于校园网络平台中传播不实言论，颠倒黑白、故意曲解中国优秀传统文化的行为，校园网络监管部门要严厉打击和批评，对与实际不合的观点要及时进行有根有据的辩驳。加强校园网络信息监管，形成主流文化价值观导向。高职院校要积极营造良好的网络空间，指引高职学生自觉抵制错误、虚假的信息，提高辨别能力，充分利用网络带来的便利与优势，获取有价值的文化信息。高职院校教育工作者要积极引导和鼓励学生发表弘扬主旋律、充满正能量的言论，使高职学生成为中国优秀传统文化忠实的传播者。

（四）提高高职院校新媒体运营能力

随着信息时代的发展，新媒体已成为改变人们生活方式和思维方式的重要力量。作为高等职业院校，如何提高新媒体运营能力，积极应对这一时代的挑战，成为摆在我们面前迫切需要解决的问题。首先，高职院校要加强对新媒体运营的理论学习。新媒体运营涉及大量的专业知识，包括新媒体技术、内容创作、传播策略等。学校可以设立相关专业课程，针对新媒体运营进行系统性的教学，培养学生的专业素养和操作技能。同时，借助互联网资源，开展线上学习和研修，让学生不断更新理论知识。其次，高职院校需要建立健全的新媒体团队和运营机制。新媒体运营需要协同合作，并且要持续地进行内容创作和传播。学校可以成立专门的新媒体团队，汇集各个专业领域的人才，形成合力。同时，要建立明确的运营机制，明确责任分工，做好工作流程的规划，确保新媒体运营的高效性和可持续性。再次，高职院校要注重内容创作的质量和创新。内容是新媒体运营的核心，要能够吸引目标受众的关注，并传递有价值的信息。因此，学校需要注重培养学生的创作能力，鼓励他们深入了解目标受众，发掘他们的需求，并以创新的方式呈现内容。此外，多样化的内容形式也至关重要，包括文字、图片、音频、视频等，要根据不同平台和受众偏好进行灵活运用。最后，高职院校要重视数据分析和运营评估。新媒体运营需要基于数据的决策，通过对用户行为和反馈的分析，了解受众需求和喜好，进而优化运营策略和内容形式。因此，学校应该培养学生的数据分析能力，提供相关的工具和平台，让他们能够获取和分析运营数据，并及时调整策略。总之，提高高职院校新媒体运营能力是一个系统性工程，需要从理论学习、团队建设、内容创作和数据运营等多个方面进行综合提升。只有通过不断的学习和实践，高职院校才能适应信息时代的需求，为培养更多适应社会发展需要的高素质人才作出积极贡献。

为了在高职院校创造一个充满正能量、承载中华优秀文化的校园新媒体传媒环境，并潜移默化地影响高职学生的思维观念，可以采取以下措施。（1）成立专门的运营部门。该部门负责培养掌握互联网技术和新媒体传播技术的专业人员，以高职学生喜闻乐见的形式创作各类文化产品，并在主流的信息渠道上进行扩散和传播。（2）深入了解学生关注的话题。通过与学生集体的深入接触，充分了解高职学生关注的话题和兴趣，以便更好地针对他们的需求进行文化产品创作和传播。（3）输出社会主义先进文化。利用各类事件与线上线下的活动，将社会主义先进文化的价值观念输出给高职学生，引导他们树立正确的价值观。（4）树立学生与教师榜样。通过宣传学生与教师榜样的事迹和成就，制造引发舆论话题，引导积极向上的主流声音。通过以上措施，可以创造一个充满正能量、承载着中华优秀文化的校园新媒体传媒环境，从而潜移默化地影响高职学生的思维观念。

参考文献

[1] 陈浩，宋瑞超.以中华优秀传统文化涵养高职思想政治教育生态路径初探 [J].
    湖北开放职业学院学报，2021，34（23）：78－80.

[2] 丁玉莲.高职院校开展优秀传统文化教育的意义与路径探析 [J].教师，2021
    （34）：13－14.

[3] 段淑萍.高职院校中华优秀传统文化教育的主要内容研究 [J].岳阳职业技术
    学院学报，2021，36（06）：22－26.

[4] 陈艺.高职院校开展中华优秀传统文化育人的策略探究 [J].品位·经典，
    2021（22）：51－53+108.

[5] 侯晓华，王群.优秀传统文化背景下高职院校大学生职业素养教育培育路径
    研究 [J].邢台职业技术学院学报，2021，38（05）：54－57.

[6] 王义友.中华优秀传统文化融入高职院校思想政治教育的创新策略 [J].文化
    创新比较研究，2021，5（30）：187－190.

[7] 涂冬侠.中华优秀传统文化融入高职思政教育的实践研究 [J].现代职业教育，
    2021（43）：130－131.

[8] 魏华.中华优秀传统文化融入高职思政课研究 [J].数据，2021（09）：121－
    123.

[9] 王圣龙.优秀传统文化融入高职院校立德树人的实践路径 [J].中国培训，
    2021（09）：24－25.

[10] 李雪薇.优秀传统文化与高职院校思政教育的结合探讨 [J].开封文化艺术职
    业学院学报，2021，41（07）：84－85.

[11] 金星，薛伟业 . 中华优秀传统文化在高职学生职业精神培育中的实践研究 [J]. 中国多媒体与网络教学学报（中旬刊），2021（07）：66–68.

[12] 佟晓彤 . 高职院校强化中华优秀传统文化认同教育的思考 [J]. 闽西职业技术学院学报，2021，23（02）：57–60.

[13] 王颖 . 中华优秀传统文化融入高职人文素质教育探析 [J]. 包头职业技术学院学报，2021，22（02）：34–39.

[14] 刘凤 . 试论中华优秀传统文化融入高职思政课的价值 [J]. 文化产业，2021（16）：74–75.

[15] 冯銘洪 . 中国优秀传统文化融入高职人才培养工作的策略 [J]. 就业与保障，2021（10）：91–92.

[16] 谢甜甜 . 中华优秀传统文化融入高职大学生思想政治教育的实践初探 [J]. 现代职业教育，2021（22）：122–123.

[17] 李宇威 . 优秀传统文化融合高职思政教育研究 [J]. 创新创业理论研究与实践，2021，4（09）：86–87+90.

[18] 佟晓彤 . 高职院校加强中华优秀传统文化认同的思考 [J]. 漯河职业技术学院学报，2021，20（01）：38–42.

[19] 龙翔 . 优秀传统文化培养高职学生责任意识的路径研究 [J]. 大学，2021（02）：110–111.

[20] 王岚 . 中国优秀传统文化与高职院校课程思政耦合路径研究 [J]. 参花（下），2021（01）：65–66.

[21] 陈亚红，何艳 . 传统文化与思想政治教育 [M]. 北京：中国轻工业出版社，2017.

[22] 彭锡钊，王振江，于颖 . 我国传统文化与学校思想政治教育 [M]. 北京：九州出版社，2017.

[23] 高姗姗 . 高校思想政治教育与文化融合研究 [M]. 石家庄 : 河北人民出版社，
2018.

[24] 马敬 . 高校思想政治教育中的文化融人 [M]. 长春 : 吉林大学出版社，2017.

[25] 常佩艳 . 文化视野下高校思想政治教育实践研究 [M]. 北京 : 九州出版社，
2018.

[26] 杨一琼 . 中华优秀传统文化融入大学生思想政治教育研究 [D]. 锦州 : 渤海大
学，2021.

[27] 方桐清 . 高职院校文化育人价值取向研究 [D]. 徐州 : 中国矿业大学，2020.

[28] 李西京 . 中华优秀传统文化融入高校校园文化建设研究 [D]. 西安 : 西安科技
大学，2019.

[29] 王艳 . 科学文化和人文文化在高职教育中的融合问题研究 [D]. 福州 : 福建师
范大学，2018.

[30] 张宏儒 . 中华优秀传统文化的价值取向与大学生思想政治教育研究 [D]. 西
安 : 陕西科技大学，2018.